LES VERSIONS DU SUJET

ANDRÉ PESSEL

LES VERSIONS DU SUJET

Étude de quelques arguments sceptiques au XVIIe siècle

Paris
Klincksieck
2020

Mes remerciements vont à Francine Markovits
qui sait ce que cet ouvrage lui doit.

À mon ami Philippe Desan,
grand lecteur de Montaigne

INTRODUCTION

Qu'en est-il en réalité de ce beau rationalisme de l'âge classique ? C'est aussi le siècle où l'on brûle les sorcières et les athées, il y a une violence du rationalisme, les archives des tribunaux de la religion dominante en témoignent. L'horreur des tortures (le bûcher, la roue, la langue arrachée) accompagne l'imputation d'hérésie, l'accusation de possession ; à l'époque des *Méditations métaphysiques* de Descartes, on brûle Urbain Grandier, Giordano Bruno et Giulio Cesare Vanini[1]... Ce qu'un homme croit n'est pas alors affaire d'opinion : les pensées ne sont pas indifférentes, elles peuvent être des délits ou des crimes et tomber sous le coup d'une juridiction. En parcourant aux Archives nationales les pièces du procès de Théophile de Viau, Frédéric Lachèvre écrit :

> qu'il s'agit d'un véritable procès d'État, celui du libertinage, porté devant le Parlement de Paris par un magistrat de haute conscience, le procureur général Mathieu Molé, assisté d'un Jésuite non moins perspicace, le Père Garassus[2]. Tous deux, sans concert préalable, en ayant l'unique souci de défendre les intérêts de l'État et de l'Église, s'étaient rendu compte des dangers que le coryphée des libertins Théophile et la propagande sournoise menée avec les « quatrains du déiste » faisaient courir à la France[3].

Les travaux des historiens des libertins au siècle dernier ont recensé les procès faits aux déistes, et catégorisé le déisme, l'athéisme, le scepticisme,

---

1. Jean-Pierre Cavaillé, *Dis/simulations. Jules-César Vanini, François La Mothe Le Vayer, Gabriel Naudé, Louis Machon et Torquato Accetto, Religion, morale et politique au XVIIᵉ siècle*, Paris, H. Champion, 2002. Voir *Histoire des diables de Loudun, ou de la possession des Religieuses Ursulines, et de la condamnation et du supplice d'Urbain Grandier, Curé de la même ville. Cruels effets de la vengeance du Cardinal de Richelieu*, Amsterdam, Aux dépens de la Compagnie, 1716. Sur la sorcellerie, voir par exemple les travaux de Carlo Ginzburg, *Les Batailles nocturnes*, trad. de l'italien par G. Charuty, Paris, Flammarion, 1966 ; et de Jeanne Favret-Saada, *Les Mots, la Mort, les Sorts*, Paris, Gallimard, 1977.
2. *La doctrine curieuse des beaux esprits de ce temps ou prétendus tels, contenant plusieurs maximes pernicieuses à la Religion, à l'Estat et aux bonnes Mœurs, combattue et renversée par le P. François Garassus, de la Compagnie de Jésus*, Paris, Cramoisy, 1623 ; réédition Les Belles Lettres « encre marine », éd. J. Salem, 2009.
3. Fréderic Lachèvre, *Le Procès de Théophile de Viau*, 2 vol., Paris, 1909. Voir ses œuvres dans *Mélanges sur le libertinage au XVIIᵉ siècle*, Paris, H. Champion, 1920. *Les Quatrains du déiste* (1622) sont édités par lui au second volume et attribués à Claude Bellurgey.

comme des doctrines : nous voudrions nous décaler d'abord par rapport à une recherche souvent construite du point de vue de la curiosité, terme pourtant très significatif si l'on songe au destin scientifique des cabinets de curiosité pour l'histoire de la physique. Ensuite, nous voulons suivre le cheminement des arguments sans les solidariser avec telle ou telle doctrine.

Il ne faut pas penser trop vite un théologico-politique pris dans l'alternative entre la foi en une religion révélée et la critique de la dogmatique de la révélation.

On peut presque dire qu'adopter le point de vue de la curiosité a permis aux critiques d'éviter de prendre parti par rapport aux instances religieuses et politiques : *a contrario*, prendre au sérieux les commentaires des théologiens, c'est penser le débat en termes de théorie, et théoriser aussi bien l'apologie que la condamnation. Car Mersenne aussi bien que Garasse s'attaquent à un édifice intellectuel, très conscients de la consistance théorique des écrits libertins et du renversement idéologique qu'ils promeuvent.

En réalité, c'est sur les figures de la subjectivité que travaillent tous ces écrits car ce sont elles qui supportent la mise en question de la Providence. Notre tradition universitaire a mis longtemps avant de reconnaître ce déplacement de problématisation.

C'est pourquoi nous parlons ici des versions du sujet et de la déclinaison de l'ego. Car il y a plusieurs figures du sujet, selon les ontologies, moniste ou dualiste, et le moi n'est pas nécessairement dans la position de la première personne, ni le centre de la perspective.

Pour mesurer le déplacement des arguments, nous avons choisi quelques positions significatives, à titre d'échantillons, sans nous interdire de reprendre des études anciennes.

La figure tutélaire de Descartes, mais aussi parce qu'on a admis aujourd'hui un pluriel de lectures sans s'en tenir à un cartésianisme académique, demandait la première place. Nous avons retrouvé un Hyperaspistes, défenseur de Descartes, qui l'interroge sur les risques de ses positions, car la suspicion de scepticisme imputée à la méthode de l'évidence fragilise le philosophe du cogito[1]. Et Hyperaspistes ne craint pas de confronter la certitude du Huguenot ou du Turc à celle du catholique.

Montaigne pose la question du logement de la vérité et du logement du sujet qui dit cette vérité : la théologie comme dogmatique de l'universel cède la place à un savoir du singulier. Jouant à la fois sur la désappropriation et le dessaisissement, il dissocie le *dictum* et le *modus* jusqu'au cas limite où quelqu'un manifeste la force d'un discours dont il n'a pas lui-même conscience. Il faut « tâter de toute part comment une pensée

---

1. *René Descartes et Martin Schoock, La querelle d'Utrecht*, textes établis, traduits et annotés par Theodor Verbeeck, préface de J.-L. Marion, Les Impressions nouvelles, 1988 : « cet homme [Descartes] est l'émule de Vanini en ce que, tout en ayant l'air de combattre les athées, il injecte finement et secrètement le venin de l'athéisme... », p. 160.

est logée en son auteur » : contre le prestige de l'identité, on a un sujet multiple. Histoire du sujet, histoire des témoignages, histoire des interprétations, c'est chaque fois une expérience de la singularité et de l'étrangeté. D'où l'importance d'une réflexion sur le miraculeux. L'établissement des faits, surtout quand ils interviennent comme légitimation de la croyance religieuse, est soumis aux mêmes procédures de validation que toute autre écriture de l'histoire. Dans bien des cas, ces procédures vont naturaliser le surnaturel.

Mais comment articuler, pour un évêque, la théologie, le scepticisme même chrétien, la dévotion ? Jean-Pierre Camus répond par une pédagogie du roman dévot. Ce qui permet de marquer la place du roman dans la théorie des passions et l'anthropologie. Après Montaigne dont l'*Apologie de Raymond Sebond* déstabilise la hiérarchie de l'échelle thomiste et la *scala naturae*, le médecin Cureau de la Chambre inscrit les affects humains dans une variation des affects de tous les vivants et dans une distribution des facultés qui ne privilégie pas l'humain[1]. Pierre Le Moyne décrit les portraits des caractères, La Bruyère peint les caractères des hommes dans les diverses conditions, Senault pose la question de *L'Usage des passions* puisqu'on ne peut les réduire ; après *Le Prince* de Machiavel, Balthazar Gracian fait le portrait de *L'Homme de cour* qui est aussi le conseiller du prince et le diplomate, Castiglione peint *Le Courtisan* dans le complexe de la condition et du caractère. Le roman dévot est un cas de figure, le surnaturel de la religion est naturalisé.

Le scepticisme est pluriel, il se déplace : celui de La Mothe Le Vayer est-il encore celui de Sextus Empiricus ? Scepticisme appliqué à la valeur des savoirs, scepticisme appliqué au statut du sujet, deux formes historiques. Et justement parce que la figure de Descartes et ses partages conceptuels sont incontournables, comment ce déplacement conceptuel modifie-t-il le scepticisme ? Mais le savoir et les mœurs sont-ils logés à même enseigne, leurs règles ont-elles le même degré de certitude ? Question sensible que soulève Descartes et que les sceptiques résolvent en alignant le prescriptif sur le descriptif, en remodelant la structure subjective de l'obligation et de la liberté.

Quel est le chemin du scepticisme au machiavélisme ? Gabriel Naudé a fait la théorie d'un sujet, prince ou conseiller du prince, à l'intérieur de la machine politique, qui voit d'autant mieux les stratégies que son regard n'est pas souverain, au sommet d'une perspective, mais qu'il fait partie d'une situation, d'une histoire.

L'homme est-il un sujet à la place de la vérité ? Cette place est-elle celle de la religion, d'une religion, d'une société ? Les théologiens ont

---

1. Cureau de La Chambre, *Le Système de l'âme*, rééd. Michel Le Guern, [1664], Paris, Fayard, 2004. Voir aussi *Discours de l'amour et de la haine qui se trouvent entre les animaux*, rééd. C. Frémont, Dijon, Éditions universitaires de Dijon, 2011.

reproché à Charron sa théorie des passions, son comparatisme, et pour tout dire un esprit de tolérance auquel on pourrait imputer une indifférence coupable. Avec la recherche des marques de la vraie religion, la polémique de Charron contre Duplessis-Mornay pose la question de la place de l'auteur dans son discours. Qui peut reconnaître ces marques puisqu'il n'en peut être le juge, y étant lui-même inscrit comme leur appartenant ? On ne sort pas de ce dilemme.

Avant Richard H. Popkin[1], qui a exploré la grande division entre scepticisme chrétien et scepticisme matérialiste ou athée, Frédéric Lachèvre[2], Paul Hazard[3], par exemple, avaient étudié la manière dont les déistes et les athées ont utilisé le scepticisme et les arguments des anciens pour déstabiliser les religions révélées ou instituées et surtout déstabiliser leur rapport au gouvernement politique. Ce n'est pas dire que les sceptiques fussent pour autant des démocrates, il suffit de citer les machiavéliens et Gabriel Naudé, auquel nous consacrons ici une étude, pour le montrer, car l'instrumentalisation de la religion n'est pas une hypothèse à mettre sous tous les yeux. C'est même cette réserve que les rationalistes ont tant reprochée aux libertins. René Pintard a forgé le concept de libertinage érudit pour analyser des auteurs et une méthode qui, distincte de l'ordre et de la mesure du projet cartésien, reposant sur la maîtrise du sujet, a choisi le voyage et l'anthropologie à travers les références, la transmission des arguments, le travail sur l'interprétation. À l'époque où la censure des magistrats brûle les livres et les corps, les auteurs apprennent les stratégies de l'argumentation pour résister à la chasse aux sorcières où s'investit le déni d'une anthropologie du sujet.

Aujourd'hui, les travaux sur la littérature clandestine ont réorienté les questions : au lieu de faire l'histoire des Lumières, l'histoire des doctrines, matérialisme, déisme, athéisme, on a pris pour objet le partage entre la production littéraire autorisée et la clandestinité, les stratégies d'expression pour contourner les censures. Dans les années 1980, Olivier Bloch a animé des séminaires et lancé les recherches pour un catalogue des manuscrits clandestins. Antony McKenna, François Moureau et d'autres ont réuni dans la revue *La Lettre clandestine* les études qui donnent à ce corpus de textes leur consistance théorique et polémique. La catégorie du clandestin redessine les axes de distribution des savoirs. Du coup, la question va porter sur les arguments et les méthodes plutôt que sur une classification des auteurs[4].

---

1. Richard H. Popkin, *Histoire du scepticisme d'Érasme à Spinoza*, traduit de l'anglais par Catherine Hivet, Paris, PUF, 1995.
2. Frédéric Lachèvre, *Le Catéchisme des libertins du xvii* siècle, les quatrains du déiste ou l'Antibigot*, Paris, H. Champion, 1908. Voir Aurélie Julia, *Frédéric Lachèvre (1855-1943). Un érudit à la découverte du xvii* siècle libertin*, Paris, Honoré Champion, 2019.
3. Paul Hazard, *La Crise de la conscience européenne (1680-1715)*, Paris, Boivin, 1935.
4. V. Brochard, *Les Sceptiques grecs*, Paris, Vrin, 1887 et 1959, divise l'histoire du scepticisme

On remarque que si l'argumentation sceptique arme la critique de la religion, ses adversaires préfèrent s'en prendre aux déistes, ou tout au moins réunir sous ce nom les divers genres de libertins et tous ceux qui récusent la philosophie académique. Mais loin d'être lui-même une catégorie dans une typologie stable, le scepticisme fait bouger les lignes, il brouille les pistes. Il existe un scepticisme chrétien comme celui de Jean-Pierre Camus[1] auquel nous consacrons ici une étude, ou encore celui de Daniel Huet[2], mais ce sont bien deux scepticismes. Les arguments sceptiques de l'*Essay* de Jean-Pierre Camus permettent de penser comment, dans une rencontre de la théologie et des romans dévots qu'il a composés, se configure un type original de subjectivité. En un autre sens, et c'est le propos de Daniel Huet, le doute chrétien justifie la place inexpugnable de la transcendance, bien qu'en un autre sens, il invalide toute prétention épistémique à une transcendance. Pour sauver le scepticisme chrétien, ce n'est pas le scepticisme qu'il faut condamner, mais le déisme.

Le terme même de libertin renvoie d'abord étymologiquement aux procédures de l'affranchissement des esclaves et des serfs, dans l'Antiquité et au Moyen Âge, plus tard le terme désigne celui qui s'affranchit des normes morales, religieuses, et même sociales en général et finalement, c'est une attitude théorique où l'érudition et l'histoire instituent des règles de pensée comparatistes entre les systèmes, à distance de la problématique de la vérité et du fondement. On a tenté de se débarrasser de ce comparatisme en l'assimilant à un relativisme. Mais si le sceptique abandonne la vue d'ensemble de la perspective et le point fixe, ce n'est surtout pas un relativisme, bien qu'on ait voulu souvent l'y réduire en le percevant comme un risque, un danger. Car un argument majeur des libertins ou des déistes (et la question est de savoir qui leur donne ce nom) est le comparatisme qui aligne toutes les religions dans un même modèle anthropologique. La stratégie de la mise en parallèle est dénoncée par Mersenne, par Garasse. Garasse est plus violent que Mersenne, Mersenne veut persuader et argumente, Garasse insulte et dénonce. Or il s'agit, dans les écrits dits libertins, de penser des variations réglées au lieu de poser des invariants comme le sujet de la pensée, le fondement de la démonstration, etc. Leur philosophie va emprunter aux mathématiques et aux sciences leurs tableaux de variation et leur pensée des rapports.

---

selon les écoles et les auteurs. Plus récemment, voir la traduction de Diogène Laerce, *Vies et doctrines des philosophes illustres*, sous la direction de Marie-Odile Goulet-Cazé *et alii*, Librairie générale française, 1999. On verra plus loin les références aux traductions de Sextus Empiricus par Pierre Pellegrin.

1. Voir les références à Jean-Pierre Camus, évêque du Belley, au chapitre III du présent ouvrage p. 81.

2. Pierre Daniel Huet, *Traité philosophique de la foiblesse de l'esprit humain* [posthume, Amsterdam, 1723], Hildesheim et New York, Georg Olms Verlag, s.d.

Pour comprendre cette situation très conflictuelle, qui engage aussi les institutions juridiques et politiques de l'Ancien Régime, choisissons le discours de deux théologiens, Mersenne et Garasse, qui en 1623, combattent la consistance théorique des écrits libertins, mais d'abord la reconnaissent et l'analysent. Eux-mêmes choisissent des figures paradigmatiques comme Théophile de Viau ou Vanini. Et il est important que la condamnation théologique ne porte pas seulement sur les mœurs libertines mais sur l'argumentation : le devoir théologique est la réfutation de ceux qui dénoncent la religion comme un tissu de contradictions et de fables irrationnelles.

Arrêtons-nous d'abord sur l'ouvrage de Mersenne, qui justement, dans *L'Impiété des déistes*[1] en peignant les grandes figures de Cardan, de Bruno, de Vanini, puis en analysant *Les Quatrains du déiste*, montre que c'est le modèle mathématique du raisonnement qui, en substituant une logique des *rapports* à la logique de la *prédication*[2], a conduit ces penseurs à l'athéisme. L'attitude de Mersenne est ici franchement épistémologique. Car l'ontologie substantialiste se soutient de la structure de la prédication : mais il y a ici un clivage entre la thèse d'une opérativité de la conscience et la thèse d'une opérativité des signes. D'un côté, la logique s'appuie sur la division des facultés, de l'autre, elle travaille sur l'efficace des signes en l'opposant à la problématisation cartésienne de la maîtrise de la conscience sur ses opérations[3]. Il est amusant de rappeler que l'enseignement universitaire considéra Spinoza et Leibniz pendant quelques décades comme de « petits cartésiens ».

Mersenne divise son ouvrage, *L'Impiété des déistes*[4], en plusieurs parties. Dans ce dialogue entre le Théologien et le Déiste, il établit dans les premiers chapitres l'opposition entre moralité et naturalité, qui court de saint Augustin (que Mersenne appelle « ce grand Aigle des Docteurs » p. 241) à saint Thomas comme la colonne vertébrale de la doctrine chrétienne. Et il commence par poser la personne de Dieu car la structure de la subjectivité personnelle est paradigmatique pour Dieu comme pour l'homme (chap. v et vi).

Il montre qu'il ne s'agit pas d'opposer science et théologie : il ne diabolise pas les médecins, il les justifie comme les autres savants en

---

1. Mersenne, *L'Impiété des déistes, athées et libertins de ce temps, combatue et renversée de point en point par raisons tirées de la philosophie et de la théologie, ensemble la réfutation du poème des déistes...*, Paris, 1624.
2. Louis Couturat, *La Logique de Leibniz*, Hildesheim et New York, Olms, Voir aussi Michel Serres, *Les Modèles mathématiques de Leibniz*, Paris, PUF, 1968.
3. Beaucoup plus tard, dans un contexte marqué par Schopenhauer, Nietzsche dira : nous sommes des personnages qui passons dans le rêve d'un dieu et qui devinons ce qu'il rêve. Mais ceci n'est mentionné que pour rappeler la suite d'une critique de la métaphysique du sujet.
4. Marin Mersenne, Dominique Descotes, « Mersenne polémiste », *Littératures classiques*, vol. 59, n° 1, 2006, p. 93-115.

mathématiques, en philosophie. Les principes de la cabale, chiffres et lettres, sont étudiés. Ces savants ne sont ni athées, ni déistes, ni libertins (chap. VII et VIII). En revanche, le jugement du Théologien sur « Charron et quelques autres » va passer en revue les *Quatrains du Déiste*[1] pour établir comme une systématique de la doctrine. C'est le personnage du Déiste en personne qui le demande, protestant d'avoir été « séduit » par des auteurs réputés. Il y aura à la fois une démarche argumentative et une démarche de démystification, de réduction des relations de pouvoir et de prestige de la force de persuasion des grands auteurs. C'est aussi cet aspect des choses qui justifie la lutte contre le déisme. Il s'agit de donner au chrétien sincère la force de s'opposer au prestige des esprits forts, comme dit Garasse, de ces nouvelles doctrines. Et cela se déclare à la fin : la ruse du libertin sera découverte, lui qui prétend que les chrétiens ne servent Dieu que par hypocrisie et que la religion n'est qu'un instrument pour obtenir l'obéissance des faibles (chap. XXIV, XXV) Le Déiste pourra alors dire adieu au Théologien, et annoncer sa conversion et sa résolution de bien faire (chap. XXVI).

Après avoir justifié les sciences, le Théologien démasque les grandes figures du déisme, Charron, Cardan, Brunus, renvoyant aussi à d'autres œuvres où il réfute en particulier Vanini[2].

Il reproche à Charron d'embarrasser le discours en mêlant ses opinions à celles de ceux qu'il cite, comme s'il endossait les opinions des autres, ce qui égare le lecteur (c'est pourquoi nous reprenons ici une étude sur la question des marques et du logement de la vérité[3]) ; ce qui est d'autant plus blâmable qu'il savait « mieux que quiconque que son livre ferait beaucoup de libertins, et que sa Sagesse en rendrait un grand nombre d'insensez, tels que sont ceux qui vous ont séduit par leurs propos emmielez ou pour mieux dire, envenimes des pensées de Charron » (*ibid.*, p. 190 *sq.*). On peut lui reprocher ce double jeu, des actions extérieures et des pensées intérieures, cette duplicité coupable fait fi de l'ordre institué par Dieu de l'accord de l'âme avec le corps :

> si jamais aucun livre politique, ou sagesse humaine a éloigné du sentiment de la Religion, de la crainte de Dieu, de la vraye sagesse, et de l'establissement d'une vraye police, telle qu'elle doit se retrouver entre tous ceux qui suivent la droite raison, c'est celui de la Sagesse de Charron, car lorsqu'il est question de décrire les conditions du sage, il se rend si ridicule, qu'on voit assez que c'estoit un esprit extravagant, et remply de présomption, lequel se croyait plus habile, et de meilleur jugement, que tout le reste des hommes, auxquels il veut prescrire des loix, non seulement de leurs actions extérieures, mais aussi de leurs pensées

---

1. F. Lachèvre voit l'auteur en Claude Belurgey.
2. [Mersenne], *Quaestiones celeberrimae in genesim, cum accurata textus explicatione, in hoc volumine athei et Deistae impugnantur et vulgata editio ab hereticorum calumniis vindicatur* [...], Cramoisy, 1623. Notons que ce titre *Quaestiones in genesim* apparaît déjà chez Philon d'Alexandrie.
3. Voir Chapitre VI du présent ouvrage.

les plus secrèttes, comme s'il estoit quelque souverain Dictateur ou Legislateur (*ibid.*, p. 193-194).

Les Charronistes frivoles veulent l'excuser sur le prétexte de la liberté d'expression en matière de mœurs. Quoiqu'il ait adouci ses écrits de son vivant, son livre ne laisse pas d'être dangereux pour les esprits faibles tels que sont les libertins, encore qu'un esprit fort comme un déiste puisse en faire son profit. Mais ce siècle ne manque pas « d'esprits remuants qui ne cherchent qu'à ruiner l'estat et la Religion » (p. 196).

Or le Théologien maintient qu'il n'est pas permis de publier son sentiment lorsqu'on juge qu'il nuira. Il y a bien diverses coutumes indifférentes, variables d'un pays à l'autre comme les gestes ou les habits, mais il faut se garder d'étendre ces pensées à notre foi ou à notre créance comme font ceux qui mettent tout en doute en s'appuyant sur leurs études et leur modestie académique « comme s'ils défendaient une ville contre l'ennemy » (p. 199). Les protestations de foi et les bonnes intentions de Charron n'y font rien, puisque son livre donne aux déistes des arguments pour une anthropologie de toutes les religions, de leurs miracles et de leurs mystères. Cependant, ce qui pourra nous faire juger de l'intention véritable de Charron est le livre des *Trois vérités*[1] où il montre contre les Athées, les Juifs, les Mahométans et les Hérétiques qu'il n'y a aucune vraie religion que la catholique. Son propos sur l'immortalité de l'âme, sur le fait de suivre la nature n'en reste pas moins équivoque. Il faudrait suivre la piste que la foi nous montre et « retourner à la première perfection, en laquelle les sens obéissaient à l'esprit à point nommé, et l'esprit à Dieu » (p. 206). La *Sagesse* de Charron ne vise qu'à bien faire ses affaires en ce monde. Le scepticisme ou le comparatisme de Charron est congédié. La sagesse du chrétien vole plus haut car elle cherche l'honneur et la gloire de Dieu. C'est le sang de notre Rédempteur qui nous donne la première grâce et est comme l'effet de la prédestination.

Et le Théologien passe à Cardan dont il cite les œuvres (chap. x). Il n'aurait d'autre piété que l'extravagance de son esprit. Il est si grand naturaliste qu'il parle de la foi chrétienne comme si les astres en étaient cause, confondant le naturel et le surnaturel. Quelques-uns font de sa Sagesse un « enchiridion de dévotion ». Que les princes caressent les méchants comme les bons indifféremment, comme si, à l'imitation des méchantes humeurs qui corrompent le corps, l'on pouvait se servir des méchants hommes pour l'économie de l'État. Cardan cite et détourne le propos d'Érasme, et met en parallèle l'erreur des gentils, des Juifs et des mahométans avec la vraie religion. Leur pratique est comme celle des voleurs qui s'adjoignent des associés pour faire racheter par leur propriétaire les bijoux volés. Telle est

---

1. *Toutes les œuvres de Pierre Charron, parisien, docteur es droicts, chantre et chanoine théologal de Condom, dernière édition, revues, corrigées et augmentées*, 2 vol., à Paris, chez J. Villery, 1635. Voir aussi *De la sagesse*, rééd. B. de Negroni, Paris, Fayard, 1986.

la réponse au comparatisme. Et Mersenne n'hésite pas à compter parmi les mêmes « canailles », Cardan, qui présente le Christ comme un sage mondain, Machiavel et Brunus, qui étalent leurs opinions comme pierres précieuses. Et pour justifier toutes les actions criminelles, et invalider l'idée de justice divine, il nie l'immortalité de l'âme et la résurrection des morts et réduit les miracles à l'opération de la nature (p. 222).

Quant à Jordanus Brunus, il

> serait excusable s'il s'était contenté de philosopher sur le point, l'atome et l'unité, et qu'il n'eust eu d'autre dessein que de prouver que la ligne circulaire, et la droite, le poinct, et la ligne, la surface et le corps, ne sont qu'un même chose ; que le divisible finy ne peut estre divisé infiniement, mais qu'il faut venir à un poinct : (je laisse son infinité des mondes estoilés, et plusieurs autres choses, lesquelles appartiennent à la Philosophie, ou aux Mathématiques).

Son troisième chapitre du *De existentia minimi* favorise la transmigration des âmes d'un corps à l'autre si bien qu'il semble n'avoir inventé une nouvelle façon de philosopher qu'afin de « combattre sourdement la religion chrétienne » (p. 230). Notons que *sourdement* est un terme qui traduit une stratégie par rapport à la crainte du bûcher mais qui intervient aussi dans l'épistémologie et les mathématiques des nombres sourds ou irrationnels. Les spéculations mathématiques ne sont pas innocentes dans ces paradigmes.

> Si l'on profonde un peu ce qu'il veut dire par l'extension du centre, la consistence de la Sphère, et la contraction du centre qui lui servent pour expliquer la naissance, la vie et la mort, on s'apercevra que son intention est de n'avouer aucune immortalité de l'âme raisonnable que celle qu'il donne à l'âme des brutes, et des plantes, et à tous les individus qui sont icy bas (p. 230)[1].

Vouloir prouver que Dieu n'a point de liberté, qu'il aurait pu faire un monde autre, une autre terre, d'autres étoiles, c'est supposer que Dieu n'est ni tout-puissant, ni infini : et c'est toujours sur la volonté et la liberté de Dieu, à l'image desquelles il faut penser l'homme, que le raisonnement achoppe. « Ce méchant homme [Brunus] fut pire que Cardan, comme en témoigne son livre : *Sigillus sigillorum* dans lequel il met quinze sortes de contractions à ce qu'il puisse saper les fondements de la vraie religion » (p. 232). Les miracles sont rapportés à la qualité du lieu, les états extatiques à l'affectivité humaine, les prodiges de la foi aux actions de la nature, toute l'opposition du surnaturel et du naturel est abolie.

Inutile de parler des impiétés de Machiavel, d'autres s'en sont chargés, dit Mersenne (p. 235). Quant aux impuretés et aux tours de souplesse de Vanin [Vanini], lequel a été brûlé à Toulouse pour ses opinions brutales et remplies d'athéisme, « vous pourrez facilement les trouver dans la première

---

1. Jean Seidengart, *Bruno et Galilée face à l'infinité cosmique et à la relativité*, Anabases, p. 145-162. Voir surtout Jean-Jacques Szczeciniarz, *Copernic et la révolution copernicienne*, Paris, Flammarion, 1998 ; et *La Terre immobile*, Paris, PUF, 2003.

question de la Genèse, dans laquelle j'ai renversé la plus grande partie de ses maximes ». Mersenne espère réfuter dans une œuvre ultérieure toutes les fantaisies de ce maudit Lucilio, tous les paralogismes de Giordano Bruno et les livres de « semblables badins ». Il cite encore les Décades de Charpentier sur la création, le mouvement, la transsubstantiation, la relation d'inhérence, l'atomisme, questions sur lesquelles il rencontre Gorlee. La philosophie épicurienne de Hill fait aussi partie des rêveries des hérétiques. Et le Déiste avait fait partie encore d'une autre secte[1].

Après ces grandes figures qui ont pu séduire le lecteur, les *Quatrains* sont examinés par thème. Le onzième chapitre de Mersenne réaffirme que la religion catholique est la seule véritable. Ce qui l'atteste est son établissement parmi les simples puis dans tous les degrés de la société et dans la continuité de l'histoire malgré toutes les persécutions. Son étendue et sa nature, la continuité de sa transmission depuis la Bible et les Évangiles prouvent qu'elle ne peut être que de source divine : « cette lecture est si charmante, c'est un banquet, un remède, un soleil, un contentement universel » (p. 248). Pour poser tout cela, le Théologien est toujours localisé dans la vérité, qui est la place de la religion catholique. Jouissance du chrétien récusée par les déistes mais rappelée à la structure du désir humain.

Mersenne établit que la justice divine, et les châtiments de Dieu ne sont pas un effet de sa cruauté, qu'il n'agit pas par colère ou vengeance, en un mot que son amour de soi ne peut être interprété humainement comme une affectivité, comme une passion (chap. XII à XVI sur les quatrains 1 à 29). C'est aussi ce qui permettra de récuser toute anthropologie établissant l'origine sociale et historique du catholicisme (chap. XIX réfutation des quatrains 43 à 54).

L'argument fondamental est que la science ou la volonté divine ne peut être la cause de nos péchés. C'est contre cet argument que les déistes posent une nécessité générale. Il faut donc accorder le décret de Dieu avec notre liberté, montrer qu'il a édicté ses lois en sachant que plusieurs ne les observeraient pas (chap. XVIII, Q. 43), et que c'est la nature de son immuable amour et de sa grâce que de prescrire sans contrainte et de punir sans colère. Et c'est finalement l'explication de cet amour qui convainc le Déiste.

On pourrait presque dire que les *Quatrains du déiste* sont une réponse anticipée au discours du Théologien. Nous nous sommes attachés à cette critique de Mersenne qui résume en quelque sorte le débat : du côté de la superstition, l'anthropomorphisme, l'ostentation de la position du Bigot, et du côté de l'argumentation, la critique de la justice divine, la critique de la liberté divine et humaine. Ce que Mersenne passe sous silence est l'argumentation du Déiste qui répond qu'il est impensable que celui dont tout

---

1. S'agirait-il des Rose-Croix ?

pouvoir dépend soit susceptible d'être offensé ; et qu'on ne peut lui imputer cette contradiction. Toute punition répugne à l'ordonnateur de toutes choses (Q. 29 et 49). Connaître et vouloir ne lui sont pas comme à nous choses diverses (Q. 32). Ontologiquement, est-il cohérent de supposer en Dieu un savoir antérieur au vouloir, lui qui est acte pur ? Faudrait-il penser sa création comme une causalité de la contingence ? (Q. 38-41). Dieu peut-il condamner sans s'accuser lui-même ? Et ne faut-il pas admettre qu'Il puisse guider les nations par les lois de diverses créances, sans les assujettir universellement à la sienne ? (Q. 44).

Le Déiste replie l'un sur l'autre l'athéisme et l'anthropomorphisme (Q. 59). La superstition engendre des fables par lesquelles le bigot nous ferait quitter les plus claires maximes. Plusieurs quatrains sous le prétexte de l'impénétrabilité divine font des bigots des « frelons » qui nous voudront épouvanter et asservir (Q. 78-83). Nulle apparence que Dieu se délecte à de telles pantalonnades. Même si, à la fin des quatrains, le Déiste apparaît comme le seul qui adore Dieu en vérité, le lecteur n'est pas dupe de telles déclarations car tout le poème n'est qu'une dénonciation des contradictions de la religion. Les mystères adorables d'être incompréhensibles sont ainsi récusés comme toute fable.

Le lecteur ne dira pas que la religion est rhétorique mais c'est pourtant le statut de la fable qu'elle illustre. Et historiquement, c'est vers cette thèse que Fontenelle et d'autres orienteront l'histoire des oracles et l'histoire des fables. Ce n'est pas pourtant adopter le discours d'un certain positivisme réducteur. Au lieu de parler de réduction, comme en d'autres circonstances, de naturalisation du sacré ou de ce qui passe pour tel, il faudrait plutôt parler d'une amplification ou d'une exaltation du naturel et de la rhétorique. Feuerbach a osé cette interprétation[1] mais s'il est permis de le dire, nous voudrions aller plus loin et dire que pour ces auteurs, la religion est naturelle, comme l'amour des ancêtres est naturel et que nous donnons le nom de culte à une mémoire. Dès lors, la distinction du sacré et du naturel tombe comme telle bien que les règles d'une société la remettent sans cesse au premier plan dans les prescriptions. Mais il faut distinguer entre la matière des choses et le discours où elle s'énonce. Au centre de ces débats, il y a la rhétorique du savoir. Puisqu'il s'agit de penser la logique ou la rationalité des fables, des religions, des croyances, il faut poser la question du style.

Aujourd'hui le récit des supplices infligés aux athées il n'y a pas si longtemps et peut-être encore aujourd'hui en d'autres lieux, et les formules même des procès, nous font frémir ; quelques réactionnaires accusent même notre sensiblerie. Il nous faut penser sans identification à l'authenticité des anathèmes des théologiens. C'est pourquoi nous confrontons les énoncés de Mersenne et de Garasse.

---

1. Ludwig Feuerbach, *L'Essence du christianisme*, trad. J -P. Osier et J-P. Grossein, présentation de Jean-Pierre Osier, Paris, Maspero, 1968.

Les critiques de Mersenne, on vient de le voir, ont souvent une portée épistémique considérable, comme lorsqu'à propos de Giordano Bruno, il marque l'importance de la détermination mathématique de l'infini pour repenser l'univers dans la construction de la pensée athée de l'égalité de Dieu et de la nature. Le privilège du paradigme mathématique et mécanique pour penser les phénomènes naturels supplante les concepts aristotéliciens jusqu'alors enseignés dans les écoles. Les athées autant que leurs adversaires sont conscients de ce renversement épistémologique. Descartes lui-même n'a pu éviter d'être suspecté pour avoir donné des modèles mécaniques à sa physique. Car l'imputation d'abandonner l'aristotélisme signifie qu'on prend parti pour la nouvelle philosophie mécanique.

Garasse pratique dans *La Doctrine curieuse...* une autre méthode, et en particulier à propos de Vanini, stigmatise l'arrogance des libertins, le charme de leurs manières, leur introduction chez les grands par tous les moyens de la séduction, sans omettre au passage de relever les mœurs homosexuelles donc « contre-nature », comme avec le groupe des Théophile de Viau et des Barreaux des Vallées étudiés par Frédéric Lachèvre[1].

Garasse établit les maximes que les libertins défendent comme des principes évidents de leur doctrine. À leurs yeux, ils seraient les seuls à avoir l'esprit bon, secouant la superstition et examinant les seules causes naturelles, ce qui les met au-dessus des *buffles de la bigoterie*. Ensuite, il faut évaluer la force des esprits pour reconnaître, avec l'analogie socratique de l'accouchement, ceux qu'on peut tirer hors de l'enfance et faire naître à la raison : on peut mépriser les autres comme des bêtes. Mais la doctrine des bons esprits ne doit pas être divulguée sur la place publique : le secret est l'arme principale des libertins. Et il y a des lieux consacrés à cet effet, théâtres, salons, cabarets...

Le diable qui est un chasseur d'hommes, se sert de ces *belîtres* et esprits pernicieux pour perdre les hommes. Les distinctions entre hommes des athées font donc le jeu du diable. Car les athées distinguent les bêtes, les hommes communs et les prophètes. La doctrine est celle, comme chez Cardan, de l'unité de l'âme du monde : tous les animaux, de la vermine jusqu'à l'homme, auraient une même âme, proposition qui s'accompagne de la thèse d'une inégalité entre les hommes. De son côté, Charron distingue trois catégories d'esprits, il tient toutes religions pour indifférentes, mais fait un sort particulier aux esprits forts, « les esprits écartés » qui s'éloignent du commun. Cette inégalité des esprits prend en quelque sorte modèle sur les traités des passions et contre l'universalité de la raison. Garasse nomme « Abailard » un esprit hermaphrodite et appelle les athéistes, bouffons et autres impudiques.

---

1. Voir ses ouvrages cités plus haut.

Le remarquable chez Garasse est la requalification sous l'injure. Car, à la différence de Mersenne, il stigmatise plus qu'il ne réfute. Il fait lui-même la théorie du changement des noms, et il est conscient de cette stratégie. En matière juridique ne dit-on pas que l'acte est dans sa qualification ? Parlant de la bonne opinion que les Turcs ont de l'hérésie calviniste, peut-être à cause de la prédestination ou du nécessitarisme, mais il ne le formule pas, il dit qu'un calviniste est un Turc baptisé, et que le judaïsme, le mahométisme, le calvinisme et l'athéisme sont un. Si bien que le terme d'athée va envelopper tout ce qui s'oppose à la religion catholique (*op. cit.*, p. 102). Et il y aura des athées chez les païens et chez les juifs, puis chez les chrétiens.

À partir de là, Garasse écrit une longue histoire de l'athéisme, depuis l'Antiquité. Et il commence par mentionner, d'après Photius, Théophile, patriarche de ces *meschans*, à la cour de l'empereur Michel, ce qui fait le lien avec le libertin moderne du même nom. Dieu ne pouvant supporter cette infamie permit jadis que le feu prenne à Sainte-Sophie. Théophile s'en prit à saint Jean Chrysostome et multiplia les cajoleries envers les ordres religieux et les grands pour mieux cacher sa doctrine pernicieuse. Mais la gangrène est irrémédiable, il faut trancher et brûler de bonne heure le membre malade.

L'ouvrage de Garasse commence par énoncer les huit maximes des libertins. La première est leur arrogance à se prendre pour des esprits forts au mépris du monde, tout en cultivant le secret par stratégie, « bienséance et maxime d'estat ». La liberté de leur créance s'oppose à la soumission de la populace. « Toutes choses sont conduites et gouvernées par le destin », qui est irrévocable à tous les hommes et symétriquement, il n'y a pas d'autre divinité ni puissance souveraine que la nature. L'Écriture sainte est « un gentil livre », aux histoires duquel on ne peut croire. Il reste à contenter nos sens et notre corps, sans considération de dualisme entre l'âme et le corps, sans superstitions sur les anges et les diables. Mais il faut garder les apparences pour ne pas formaliser les simples ni se priver de la fréquentation des superstitieux (entendez les chrétiens). Cet argumentaire supposé être celui des déistes va être utilisé comme arme entre les mains des dévots pour dénoncer le danger de certains écrits. Spinoza en particulier en fera les frais[1]. Bayle reprend l'argumentaire pour écrire comme une contre-histoire de l'âme du monde.

Le principal grief contre les libertins est d'être des esprits pernicieux « qui ont pensé ruiner les cours des princes chrétiens ». La condamnation de l'arrogance est bien politique. Sur ce point, les théologiens assimilent les huguenots et les libertins[2].

---

1. André Pessel, *Dans l'Éthique de Spinoza*, Paris, Klincksieck, 2017.
2. Le livre V énumère tous ceux que l'Église n'autorise pas à lire directement le texte sacré et nomme parmi eux les ministres de Calvin et de Luther.

Le livre premier distingue les beaux esprits, des nouveaux Épicuriens jusqu'aux Rose-Croix, et stigmatise leur manière de dogmatiser en cachette, qui sème l'impiété et témoigne de leur lâcheté. Les nouveaux Épicuriens sont « vrays hypocondriaques » : terme qui désigne « une personne saisie, et occupée de fumees noires et mélancholiques, qui luy eblouyssent le cerveau et la rendent pire qu'un fat, c'est en cette signification que je l'entens maintenant et que nos libertins sont coustume de l'usurper, lorsqu'en leur vénérable distinction des esprits, ils en mettent de Melancholiques, de Nobles, et de Transcendens, comme nous avons vu ci-devant : car par les esprits melancholiques, ils entendent en leur jargon de taverne tous les religieux, et les personnes consciencieuses qui font scrupule d'offenser Dieu » (p. 47). Celse a distingué trois espèces de phrénésie et on peut en dire autant des athées. Car l'impudicité et l'ivrognerie ne sont pas les seules sources du libertinage, bien qu'elles envoient au cerveau des humeurs noires. La troisième source est l'insensibilité, des choses de Dieu, d'autant plus dangereuse qu'elle semble accompagnée de sagesse. Et Garasse donne des exemples[1].

Mais il faut montrer que dans ce conflit, les meilleurs auteurs anciens et théologiens, se sont bandés contre l'athéisme et ses représentants, pauvres bélîtres ignorants. Garasse rappelle la fin mémorable de Jean Fontanier, de Cosme Ruggeri : les condamnations et les supplices récusent la ridicule maxime des athéistes qu'il ne faut pas aller par les chemins communs et croire les choses communes. « La vraie liberté de l'esprit consiste en la simple et sage créance de tout ce que l'Église luy propose, indifféremment et sans distinction » (208). La fausse liberté des athées porte à de grandes extravagances, ils réduisent le nombre des articles de foi, ils croient au salut des païens comme des chrétiens, ils errent complètement sur l'Incarnation, l'Eucharistie, la Résurrection. Sottise, malice, rage des Alchimistes et de Lucilio Vanini car ces prétendus bons esprits ne croient rien de la vie éternelle. Les textes de l'Écriture sont autant de fables pour eux.

« C'est chose dangereuse et néanmoins nécessaire de remuer cette question du destin » (332). Garasse introduit ici la désinvolture ou l'insouciance des beaux esprits de la Cour : car il suffit en cette vie de se donner du bon temps sans se préoccuper du salut. S'il y a eu des auteurs pour distinguer des sortes de destin, il faut prendre garde de ne pas le confondre avec la Providence qui est la vraie destinée. Or les beaux esprits de la cour pratiquent l'astrologie et la confondent avec la science divine. Ces maximes sur le destin ne viennent que du désespoir.

Il y a une malice des hérétiques à supposer des livres apocryphes, à parler de la Bible comme d'un gentil livre, tandis que c'est le Saint Esprit qui est le véritable auteur de l'Écriture sainte. L'Église romaine a raison de ne pas

---

1. A contrario, la médecine du XIXᵉ siècle cherche des causes psychiques à la construction des religions.

permettre indifféremment à tout le monde de lire et d'interpréter les livres saints. Les ministres libertins sont nommés : Bèze, Chamier, du Moulin. Doivent être exclus de cette lecture les femmes savantes, les techniciens et les fous[1], les ministres de Calvin et de Luther. Après avoir dénoncé Vanini et Théophile de Viau comme les pires athées, Garasse donne des exemples de ce que les libertins tiennent pour invraisemblable et pour fable dans l'Écriture comme la queue du chien de Tobie. Ils en dénoncent les contradictions et les atteintes aux bonnes mœurs, les excuses à certains crimes. Ils signalent les fautes, incongruités et barbaries qui ont pu s'y glisser, les désaccords entre catholiques et calvinistes sur les livres hagiographiques. Et Garasse conclut sur ce qu'on appelle le sens d'accommodation (667).

Le sixième livre s'attache à l'explication du terme de nature au sens des libertins, « en leur jargon mystérieux et cabalistique ». Le livre fait une part aux nouveaux Épicuriens, qui alignent la conduite des mœurs sur celle des Cannibales et des bêtes brutes, sous le prétexte que Dieu a fait toutes choses bonnes, ce qui excuserait la gourmandise, l'ivrognerie, l'impudicité. Une fois encore, les ministres protestants, certaines sectes de l'Antiquité sont assimilées aux libertins.

Le septième livre porte sur la bienséance : par courtoisie et pour éviter le bruit, il convient d'accorder qu'il y a un Dieu, créateur et gouverneur des choses. Garasse réfute les propositions sur les anges et les diables, dont la nature, le nombre, les offices, et le langage « n'est point si difficile en créance que nos athéistes l'imaginent » (814). Et partant, qu'ils ne peuvent les comparer aux fables des géants. D'où une discussion sur la possession des corps faite par les diables. Dans le prolongement de la problématisation sur la pureté de la nature divine, simple et séparée de matière, qui serait celle des anges, qui, pour cette raison, ne peuvent exister, les libertins comme Vanini récusent également l'immortalité de l'âme raisonnable, de l'âme humaine.

Le huitième livre conclut sur la proposition des libertins : tâcher de vivre heureux et chercher son contentement. Il reprend l'analyse du scrupule et de la conscience qui ne s'apprivoise jamais et fait contre l'accusé à la fois office de témoin, de bourreau et de juge (cinquième livre) : si bien que le libertin ne peut s'affranchir de la peur. La stratégie du libertin, amuser le peuple, ne pas formaliser les catholiques, est finalement dénoncée comme hypocrisie et poltronnerie. Le théologien, lui, dénonce le double discours du libertin comme il a dénoncé le secret qui s'interprète avec l'arrogance et est en réalité, aux yeux des théologiens, une manœuvre politique. Comme les huguenots, les libertins sont accusés de viser le pouvoir.

---

1. Les femmes, aussi « sçavantes » soient-elles, les « méchaniques », les idiots ne doivent ni lire ni interpréter.

Nous avons lié la critique de la religion à une affaire de rhétorique et de style. Dans le contexte de la Contre-Réforme, le concile de Trente[1] énonce les prescriptions sur le style des écrits scientifiques. Ils ne devront jamais énoncer le point de vue de la vérité qui est réservé à la théologie et à la révélation. Pourtant, le respect du vocabulaire de la supposition, de l'hypothèse et de la fiction pour parler des lois de physique et surtout d'astronomie ne suffit pas à protéger un auteur des imputations d'athéisme : Galilée en a fait la cruelle expérience : il faut remarquer comment Mersenne a composé l'exemplaire des *Méchaniques* de Galilée envoyé au pape pour comprendre ce qu'il a présenté et ce qu'il a soustrait à la vigilance pontificale[2].

Il faudra l'argumentation de Pierre Bayle dans les *Pensées diverses sur la comète* pour désolidariser la croyance et l'action, pour montrer que ces deux registres ne s'impliquent pas. Historiquement, la persécution contre les athées et autres libres-penseurs s'est toujours poursuivie. Et sinon, demande Bayle, depuis que la religion chrétienne a éclairé l'humanité, n'aurait-on pas dû constater le progrès des mœurs ? Mais s'agit-il vraiment de ce que les hommes pensent ou croient ? S'agit-il de dénoncer un savoir, faux ou criminel ? Ne s'agit-il pas plutôt du sujet d'imputation, de celui qui propose ce savoir ? Comment ce sujet fut-il formé ? Ou fut-il seulement une créature qui ne saurait s'arroger le droit de se penser comme un ensemble de facteurs ? Et c'est là que le scepticisme est suspect. L'essence de la créature désigne un auteur et un intemporel. Mais l'homme a-t-il un auteur ? Certes, il a des maîtres, il s'inscrit dans une hiérarchie sociale, il la conteste souvent. Mais peut-il dénier un auteur sans fragiliser l'architecture politique, celle-ci peut-elle se soutenir sans l'appui, la caution du divin ? D'emblée, le scepticisme rencontre le politique et nous fait comprendre l'implication du pouvoir et de la domination dans les dispositifs d'argumentation.

Ce qui justifie la violence institutionnelle contre les *libertins* et autres sceptiques, c'est que le statut du sujet est une question théologico-politique. La personne de Dieu, la personne du sujet sont la structure du débat. Lorsque Descartes affirme qu'il ne saurait y avoir de science de l'athée[3], c'est que la logique demande que les objets de pensée ne puissent pas varier dans le temps de la démonstration, pas plus que l'opérateur de ces pensées ne puisse être surpris par le cours qu'elles prennent. C'est l'argument du Malin génie. Et Spinoza sera accusé d'athée en récusant la distinction entre

1. Paolo Sarpi, *Histoire du concile de Trente* (édition originale de 1619), traduction française de Pierre-François Le Courayer (1736), édition introduite et commentée par Marie Viallon et Bernard Dompnier, Paris, Champion, 2002.
2. Voir la présentation d'André Pessel à la republication des *Questions inouyes, questions harmoniques, questions théologiques, les Méchaniques de Galilée, les préludes de l'harmonie universelle*, de Mersenne, Paris, Fayard, 1986.
3. *Secondes Réponses*, in *Œuvres complètes de Descartes*, Charles Adam et Paul Tannery, Vrin, 1966, t. VII, 140-141 et IX, 110-111.

l'opérateur et l'opération et en montrant que les idées sont des propositions : car ce sont les savoirs qui pensent plutôt que les sujets[1]. C'est une position que les censeurs ne peuvent accorder sans se réduire eux-mêmes au silence. Ils déplacent ainsi le débat sur le terrain de l'imputation. La prédication reste dans une logique de l'attribution des pensées et des actes à un sujet. Ce qu'on reproche aux sceptiques, c'est de poser l'opérativité du savoir, des savoirs, et de faire de la subjectivité un effet. On croit ou l'on veut croire que sans cette structure de la subjectivité, le principe d'imputation ne peut fonctionner et que la société s'écroule. D'Alembert montrera le contraire[2].

Dans la dialectique entre les religieux et les athées, les religieux eux-mêmes intègrent une partie des arguments sceptiques et retravaillent l'argument d'une absence de centre de perspective, Pascal écrit sur les deux infinis, Nicolas de Cues[3] a dit que Dieu est un cercle dont la circonférence est partout et le centre nulle part. Le renouvellement de la conceptualité de l'infini s'est exporté des mathématiques à la théologie.

Les critiques ont souvent réduit le scepticisme à une rhétorique du doute. Michel Foucault a montré comment les systèmes de pensée exprimaient des dispositifs de pouvoir, des stratégies ou des politiques du savoir. Cela n'exclut pas, au contraire, de chercher comment le discours théologique est travaillé par les arguments sceptiques, la lecture de Pascal l'atteste, on l'a dit : c'est vrai en particulier du moi, fissuré et fracturé, instable et pluriel. Or politiquement, c'est du moi qu'il s'agit dans les dispositifs de la censure. Les penseurs qu'on a traités comme des *minores* étaient en réalité dangereux. On a relevé les dichotomies et les arborescences du *Sophiste* de Platon[4], on n'a pas cherché de telles arborescences dans les modes de Sextus Empiricus parce que leur entrecroisement semble exprimer le désordre et l'absence de perspective. Y a-t-il une politique dans ces énumérations et ces désorientations, comme il y en a une dans leur condamnation ?

La *Critique de la raison pure* considère les séries, que ce soient les catégories d'Aristote ou les modes de Sextus, comme une « rhapsodie[5] », à laquelle une saine logique critique substituera une architectonique. La

---

1. *Éthique*, II, 40, scolie. Voir A. Pessel, *Dans l'Éthique de Spinoza*, Paris, Klincksieck, 2018.
2. Lettres de D'Alembert et *Essai sur les éléments de philosophie*, réed. C. Kinstler, Paris, Fayard, 1986.
3. *Œuvres choisies de Nicolas de Cues*, trad. et préface de Maurice de Gandillac, Aubier, 1942. Voir *La Docte ignorance*, p. 66-156.
4. Voir la préface de Dies au *Sophiste* de Platon : le dialecticien, c'est le philosophe. Le travail sur la différence entre l'être et le est, copule de la prédication, annonce la reprise de la question dans la dialectique transcendantale de Kant ; comment la question de l'être et du non-être devient la question de la prédication ; mais comment, en même temps, la question des noms et des signes, et la question de leurs variations et de la rhétorique prend la place de la logique et de l'ontologie.
5. Il était certes impossible pour Kant d'analyser la situation de conflit entre dogmatisme et scepticisme en d'autres termes que ceux de la dialectique transcendantale.

critique de la rhapsodie suppose qu'un centre de perspective, une place fixe pour le sujet du savoir et surtout de la morale soient logiquement nécessaires[1]. En multipliant les places pour le sujet, les sceptiques récusent cette prétention. Kant lui-même en fait la théorie à propos de la critique de la raison pratique.

On a voulu réduire le scepticisme à un relativisme mais le dixième mode de Sextus ne fait pas seulement varier les systèmes de prescription selon l'histoire et la géographie, ce n'est pas seulement une énumération. La manière dont La Mothe Le Vayer le lit en témoigne, on va le voir.

Sextus dit bien que les croyances et les coutumes peuvent jouer le rôle de lois, que les lois et les normes peuvent jouer le rôle de définitions et de statuts. Les historiens n'ont pas retenu l'idée (mathématique, rappelons-le !) de permutation circulaire. La permutation construit, elle n'énumère pas. C'est penser l'échange des rôles, penser les savoirs comme des fonctions. En montrant que les énoncés descriptifs jouent le rôle des énoncés prescriptifs, et que les énoncés prescriptifs ont une fonction descriptive, Sextus Empiricus ramène la question au statut de l'énonciation. La permutation des rôles du descriptif et du prescriptif récuse en quelque sorte l'évidence de l'opposition du fait et du droit.

Il faut dire que cet argument a un destin, il n'appartient pas à tel ou tel auteur, il dessine un partage logique, il programme et organise des positions théoriques. Après Jean Bodin dans sa *Distributio juris universi*[2], Montesquieu reprendra les déterminations du droit dans son histoire comme l'assignation de statuts, la définition de rôles, ce qui réduit l'idée d'obligation à celle de rôle et fait tomber le normatif. Ainsi, les lois et les normes, les croyances et les coutumes sont simplement du réel. On peut penser les sanctions comme des conséquences plus que comme des récompenses ou des punitions.

Les modernes questionnent ainsi la grande division augustinienne entre nature et liberté, le partage entre la faculté de vouloir et l'obligation. Tout pouvoir n'est pas une relation de domination et d'obligation. Quelles que soient les visées des sujets, il faut rompre avec l'intention et l'obligation pour penser la causalité des actions.

Les adversaires aujourd'hui des sceptiques n'ont pas manqué de récuser cette démarche qui aligne prescription et description sur le même modèle en disant que c'est anticiper le positivisme juridique, auquel on a tant reproché de ne pas fournir les armes qu'il faut contre le fascisme[3].

---

1. Tandis qu'inversement nous sommes si fascinés par ce jardin japonais où il est impossible d'embrasser en un seul regard toutes les pierres qui y sont disposées. Ce n'est pas dire que les Japonais sont sceptiques, c'est s'interroger sur une géographie des arguments.

2. Jean Bodin, *Exposé du droit universel*, trad. Lucien Gerfagnon, commentaire S. Goyard-Fabre, notes R. M. Rampelberg, Paris, PUF, 1985.

3. Hans Kelsen, *Théorie pure du droit*, trad. Charles Eisenmann, 2e éd., Paris, Dalloz, 1962.

Pourtant cet argument, déterminer le droit comme du réel factuel, avait donné à un Montesquieu son style d'analyse des lois[1]. Ce qui permettait à Voltaire de dire de lui : c'est Montaigne législateur. *A contrario*, une lecture de Montesquieu comme celle de Raymond Aron réduisait sa démarche à une sociologie. La différence entre sociologie et histoire du droit tient à la différence entre une description des mœurs et une logique des systèmes. Dans cette alternative, la place que se donne le libéralisme prétend échapper au politique.

La Mothe Le Vayer, dans son dialogue *De la Divinité*[2], relit Sextus et parle du « Décalogue de la sceptique » : l'expression peut surprendre. Le Décalogue dans la Bible[3] est un ensemble de lois, un ensemble d'énoncés à l'impératif et le discours des sceptiques apparaît d'abord comme un ensemble de variations anthropologiques : il serait du registre du descriptif plutôt que du prescriptif. En établissant une analogie entre le décalogue biblique et le décalogue sceptique, ou si l'on veut en prenant le décalogue comme modèle rhétorique de la sceptique, pour parler comme La Mothe Le Vayer, on établit une équivalence entre des commandements et des arguments. Rappelons que les dix arguments sceptiques portent sur différentes variations : variété des vivants, différence entre les hommes, diverses constitutions des organes des sens, différentes circonstances, différentes positions, différents mélanges, quantité et qualités des choses, le relatif ou la relation, fréquence des rencontres, et le dixième mode concerne les modes de vie, les lois, les croyances aux mythes et aux suppositions dogmatiques[4].

Or le dixième mode compose deux systèmes de variation qui n'ont pas retenu l'attention des critiques. L'un est une variation en quelque sorte énumérative, l'autre est une permutation des fonctions, les énoncés prescriptifs comme les lois étant pris dans une fonction descriptive, et les énoncés descriptifs comme les mœurs étant pris comme des normes et des règles ; à quoi s'ajoute le fait de mettre à niveau les mythes et les savoirs dogmatiques. Ce n'est pas seulement récuser l'imputation d'irrationalité, c'est, au lieu d'opposer le rationnel et le poétique, considérer deux styles, et c'est supposer que le poétique peut être le discours figuré de l'histoire sans être irrationnel.

Si nous prenons la liberté de cette interprétation, c'est qu'elle a été largement pratiquée[5]. Un grand lecteur des anciens comme le président

1. Voir Francine Markovits, *Montesquieu, le droit et l'histoire*, Paris, Vrin, 2008.
2. Voir *Dialogues*... cité plus haut.
3. Voir Flavius Josèphe, *Antiquités juives*. Il y a deux versions : *Exode* 20, 2-17 et *Deutéronome* 5, 6-21.
4. Sextus Empiricus, *Esquisses pyrrhoniennes*, édition bilingue grec-français, trad. Pierre Pellegrin, Paris, Seuil, 1997.
5. Voir F. Markovits, *Le Décalogue sceptique. L'universel en question au temps des Lumières*, Paris, Hermann, 2011.

de Brosses écrit que « la mythologie est l'histoire réelle des peuples[1] » ; Fontenelle pense les savoirs en fonction des styles en montrant que la poésie des anciens Américains pouvait être « la physique de ce temps-là[2] ». Ce qui permet aussi de récuser l'idée de peuples primitifs. On peut supposer que les anthropologues du XXᵉ siècle avaient lu les philosophes du XVIIIᵉ. Claude Lévi-Strauss ne le conteste pas.

Lorsque La Mothe Le Vayer parle du « Décalogue de la sceptique », parle-t-il des lois des sceptiques ? Transforme-t-il des arguments en lois ? Ou bien ne peut-on faire l'hypothèse inverse, ou symétrique, la transformation des énoncés impératifs du décalogue biblique en énoncés descriptifs qui formulent l'état d'une société, son histoire ? Car établir cette analogie a un effet de retour sur le modèle biblique.

Ce qui nous conduit à cette hypothèse est l'analogie des théorèmes et des règles morales qu'établit dans les mêmes pages La Mothe Le Vayer. Il s'agit du nombre immense et prodigieux des religions humaines :

> Ce qui a fait penser humainement aux irreligieux, que comme Ptolémée ou ses devanciers inventèrent les hypothèses des épicycles, excentriques ou concentriques, et de telles autres machines fantastiques, pour rendre raison des phainomènes ou apparences celestes, chacun pouvant faire capricieusement le même à sa mode, comme de supposer la mobilité de la terre et le repos du firmament, ou chose semblable, moyennant qu'il sauve et explique méthodiquement ce qui tombe soubs nos sens des choses du Ciel ; qu'aussi tout ce que nous apprenons des Dieux et des religions n'est rien que ce que les plus habiles hommes ont conceu de plus raisonnable selon leur discours pour la vie morale, oeconomique et civile, comme pour expliquer les phainomènes des mœurs, des actions et des pensées des pauvres mortels, afin de leur donner de certaines règles de vivre, exemptes, autant que faire se peut, de toute absurdité. De sorte que s'il se trouvait encore quelqu'un qui eust l'imagination meilleure que ses devanciers, pour établir de nouveaux fondements ou hypothèses, qui expliquassent plus facilement tous les devoirs de la vie civile, et généralement tout ce qui se passe parmy les hommes, il ne serait pas moins recevable avec un peu de bonne fortune que Copernic et quelques autres en leurs nouveaux systèmes, où ils rendent compte plus clairement et plus briefvement de tout ce qui s'observe dans les cieux ; puisque, finalement une religion, conceuë de la sorte, n'est autre chose qu'un système particulier, qui rend raison des phainomènes morales, et de toutes les apparences de notre douteuse Ethique. Or, dans cette infinité de religions, il n'y a quasi personne qui ne croye posséder la vraie [...][3].

C'est une démarche singulière de penser la morale en termes de géométrie. C'est un des éléments qui permettent de mesurer le déplacement du scepticisme de Montaigne à La Mothe Le Vayer.

---

1. Charles de Brosses, *Le Culte des dieux fétiches ou parallèle de l'ancienne religion de l'Égypte avec la religion actuelle de Negritie*, 1760, réed. M. Vokoun-David, Paris, Fayard, 1988.
2. *Histoire des fables*, in *Œuvres complètes*, réed. Alain Niderst, Paris, Fayard, 1991, t. III, p. 187-202.
3. *Dialogues faicts à l'imitation des anciens*, rééd. A. Pessel, Paris, Fayard, 1988, p. 323 *sq.*

Les critiques mettent trop de hâte à repérer dans ces lignes la religion comme la boussole de la vie humaine et à sauver comme un déisme du grand sceptique précepteur des enfants royaux[1]. Mais le point est ailleurs, dans la structure même de l'argument : les phénomènes de la vie morale sont comme les phénomènes de la nature, et les lois pour les régir ne sont pas du registre de la norme et de l'obligation. C'est dire que le sujet est une partie de la nature et cet argument circule jusqu'à Spinoza. Et une fois encore, une tradition universitaire résiste à cette lecture de Spinoza.

Les conséquences politiques de telles assertions seront dans la recherche d'un contrôle des discours : les censeurs prétendront que cette naturalité de l'éthique donne le prétexte pour excuser toutes les actions et exactions des hommes et qu'elle interdit au principe d'imputation de fonctionner. C'est D'Alembert qui montrera qu'il peut y avoir imputation même en supposant le mécanisme de toutes nos actions. Et il le déclare dans une lettre à Frédéric II[2], signe à la fois d'une grande connivence entre le prince et le géomètre, et de la conscience d'avoir à tenir un double discours par rapport au peuple.

Gabriel Naudé effectue une subversion semblable en traitant des « axiomes » de la politique[3]. Ils sont essentiellement trois : l'axiome de Boèce est de considérer toute société comme un vivant qui a sa naissance, son développement et sa mort ; l'axiome de Cardan est de ne rien entreprendre si l'on ne veut le poursuivre jusqu'à son terme ; l'axiome d'Archimède est de toujours prendre en compte la disproportion des causes et des effets. Ces noms de savants fameux sont la marque d'une constance. L'histoire n'est pas le règne de la contingence ou de la Providence, et comme la nature, elle obéit à des lois. L'un des arguments fondamentaux du scepticisme, dans un contexte chrétien, est ainsi la remise en question du partage entre la nature et l'homme, que la philosophie augustinienne assigne comme le partage entre nécessité et liberté, entre le fait et l'obligation.

Mais Naudé ajoute un autre argument : c'est celui de la position de l'observateur dans le dispositif, dans la situation, dans la machine. L'affirmation que l'énonciateur fait partie de l'énonciation, que chaque locuteur dans une discussion fait partie du différend, est aussi une reprise de Sextus : *meros tes diaphonias*, dit le grec[4]. Il n'y a pas de position en surplomb, de vue perspective. Les variations sceptiques nous invitent à de perpétuels déplacements, non seulement pour penser la pluralité des systèmes sans les réduire au pluriel des points de vue subjectifs, mais surtout pour penser

---

1. La Mothe Le Vayer, *Œuvres*, précédées de l'abrégé de sa vie, rééd. Slatkine [éd. de Dresde, 1756], 2 vol.
2. Lettres de D'Alembert et *Essai sur les éléments de philosophie*, rééd. C. Kinstler, Paris, Fayard, 1986, p. 60.
3. *Considérations politiques sur les coups d'État*.
4. Μέρος τὴς διαφωνίας, Sextus Empiricus, *Esquisses pyrrhoniennes*, Introduction, trad. et commentaires par Pierre Pellegrin, Paris, Seuil, 1997, I, 14.

le sujet dans une essentielle instabilité, dans sa problématique pluralité, à l'époque où Descartes trouve le point fixe dans le *cogito*.

Après l'image de l'ingénieur dans la machine que nous lègue Naudé pour figurer les dispositifs du pouvoir et le rôle du conseiller du prince, l'argument du spectateur/acteur émigre dans le roman. Il s'agit du roman philosophique de Rousseau, *La Nouvelle Héloïse* que caricature Voltaire en lui donnant pour titre : les amants de Pont-aux-Choux. C'est une manière de réduire la philosophie de Rousseau au dérisoire et Voltaire n'est sans doute lui-même pas dupe de cette caricature. Rousseau analyse par les yeux de Julie, qui n'est pas une innocente dévote, les paradoxes de cet athée vertueux qu'est Wolmar, son mari, qui dit de lui-même : je me fis acteur pour être spectateur. Il a voyagé dans les différentes armées, dans les différentes sociétés et sans y insister, il énonce son absence de généalogie devant une femme, la sienne, dont le père est fort entiché des principes de l'honneur et de l'aristocratie. Au point de provoquer une chute où périt le fruit des amours coupables de sa fille et de Saint-Preux[1].

Nous parlions d'un destin des arguments. Il faut pour cela accepter l'hypothèse que l'intentionnalité n'a pas de statut privilégié, que la conscience et son corrélat, l'objet de pensée, peuvent être traités dans les termes d'une objectité. L'*Éthique* de Spinoza[2] pose les idées, le savoir, comme du réel. Ce qui rend possible ce renversement de perspective est peut-être la remise en question d'une philosophie cartésienne de la connaissance qui s'appuyait sur l'adéquation des représentations à la réalité de l'objet, ce qui signifie la récusation d'une ontologie de la disjonction du réel et du représentant. D'un autre côté, ce furent peut-être aussi les études sur la grammaire et la rhétorique qui amenèrent cette réflexion sur l'anthropologie, à travers les traités des passions. La science des mœurs, des passions, des conditions prend acte de l'historicité de l'humain. Ce dont témoignent les romans de Camus.

La fonction sujet se décline ainsi de multiples façons. Bien loin d'être au principe de ses opérations, on fera l'hypothèse que les sujets sont des effets. En conséquence on envisage de décliner les multiples opérations qui s'opèrent en des lieux et temps différents. On passe ainsi du modèle cartésien de l'*ego cogito* à la description d'événements qui s'articulent en une histoire qui est sans doute aussi bien histoire de l'âme et histoire du corps. Chaque passion représente un sujet : le jaloux, l'ambitieux, l'avare, etc., dans la différence des traités des passions, mais aussi au théâtre, où finalement la raison autant que la foi est une passion parmi d'autres. On se souvient du scandale du *Polyeucte*. Nicolas Fréret ne fait-il pas dire à

---

1. F. Markovits, « Rousseau et l'éthique de Clarens : une économie des relations humaines », in *L'Imaginaire économique*, dir. Ph. Desan, *Stanford French Review*, vol. 15, n° 3, 1991.
2. André Pessel, *Dans l'Éthique de Spinoza*, Paris, Klincksieck, 2018.

Thrasybule que « la dévotion est la plus douce des passions[1] » ? Diderot poursuit cette critique de l'unité du moi : il fait l'hypothèse d'un dicéphale. Subversion du modèle de la réflexivité : contre le moi qui se connaît soi-même, le moi qui se suspecte soi-même : parasite ou espion ? Duplicité contre transparence ? L'histoire de la philosophie devra s'écrire autrement : les grandes figures, Malebranche, Leibniz, Spinoza, vont exploiter ce modèle de l'insu. Et l'histoire ne pourra plus se lire comme une galerie de portraits : achevons cette introduction sur une référence qui est un hommage à Yvon Belaval avec lequel nous évoquions jadis ces thèmes.

---

1. *La Lettre de Thrasybule à Leucippe* a été attribuée à Nicolas Fréret. Voir Edizione critica, Iintroduzione e commento, a cura di Sergio Landucci, Florence, Leo S. Olschki editore, 1986.

CHAPITRE I

UN HYPERASPISTES[1] DE DESCARTES ?

Les critiques ont cherché à identifier le correspondant auquel Descartes répondit sans publier ni traduire cet échange avec les diverses *Réponses aux objections* qui lui furent adressées, ce que rappelle Baillet[2]. Dans la lettre à Mersenne du 17 novembre 1641, Descartes parle du projet de faire imprimer l'Hyperaspistes avec les *Méditations*. On peut s'interroger sur la

---

1. Les efforts d'identification de l'Hyperaspistes de Descartes ne manquent pas. Citons l'un des plus récents : « Un homme qui se faisait appeler l'Hyperaspistes », par Igor Agostini, *Bulletin cartésien XXXIV*, publié par le Centre d'études cartésiennes et par le Centro di Studi su Descartes e il Seicento dell' Università di Lecce, Bibliographie internationale critique des études cartésiennes pour l'année 2003. J'ai suivi une autre voie pour proposer le nom de Gérard Gutschoven. On peut interroger les indications biographiques sur Gérard Gutschoven et la différence de deux articles de dictionnaire sur ce nom ; la *Biographie nationale* publiée par l'Académie royale de Belgique, dit que G. vécut avec Descartes comme son familier « qu'il assistait dans ses expériences physiques et dont il copiait les manuscrits et se livrait, sous ce grand maitre, à l'étude des mathématiques et de l'anatomie : il devint ensuite le suppléant de Sturmius vers 1640 ». La lettre qui nous occupe est datée de 1641. Clerselier dit qu'avec La Forge, Gutschoven s'occupa des figures du *Traité de l'homme*. Il aurait été comme un secrétaire, un élève et un disciple du philosophe en Hollande. Voir la réédition de Louis de la Forge, *L'Homme de René Descartes*, 1664, par Th. Gontier, Fayard, 1999. Le *Dictionnaire* de Lindeboom ne dit pas tout cela mais fait référence à La Forge. Voir aussi de Rémusat, *Histoire de la théologie en Angleterre*, 1875, p. 301-315. Georges Monchamp (1856-1907), *Histoire du cartésianisme en Belgique*, 1886, chapitre VII, p. 113 *sq.*, est cité dans l'article de la *Biblioteca belgica* que nous copions ci-après. Dans notre étude, nous abrégerons le nom de ce personnage en H.

2. A. Baillet, *La Vie de Monsieur Descartes*, Paris, 1691, rééd. Georg Olms, 1972, t. II, p. 244. Il relate la relation d'estime et d'amitié entre le comte d'Igby et Descartes malgré leurs divergences métaphysiques car le chevalier d'Igby venait d'achever la composition de son grand livre de l'immortalité de l'âme. Baillet nous dit qu'il avait près de lui le fameux Thomas Anglus, ou White, dont il rappelle les nombreux pseudonymes en Albus, Candidus, etc. « Descartes qui l'appelait ordinairement M. Vitus avait conçu de l'estime pour lui sur les témoignages avantageux que M. D'Igby luy en avait rendus. Il souffrit volontiers que Thomas Anglus lui fit des objections. Mais celuy-cy se laissa brouiller la cervelle dans les questions épineuses de la predestination, de la liberté et de la grâce qui commençaient à troubler les facultez Théologiques de Louvain, et de Paris. » Dans la lettre à Mersenne du 17 novembre 1641, Descartes parle du projet de faire imprimer « l'Hyperaspistes » avec les *Méditations*. On peut s'interroger sur la formulation : pourquoi avoir employé l'article, confondant l'auteur, son texte et la réponse. Noter que, dès 1638, M. D'Igby s'était proclamé le défenseur des écrits et de la réputation de M. Descartes qui, de son côté, s'était fort intéressé à la détention et à l'élargissement de M. d'Igby.

formulation : pourquoi avoir employé l'article, confondant l'auteur, son texte et la réponse ?

Nous avons interrogé un passage de Thomas White qui nomme Gérard Gutschoven : « *Cartesii hyperaspistes*[1] ». Qu'est-ce qu'être l'hyperaspistes de quelqu'un ? Le défenseur ou le champion d'un homme[2] ou d'une cause ? En l'occurrence, Hyperaspistes est-il le nom d'un homme, est-il une fonction[3] ? Cette distinction est essentielle pour penser le problème de la recherche d'une « identification ». Voici le passage de Thomas White[4] :

Excellentissimo viro

Gerardo a Gutchoven

In Medicina experientissimo, in geometricis Thaumaturgo et Mathematum apud Grudios Professori Regio
Subolverat Physico meo Euclidi (Clarissime Vir) defensio Cartesii, quam moliris. Inhorruit : et, exclamans, Periimus, inquit ! In procinctu adversus nos stat, Cartesii hyperaspistes, magnus Gutchoven. Et ego, ab amicissimo viro quid times ? Ne naevos tibi tuos aperiat ? Habebat et ventis suos ; et objectae eorum caetera mitebat magis. Plura ad solacium addidi, et Fratris Metaphysici[5] *auxilia spogendi [scopendi ?]. Surdo currebam : retulit mihi,*

1. Voir l'*Exercitatio geometrica. De geometria indivisibilium et proportione spiralis ad circulum*, authore Thoma Anglo ex Albiis East-Saxonum, Lindini, 1658. Th. White avait écrit un *Euclides physicus* et un *Euclides metaphysicus* à la même époque. André Pessel a trouvé le texte avec la dédicace à Gutschoven à la Réserve de la BnF sous la cote BN : R 12067. Le ton de la lettre de H. est amical et non polémique. H. semble dire à Descartes : tu es chrétien, fais attention aux conséquences de tes énoncés ; il suggère ce que les autres lecteurs peuvent supposer : si tu dis cela, qu'est-ce qui te distingue de l'hérétique, du déiste, etc.
2. Montesquieu étudie cette pratique du champion comme dispositif juridique dans l'ancien droit féodal. À quelles conditions peut-on combattre pour un autre ? Voir F. Markovits, *Montesquieu, le droit et l'histoire*, Paris, Vrin, 2008, en particulier le chapitre v.
3. La plupart des critiques n'ont pas posé la question de cette différence lorsqu'ils ont cité « celui qui se faisait appeler Hyperaspistes », désigné comme le « pseudonyme d'un inconnu, auteur d'objections adressées à Mersenne », en index de : *Pierre Gassendi, Disquisitio metaphysica seu dubitationes et instantiae adversus Renati Cartesii metaphysicam et responsa*, texte établi, traduit et annoté par Bernard Rochot, Paris, Vrin, 1962. Nous le noterons H. dans la suite de cette étude comme nous noterons Gutschoven G.
4. Dedicace de *Exercitatio geometrica, De geometria indivisibilium et proportione spirali ad circulum*.
5. Qu'est-ce qui permet d'identifier ce frère métaphysicien ? Il pourrait être sir Kenelm Digby, à cause de sa proximité avec Th. White. Le qualificatif de métaphysique tiendrait à ses écrits sur la nature et l'immortalité de l'âme : *Two Teatises, in the one of which the nature of Bodies, in the other the nature of mans soule is looked into : in way of discovery of the immortality of reasonable soules*, Paris, Blaizot, 1644. On connaît aussi de lui diverses recherches sur les propriétés et les secrets des plantes et surtout : *Demonstratio immortalitatis animae rationalis, sive Tractacus duo philosophici, in quorum priori natura et operationes corporum, in posteriore vero natura animae rationalis... explicantur. Authore Kenelmo equite Digbaeo... ex anglico in latinum opera et studio I.L. [John Leyburne]. Praemittitur... praefacio metaphysica authore Thoma Anglo... Eidemque subnectuntur institutionum peripaticarum libri quinque cum appendice theologica de origine mundi, ejusdem authoris...*, Jacob Villery, 1651. Voir Thomas Hobbes, *Critique du De mundo de Thomas White*, édition critique d'un texte inédit, par Jean Jacquot et Harold Whitmore Jones, Paris, Vrin-CNRS, 1973.

*quid haec ad tantum virum, Geometriae callentissimum, Naturae per medicas
indagationes Evisceratorem, qui, per mechanices operas, vitam, imo mentem,
automatis indit, ut pericula vitent, ad tuta recurrent et Cartesio (quanto philo-
sopho !) junctis viribus campum invadit ? Sed et mihi, inquit, domi exprobatur,
unde tu Demonstrator cum Geometrica non attigeris ? Putasne posse leges et
sollertiam Geometriam ad Labyrinthos Naturae, et sepositos Sapientiae reces-
sus traducere ? Ah Pater !*

    Haec dici potuisse et non potuisse refelli ?

*Agnovi voces debentis Eridano[1] bustuarium et nefastum erat omen. Collegi
itaque me totam et cum hanc exercitationem parturiissem, Euclidi minori ad
te perferendam tradidi, ut pulpo te feriat et Fratri molles excret iras : non ut
parcas ipsius vitiis (aequam enim est ut sit amicior veritas) sed ut doceas, non
confundas ; erudices non exagitas, me Tui admiratorem magis indies reddas*

Servem et amicissimum

Tho. Albius

Voici notre proposition de traduction :

À l'excellent Gérard Gutchoven, éminent expert en médecine, thaumaturge en
géométrie, Mathématicien auprès des Belges du Professeur Régis.

Dans mon Euclide physique, la défense de Descartes que tu méditais, m'était
venue à l'esprit. Mais ma propre défense s'écria : périssons ! Il se tient sous les
armes devant toi, le défenseur de Descartes, le grand Gutchoven ! Pour moi, que
crains-tu du meilleur des amis ? Ne te découvre-t-il pas tes défauts ? il avait aussi
les siens et en mêlait beaucoup à ses objections. J'en ai ajouté à titre de consolation et pour servir d'auxiliaire à l'examen du frère métaphysicien. C'était courir
comme un sourd. M'importe-t-il de rapporter tout cela à un tel homme, expert
entre tous pour la géométrie, capable de disséquer la nature par les méthodes
médicales, lui qui, par des œuvres mécaniques induit la vie et bien plus, l'esprit, à
des automates, de façon à ce qu'ils évitent les dangers et se mettent en sécurité, lui
qui occupe le terrain en joignant ses forces à celles de Descartes (quel immense
philosophe !). Mais, dit-il, est-ce à moi que tu ferais des reproches là où, comme
démonstrateur, la géométrie ne t'a pas permis de parvenir ? Penses-tu pouvoir
rapporter les lois et l'intelligence de la géométrie aux labyrinthes de la nature et
aux retraites écartées de la sagesse ? Oh, Père !

Avoir pu dire tout cela et n'avoir pu le réfuter ? J'ai reconnu que les accents
du débiteur d'Eridanus étaient le présage d'un bûcher funèbre. C'est pourquoi

---

1. De quoi Éridan serait-il le pseudonyme ? Eridanus est une constellation de l'univers
austral qui doit son nom à un fleuve de la mythologie grecque. Certains anciens, d'après
les encyclopédies, parlent du Nil, voire de la constellation d'Orion. C'est aussi le fleuve
des enfers où tombe Phaéton lorsqu'il perd le contrôle de son attelage. Ou encore s'agit-
il du Pô ou du Rhône ? Quel serait le philosophe italien représenté par Eridano dans la
lettre-dedicace de Th. White ? Une piste serait dans la cosmologie de Giordano Bruno,
L'Expulsion de la bête triomphante, trad. de l'italien, présenté et annoté par Bertrand
Levergeois, éd. Michel de Maule, 1992, p. 56, p. 240-241, car il périt sur le bucher. Une
autre piste serait dans l'histoire des mathématiques et de l'infini : s'agirait-il de Bonaventura
Cavalieri (1598-1647) qui est né à Milan, dont on a une correspondance avec Galilée, et qui
a manifesté son admiration pour Fermat et la géométrie des indivisibles ; il a eu une chaire
de mathématiques et d'astronomie à Bologne. Ou bien s'agirait-il de Galilée ?

j'ai rassemblé toutes mes forces en produisant cet exercice, je l'ai intégré à mon Euclide mineur pour te le transmettre, pour que tu le frappes comme un poulpe, et qu'il fasse croître les douces colères du frère : non pour que tu évites ses défauts (la vérité est égale pourvu qu'elle soit entre amis), mais pour que tu enseignes sans confusion, comme un homme éclairé, sans affectation, ce qui fera grandir de jour en jour mon admiration pour toi.

Ton serviteur et ton meilleur ami, Th. Albius[1].

Sans abandonner la question de la différence entre pseudonyme et fonction, il nous faut examiner qui fut Gérard Gutschoven.

La *Biblioteca belgica*[2] cite Georges Monchamp[3] :

il est hors de doute que Gérard van Gutschoven s'est rendu en Hollande, qu'il s'y est rendu avec le but principal de se perfectionner dans l'anatomie et qu'il y a fait la connaissance personnelle de Descartes. C'est ce que nous apprenons de ses contemporains Sluse et Clerselier. Dans sa supplique au gouvernement des Pays-Bas pour obtenir la chaire d'anatomie en 1659, Gérard affirme qu'il avait exercé et pratiqué l'anatomie dans deux ou trois universités de Hollande. C'est donc à partir de 1643 que van Gutschoven commença à exercer son art à Louvain, c'est-à-dire sept ans avant la mort de Descartes et c'est probablement avant 1643 qu'il se rendit en Hollande [...]. En mars 1639, van Gutschoven, contrairement à ce qu'insinue M. Reusens[4], n'avait encore aucune position dans l'université de Louvain : il est probable que ce qui décida sa nomination à la fin de l'année, c'est le renom que lui acquit son voyage d'instruction dans les universités de Hollande et ses relations avec les savants de ce pays [...]. Après la mort de sa femme en 1652, G. van Gutschoven embrassa l'état ecclésiastique et fut nommé le 23 avril 1659 professeur d'anatomie. Il signala son enseignement par une série de remarques cartésiennes sur un ouvrage de son collègue Plempius : *L'Ophtalmographie*. Celui-ci les inséra à la fin de la Ve édition de son ouvrage, en faisant suivre chacune d'une réfutation. Mgr Monchamp dit que c'est à lui que « revient la gloire d'avoir fait connaître et aimer en Belgique ce qu'il y avait de bon dans les doctrines cartésiennes ». Selon toute probabilité, il enseigna le premier la géométrie analytique créée par son illustre maître ; en tout cas, il releva l'enseignement des mathématiques à Louvain, comme l'attestait en 1667, un an avant sa mort, le continuateur de Vernulaerus[5], Chrétien van Langendonck. Il professa publiquement ses théories sur le mécanisme de la nature et enseigna avec Descartes que la science du mouvement trouvait de nombreuses applications dans la physiologie végétale et animale. Et si, à côté de ce qu'il y avait de vrai et de certain dans le système cartésien, il soutint aussi ce qui était douteux ou même faux, ces défaillances qui sont pour ainsi dire de l'essence de l'homme, s'appuyaient en partie sur des faits réels ; de plus elles

---

1. La construction n'est pas toujours aisée.
2. Le chapitre VII est intitulé : « Rapports de Descartes avec le louvaniste Gerard van Gutschoven et l'anversois Caterus (1639-1641) ».
3. Voir note 1 de ce chapitre
4. Voir aussi Reynders P., *Gerard van Gutschoven, een merkwaardige Brabantsee Figur uit de xviie eeuw*, Brabantia, n° 4, 1955, p. 125-129.
5. Comment identifier ce personnage : s'agirait-il de Bacon de Verulam, cité plus loin ? Ce qui autoriserait à le chercher parmi les savants qui cherchèrent comme Descartes à appliquer les mathématiques aux recherches sur la nature. Avant Leibniz, plusieurs savants initièrent les recherches sur l'infini et le continu qui allaient modifier les positions métaphysiques.

furent l'occasion de débats plus approfondis. De telle sorte qu'ici se vérifie le mot de Bacon : *"Omnis error est a veritate et ad veritatem"*.

Voilà pour l'hypothèse de l'identification d'Hyperaspistes comme pseudonyme de Gutschoven. Mais pourquoi un pseudonyme ? Peut-être pour ne pas être reconnu ? ou pour proposer certaines objections à Descartes sans l'obliger à sortir de sa réserve et en passant par Mersenne ? Un geste d'amitié de l'ancien disciple, mais aussi un geste de prudence envers lui-même ?

La question posée dès l'entrée de cette étude était de savoir si Hyperaspistes est le nom d'un homme ou d'une fonction. Si l'on traduit, on introduit un article qui n'est pas en latin, on fait apparaître la fonction : dans ce contexte, l'usage de l'article indéfini devant un nom propre applique une détermination à un autre champ que son champ d'origine. On a dit à l'époque : *un* Euclide physique, *un* Socrate chrétien ; Hotman parle d'*un* Hercule gaulois ; Guez de Balzac est *un* Socrate français ; La Mothe Le Vayer sera pour Diderot *un* Plutarque français : la fréquence de cette figure de style atteste d'une volonté de transposition : *un*, article indéfini devant un nom propre[1]. D'après sa lettre à Mersenne du 25 août 1642, Sorbière nomme Descartes *un* Démocrite de notre temps.

Cette figure marque une fonction, une équivalence, un parallèle. On sait que la querelle des anciens et des modernes repose sur l'interprétation de ces parallèles, on le lit chez Fontenelle et chez Perrault et il n'est pas interdit d'y voir une fonction polémique car c'est aussi, à l'abri de la rhétorique des « parallèles » et d'une figure de style, une critique ouverte d'une conception linéaire et finaliste de l'histoire inhérente aux thèses providentialistes. En critiquant un progrès linéaire, ou l'intention d'une Providence, les parallèles permettent d'établir des comparaisons, de penser des fonctions.

On peut rapidement parcourir l'histoire pour repérer l'usage d'une figure qui n'est pas rare. Képler est le défenseur de Tycho-Brahé ; Marsile de Padoue écrit un *Defensor pacis* ; dans les ouvrages intitulés *Hyperaspistes I* et II, Érasme se fait le défenseur du libre arbitre contre l'ouvrage de Luther sur le serf arbitre ; Clarke est le défenseur de Newton ; Du Moulin a écrit un *Hyperaspistes sive defensor veritatis adversus calomnias*[2]. Baillet nomme le chevalier Digby le défenseur de Descartes[3]. Et Thomas White et le chevalier Digby étaient amis[4].

---

1. Citons l'article ARTICLE (écrit par Dumarsais) de l'*Encyclopédie des sciences, des arts et des métiers* sous la direction de Diderot et D'Alembert.
2. Genève, 1636.
3. Voir Adrien Baillet, *op. cit.*, II, p. 244, note 2.
4. Leibniz cite Digby (*ibid.*, I, 1, p. 66) à propos du problème de la pénétration des corps et Jacques Brunschwig, republiant G. W. Leibniz, *Nouveaux Essais sur l'entendement humain*, Paris, Garnier-Flammarion, 1966, cite Sir Kenelm Digby, philosophe et savant anglais, comme l'auteur d'un traité d'inspiration cartésienne sur la nature des corps (*ibid.*, note 38). Voir surtout Pierre Bayle, *Dictionnaire historique et critique*, article ANGLUS qui cite Baillet.

Le terme générique d'Hyperaspistes ou de défenseur donne l'idée d'un débat où des champions luttent pour des héros : l'H. de Descartes défend un auteur, d'autres H. comme Érasme défendent des thèses. La question est de savoir si, lorsqu'un auteur ami des pseudonymes, Thomas White[1], qu'on appelle encore, on vient de le voir, Anglus, Albus ou Vitus, mais qui prend aussi le pseudonyme de William Rushworth, prêtre catholique, identifie l'H. de Descartes, il cherche à reconnaître un homme derrière le secret d'un pseudonyme ou à repérer une fonction. Car en s'adressant à lui, dans la Lettre-Dédicace de ses *Exercices géométriques* où il le nomme, Th. White pense-t-il au pronom défini ou au pronom indéfini : le ou un ? Telle est la question préalable à l'investigation sur l'identité du correspondant de Descartes.

La question de savoir pourquoi Descartes n'a pas publié les objections de H. ne peut être examinée que d'après le contenu des lettres des deux auteurs. Les raisons de la non-publication sont éditoriales d'après Baillet ; elles pourraient bien être aussi d'ordre théorique. Ce qu'on peut étudier en analysant les questions d'H. et les réponses de Descartes. Nous donnons quelques références mais dans le cadre de cette étude sur Hyperaspistes, nous ne pouvons entrer dans le détail de la relation de Descartes à Gassendi et à Hobbes[2]. Une confrontation entre les réponses à l'un et à l'autre éclairerait les positionnements de Descartes entre les différents scepticismes portant sur le corps et l'esprit et sur le corps de la pensée.

Parcourons donc cette fameuse lettre d'H. à Descartes dans la traduction qu'a donnée Clerselier de la correspondance de Descartes[3] sans nous interdire de nous en écarter parfois. La lettre est divisée en quatorze paragraphes et donne des références aux œuvres de Descartes. Charles Adam et Paul Tannery remarquent la différence des références données dans l'édition du latin et dans l'édition de la traduction Clerselier.

Nous nous en sommes tenus, dans cette étude, aux termes des deux lettres sans chercher ici l'occasion d'un nouvel exposé de la philosophie cartésienne.

H. déclare qu'après avoir lu les réponses de Descartes aux difficultés qui lui avaient été proposées jusqu'alors, il n'a pas manqué d'en recueillir encore quelques-unes qu'il lui propose aujourd'hui et dont il pense que

---

1. La correspondance de Mersenne 1642 cite plusieurs fois Th. White, sous ses pseudonymes Anglus, Albus, Vitus.
2. Sur le rapport entre White, Hobbes et Digby, voir en particulier *Thomas Hobbes. Critique du De Mundo de Thomas White*, éd. critique d'un texte inédit par Jean Jacquot et Harold Whitmore Jones, Vrin-CNRS, 1973, p. 22. Th. White moine catholique anglais avait émigré à Douai en 1642. Digby et Descartes se seraient rencontrés en Hollande en 1643.
3. Nous citons l'édition de 1724-1725. Voir l'édition des œuvres de Descartes par Charles Adam et Paul Tannery et en particulier de la correspondance, p. 397, Paris, Vrin, 1971, t. III. Les références des diverses éditions sont discutées. Voir aussi *René Descartes, Méditations métaphysiques, objections et réponses, suivies de quatre lettres*, Chronologie, présentation et bibliographie de Jean-Marie Beyssade et Michèle Beyssade, Paris, Flammarion, 1979.

ce seront les dernières. En s'inscrivant parmi de si glorieux combattants, il s'attend à sa propre défaite : il nomme explicitement l'enjeu. « Les mortels vous rendront des grâces immortelles de leur avoir fait connaître l'immortalité de leur âme à laquelle tout le monde tâche, autant qu'il peut, de parvenir. » S'agit-il de parvenir à l'immortalité ou à une connaissance de l'immortalité ? Ne serait-elle pas donnée, inhérente à l'essence humaine ?

Avant d'entrer dans le détail, et pour donner le contexte de la lettre, soulignons quelques points.

L'auteur de la Lettre pose comme défenseur de Descartes celui qui applique les mathématiques et la mécanique à l'étude de la nature. La question d'une telle *application* est à ce moment fondamentale comme en témoigne Des Argues (1593-1662), l'un des fondateurs de la géométrie descriptive, qui s'est préoccupé des applications de la géométrie dans l'art du dessin et de la gravure. On pourrait citer aussi le graveur Abraham Bosse qui publie en 1648 la *Manière universelle de M. Desargues pour pratiquer la perspective... ensemble les places et proportions des fortes et faibles touches, teintes ou couleurs*[1]. Diderot dira plus tard que les mathématiques cessent d'être un savoir monumental et hiéroglyphique pour devenir l'instrument des autres sciences[2].

C'est donc la manière de percevoir Descartes comme philosophe appliquant les mathématiques à un autre champ qui est caractérisée ici par cette position. Pourtant Descartes est-il le seul à l'époque ? Qu'en est-il de la référence à Galilée ? Thomas White a écrit un *Euclide physique* et un *Euclide métaphysique* ainsi qu'une *Exercitatio geometrica*[3]. On sait que Sturmius[4] a écrit aussi en ce sens et que Gutschoven sera son successeur à la chaire de mathématiques de Louvain. Leibniz cite Sturmius et son *Euclides catholicus*[5].

1. *Nouv. Essais, ibid.* Voir note 77 de J. Brunschwig et note 100 où il cite Paolo Casati qui compte parmi ses œuvres un traité de mécanique en 8 livres. Sur Digby et la circulation des écrits mathématiques, noter que le *Brouillon project* fut envoyé en Angleterre à Digby (*Corr. de Mersenne*, août 1640). Voir aussi à propos de la théorie des nombres et sur les nombres de l'énoncé de Fermat $2^{2^n} + 1$ (*ibid.*, X, 68n et 354) la lettre de Fermat à Mersenne, 25 décembre 1640, *ibid.* Hobbes avait eu par Digby un exemplaire de la *Dioptrique* (lettre du 8 novembre 1640). On lira les études d'André Warusfel (1936-2016) sur les nombres de Fermat et de Mersenne et sa thèse de doctorat : *L'Œuvre mathématique de Descartes dans la géométrie : de la résolution des équations algébriques à la naissance de la géométrie analytique*, 2010.
2. Diderot, *De l'interprétation de la nature*, titres II à IV en particulier.
3. *Euclides metaphysicus, sive de principiis sapientiae stoecheidea...*, Londini, 1658. *Euclides physicus, sive de principiis naturae stoecheidea... * Londini, 1657. Voir *Dutch Medical Biography : a biographical Dictionary of Dutch Physicians and Surgeons 1475-1975*, par G. A. Lindeboom.
4. *Nouveaux essais* IV, XXII sur la division des sciences. La *Théodicée* cite Sturmius et son *Euclidus catholicus* à propos de la méthode *de minimis et maximis*, Paris, Aubier, p. 256.
5. *Théodicée*, IIᵉ partie, p. 212, éd. Jacques Jalabert, Paris, Aubier-Montaigne, 1962, p. 257.

Il s'agit donc de poser la question du statut des mathématiques : sont-elles le modèle de la rationalité ou l'instrument des autres disciplines[1] ? Galilée dit que la nature est un livre écrit en caractères mathématiques[2]. Mais comment penser une analogie entre la nature et la Bible, comment penser différents types de livres[3] ? Peut-on y voir la conversion des hypothèses de la cabale ou de la magie ? La nature comme livre autre que la Bible, avec la différence des caractères, le thème atomiste (mais aussi cabaliste) des *grammata* et des semences, des figures et des nombres, etc. Il faut rappeler l'ambivalence de l'usage des mathématiques à la Renaissance. L'une des utilisations des mathématiques est ésotérique. Par rapport à Fludd, et aux alchimistes, Mersenne prend toute sorte de précautions[4]. Alexandre Koyré sera attentif à de tels débats[5]. C'est le statut des mathématiques qui est décisif dans la polémique entre les nouveaux philosophes et la tradition aristotélicienne. Car il ne s'agit pas seulement d'une tentative de conciliation entre Aristote et la nouvelle philosophie mécaniste mais d'une transformation des concepts opératoires. Ce qui pose aussi la question des attaques contre Descartes lors de la querelle d'Utrecht[6].

Revenons à notre propos : en quelle langue le livre de la nature est-il écrit ? Quel est le rapport ici entre signifié et signifiant ? Il faut au préalable un travail de réflexion sur le discours et sur la langue, avec les recherches de Port-Royal[7], sur le travail des orientalistes tels qu'Antoine Galland[8], sur

1. Montucla fait l'histoire des diverses disciplines mathématiques en fonction des autres arts (*Histoire des mathématiques...*, Paris, an VII, rééd. Blanchard, avant-propos de Ch. Naux, 4 vol., 1968). D'Alembert dans ses *Essais* stigmatisera la mode de géométriser la métaphysique tout en louant Locke de faire la science expérimentale de l'esprit humain.
2. Lettre à Fortunato Liceti, janvier 1641 : « Pour moi, à vrai dire, j'estime que le livre de la philosophie est celui qui est perpétuellement ouvert devant nos yeux ; mais comme il est écrit en des caractères différents de ceux de notre alphabet, il ne peut être lu de tout le monde ; les caractères de ce livre ne sont autres que triangles, carrés, cercles, sphères, cônes et autres figures mathématiques, parfaitement appropriés à telle lecture », *in* Galilée, *Dialogues et lettres choisies*, choix, traduction, préface de Paul-Henri Michel, introd. de Georgio de Santillana, Paris, Hermann, p. 430.
3. Spinoza reprend la question au *Traité théologico-politique* (chap. VII) et dit : l'interprétation de l'Écriture ne diffère en rien de l'interprétation de la nature.
4. Marin Mersenne, *La Vérité des sciences contre les sceptiques ou pyrrhoniens*, Paris, 1625, rééd. fac-similé Stuttgart-Bad Cannstatt, 1969. Voir aussi, du même, *L'impiété des déistes, athées et libertins de ce temps combattue et renversée de point en point par raisons tirées de la philosophie et de la théologie, ensemble la réfutation du « Poème des déistes »*, Paris, 1624.
5. A. Koyré, *Études galiléennes*, Paris, Hermann, 1966 et autres études.
6. *René Descartes et Martin Schoock. La querelle d'Utrecht*, textes établis, traduits et annotés par Theodor Verbeeck, préface de J.-L. Marion, Les Impressions nouvelles, 1988.
7. Jean-Claude Pariente, *Le Langage et l'individuel*, Paris, Armand Colin, 1973 ; *L'Analyse du langage à Port-Royal*, Paris, Minuit, 1985.
8. Mohamed Abdel Halim, *Antoine Galland, sa vie et son œuvre*, Paris, Nizet, 1964.

les traductions de la Bible, et avec Richard Simon[1] des recherches sur le recueil des textes, l'histoire des versions et des commentaires. Comment penser la traduction ? Et comment penser l'analogie avec la Bible ? On rencontre inévitablement la question de l'exégèse biblique[2]. Mais cela pose aussi la question du chiffrage de la nature par les mathématiques. Les mathématiques sont-elles une langue ? Toute structure mécanique est-elle un code ? Mécanique des signes et sémiologie de la nature se croisent, comme le montre Jean-Pierre Séris dans son ouvrage : *Langages et machines à l'âge classique*[3].

Examinons donc la lettre et les réponses. Nous avons surtout cherché ici à caractériser des positions pour faire apparaître le caractère d'Hyperaspistes. Car ses objections sont singulières et plus qu'un rôle polémique, elles semblent bien jouer un rôle de mise en garde. Le défenseur de Descartes avertit des risques que lui font courir certaines de ses thèses.

§ 1. La première question porte sur les rapports de la vérité et de la morale. Au 1er §, la question de la vérité est encadrée entre la relation aux actions morales du chrétien et la relation à un point fixe entre la veille et le songe. H. suspecte une contradiction, Descartes, dans sa réponse, va s'esquiver pour déplacer la question sur un autre plan : celui de la modalité des énoncés, et passer ainsi de la question de l'existence à la question de l'apparence de l'utile.

En reprenant la question de la disjonction entre contemplation de la vérité et conduite de la vie, et en lisant les réponses à Gassendi, Hyperaspistes demande à Descartes si la vérité doit manquer aux actions morales d'un chrétien, et par conséquent pose aussi la question de la différence des normes de la vérité entre chrétiens et non-chrétiens. Si l'on ne concède pas qu'il y a deux genres de vérité, Descartes ne sera-t-il pas en contradiction avec lui-même ? Car, dans sa réponse à Gassendi, Descartes avait « osé assurer qu'il ne faut pas chercher dans les choses qui regardent la conduite de la vie une vérité aussi claire et aussi certaine que celle que vous voulez qu'on ait lorsqu'on s'applique à la contemplation de la vérité ». N'importerait-il pas plus à un chrétien de faillir dans les actions morales que dans les sciences métaphysiques et géométriques ? Les impératifs divins ne seraient-ils pas clairs à ce sujet ? Il importe au chrétien d'être assuré qu'il n'y a qu'un seul type de vérité.

---

1. Parmi les écrits de Richard Simon sur les différentes éditions, traductions et leçons de l'Ancien et du Nouveau Testament, citons *Histoire critique des principaux commentateurs du Nouveau Testament depuis le commencement du Christianisme jusqu'à notre temps : avec une Dissertation critique sur les principaux Actes Manuscrits qui ont été cités dans les trois Parties de cet ouvrage*, par Richard Simon, Prêtre, Rotterdam, Reiner Leers, 1693.
2. Voir par exemple Jean Steinmann, *Richard Simon et les origines de l'exégèse biblique*, Paris, Desclée de Brouwer, 1960.
3. Avec une préface de Jean-Claude Pariente, Hachette, 1995.

Et l'auteur de la lettre prend deux exemples : le doute sur la réalité des murs de l'église, le doute sur la réalité du pain. L'hypothèse d'une absence de point fixe permettant de décider si on veille ou si on songe est un argument important des sceptiques. Et Descartes l'évoque, et d'abord parce qu'il fait la théorie du *cogito* contre le doute généralisé. Mais Hyperaspistes dit qu'il attend des démonstrations. Si je doute de la réalité des murs de l'église, comme si c'était un songe, je ne puis prétendre que j'étais à l'église et que j'ai entendu la messe ; et je n'irai même pas à la messe ; si je doute avoir du pain, si je doute que ce soit du vrai pain ou qu'il soit sain, je me laisserai mourir de faim ; et comment offrir un holocauste à Dieu, si je doute de la réalité des choses que je veux offrir ?

S'agirait-il d'ailleurs de l'Eucharistie ? H. n'en fait aucune mention explicite mais dit seulement : vous [Descartes] qui m'avez appris à me défaire des préjugés[1] ce serait injuste de vouloir agir avec moi comme si ces difficultés étaient des préjugés.

Descartes ne répond pas directement sur le premier exemple mais commence par le second. Et il argumente avant de traiter de l'exemple en rattachant la détermination de la vérité non pas à l'existence mais à la prédication et à la modalité. Aussi affirme-t-il démontrer. Il met en scène l'utile et l'apparence de l'utile, la modalité et les degrés de certitude. Et il situe notre être ontologiquement dans ces dualités irréductibles. Descartes raisonne ainsi selon les hypothèses, comme le prescrit le concile de Trente[2]. Il faut en effet distinguer entre les hypothèses de physique, et en physique il n'y a que des hypothèses, et la vérité chrétienne qui ne souffre pas le doute. Il y a donc deux types de certitude mais est-ce à dire deux genres de vérités ? Il semble que les objections de H. l'inclinent à raisonner sur la modalité.

C'est ainsi moins la distinction de deux *domaines* que la différence de modalité qui est en jeu. Dans la suite de la lettre, H. continue à adresser sa critique à un Descartes dualiste et la réponse montrera que la distinction réelle n'est pas la distinction de deux substances.

---

1. Est-ce une référence à une relation personnelle avec Descartes lorsqu'il était son familier ? Il y a une lettre de Descartes à Mersenne (Endegeest, juillet 1641, AT, t. III, p. 391), et elle parle d'une lettre identifiée par F. Alquié (voir son édition des *Œuvres de Descartes*, t. III, p. 344) comme étant d'Hyperaspistes. « Celuy dont vous m'avez fait voir la lettre latine qu'il vous a écrite [...] s'exprime trop bien quand il explique ses propres pensées pour croire qu'il n'ait pas entendu celles des autres ; je me persuade bien plutôt qu'étant prevenu de ses opinions, il a de la peine à gouster ce qui s'oppose à ses jugemens [...]. Je me persuade que ce ne sera pas là le dernier différend que nous aurons ensemble, au contraire je m'imagine que cette première lettre est comme un cartel de défi qu'il me présente... Je vous avoue que je prendrai un singulier plaisir d'avoir à faire avec des personnes d'esprit comme lui... »

2. Paolo Sarpi, *Histoire du concile de Trente* (édition originale de 1619), traduction française de Pierre-François Le Courayer (1736), édition introduite et commentée par Marie Viallon et Bernard Dompnier, Paris, H. Champion, 2002.

Descartes affirme donner deux preuves de cette dualité, *a priori* et *a posteriori*, du fait « qu'il ne faut pas chercher ny esperer une si grande certitude [...] dans les choses qui regardent la conduite de la vie qu'il en est requis pour acquérir la science ». La première preuve qui démontre les effets par leurs causes est que « le composé de l'homme est de sa Nature Corruptible. Et que l'Esprit est Incorruptible et Immortel ». L'autre preuve est par les conséquences et il faut distinguer deux cas. Le premier cas reprend et transforme l'argument du pain. Il signifierait : « il vaut mieux attendre la mort en s'abstenant de manger que de se tuer soi-même en prenant des alimens empoisonnés sans le savoir ; certainement celui-là devrait être accusé de folie et condamné comme l'autheur de sa mort ». Pour éviter le suicide, l'homme se précipiterait dans le suicide. L'argument manifeste une forme de circularité ou de contradiction.

Le second cas se place dans la supposition où l'homme en question ne peut avoir que des viandes empoisonnées mais qui lui semblent saines ; et si, en outre, son tempérament est tel que l'abstinence du boire et du manger serve à la conservation de sa santé, bien qu'il lui semble le contraire, il sera obligé de manger parce qu'il suivra l'apparence de l'utile.

Quelle que soit l'apparence des aliments, puisque la vérité ne nous est pas connue, il n'est pas possible de ne pas suivre l'utile apparent puisque l'utile réel ne nous est pas donné. Descartes a mis en place ailleurs[1] la différence de la certitude morale et de la certitude métaphysique, ce qui lui permet de raisonner non pas sur l'urgence de se nourrir mais sur ce qui nous semble utile, sur du probable, puisque notre nature nous empêche d'avoir accès à autre chose.

§ 2. Le second point de la lettre pose la question de savoir si l'âme est ou n'est pas plus imparfaite dans un enfant que dans un homme, si l'on peut conclure de l'inégalité de deux actions à l'inégalité de deux natures et si la perfection de l'âme peut se quantifier, si la substance peut se quantifier. Formules surprenantes s'adressant à Descartes. Mais comment concilier le fait que l'âme pense toujours et le fait qu'elle ne s'en ressouvienne pas ? Comment penser l'homogénéité ou l'hétérogénéité entre les traces du cerveau et les vestiges incorporels ? Descartes va rectifier pour réaffirmer l'unité du penser dans ses modalités de l'union et comme du *mélange* (le terme est de Descartes) de l'esprit et du corps, compte tenu de l'âge. Il tente de maintenir deux choses : il n'y a de mémoire que par les signes et le sensible, les idées intellectuelles sont présence. Car il faut éviter de poser que *toutes* les pensées s'acquièrent avec l'âge.

Et Descartes se retire, ce qu'il fait à plusieurs reprises.

---

1. *Principes de la philosophie*, IV, 205 et 206, A.T., t. IX, 2, p. 323.

H. reprend donc l'hypothèse cartésienne selon laquelle l'âme pense toujours. La question est d'abord de savoir s'il y a dans l'âme des degrés de perfection, si de ce qu'elle agit plus imparfaitement dans un sujet comme l'enfant, il peut suivre qu'elle est plus imparfaite dans le petit enfant que dans l'homme. Mais il dit que Descartes n'en apporte aucune preuve, pas plus qu'il ne prouve la fausseté du contraire. Si l'on suppose que, quelque part que soit l'esprit, il pense toujours, bien qu'il ne s'en ressouvienne pas, on omet de penser la question de l'homogénéité entre les vestiges et le sujet où ils s'inscrivent, vestiges corporels s'ils sont reçus dans le cerveau, incorporels s'ils sont reçus dans l'esprit ou dans l'âme ; l'opération incorporelle peut-elle imprimer des vestiges corporels ? Et l'inverse est-il possible ? Comment l'esprit pourrait-il considérer ces vestiges corporels ? Les théologiens attribuent cette contemplation sans images ni espèces à Dieu seul [1].

Mais il est impossible qu'il y ait un vestige corporel dans l'esprit ou un vestige incorporel dans le corps.

Descartes répond en rectifiant ce qui lui est imputé. Il n'a dit nulle part qu'il y avait une conséquence, entre ces deux faits, que de deux actions inégales, pensée de l'enfant, pensée de l'adulte, suivrait une inégalité de nature ; on passerait de la comparaison et de l'évaluation de deux actions, dans deux sujets différents, à l'évaluation des deux supports ou sujets, des deux esprits. L'Esprit agissant plus imparfaitement dans un petit Enfant que dans un Adulte, il s'ensuivait dans la comparaison des deux esprits une inégalité et une imperfection de l'Esprit de l'Enfant par rapport à l'Esprit de l'Adulte. Descartes dit avoir justement repris celui qui avait avancé cela [2]. C'est pourquoi il réaffirme l'unité du penser dans sa nature ou son essence, comme l'unité du corps est d'être une chose étendue. D'où la formule, quelque part que soit l'âme, elle pense toujours, même dans le ventre de nos mères.

Sans doute un enfant dans le ventre de sa mère ne médite-t-il point sur les choses métaphysiques. Mais, dit Descartes « nous expérimentons tous les jours que nostre Esprit est tellement uny au Cors que presque tousjours il souffre de lui ». Cette pensée peut être confuse, comme les idées de douleur, de chatouillement, de chaud, de froid « qui naissent de l'union ou pour ainsi dire du mélange de l'Esprit avec le corps. Et toutefois en cet Estat même, l'Esprit n'a pas moins en soy les idées de Dieu, de lui même, et de toutes ces vérités qui de soy sont connues, que les personnes adultes ont, lorsqu'elles n'y pensent point. Car il ne les acquiert point par après

---

1. Voir Géraud de Cordemoy, *Discours physique de la parole*, in Pierre Clair et François Girbal (éd.), *Œuvres philosophiques de Géraud de Cordemoy*, avec une étude bio-bibliographique, édition critique, Paris, PUF, 1968. Sur la communication des anges, la transparence de la pensée et la coprésence immédiate, voir saint Thomas, *Somme théologique*, traduite et annotée par F. Lachat, Vivès, 1863, 17 vol., t. II en particulier.

2. Qui a dit cela ? L'inégalité des esprits est un argument sceptique.

avec l'âge. Et je ne doute point que s'il était dès lors délivré des liens du corps, il ne les dust trouver en soi ».

On ne peut priver une chose de sa propre essence, le corps d'être étendu, l'âme de penser. Nous ne nous ressouvenons pas plus d'avoir aperçu que nous pensions que nous ne nous ressouvenons de nous être aperçus que notre corps avait de l'étendue, s'il nous est permis de conjecturer d'une chose que l'on ne connaît pas bien : la pensée du fœtus. Cette conjecture s'appuie sur la variation de la liberté, entre les sains et les malades, le sommeil et la veille, les adultes et les enfants, les jeunes et les vieux.

« Rien de plus conforme à la raison que de croire que l'Esprit *nouvellement* uny au Corps d'un Enfant, n'est occupé qu'à sentir, ou à apercevoir confusément les Idées de la Douleur, du Chatouillement, du Chaud, du Froid et semblables qui naissent de l'union ou pour ainsi dire, du *mélange* de l'esprit avec le Corps [je souligne]. » Il y a des idées comme celle de Dieu, de soi-même, et de toutes ces vérités qui de soi sont connues, qui sont dans l'esprit, qui sont connues lors même qu'on n'y pense pas, que notre état soit celui de l'enfant ou de l'adulte, car ce ne sont pas des idées qu'on acquiert avec l'âge. Descartes décrit cet effet de localisation ou d'inhérence comme l'appartenance d'une structure à l'esprit ; la différence sera de la confusion à la distinction. La structure d'innéité marque que le soi subsiste délivré des liens du Corps. L'esprit quoique réellement distingué du Corps, ne laisse pas de lui être joint et d'être touché par les vestiges qui sont imprimés en lui, ou même aussi d'en imprimer en lui de nouveaux ; et cela n'est pas plus difficile à concevoir que le fait que, à supposer qu'il y ait des accidents réels, ils agissent sur la substance corporelle. Descartes use souvent d'ailleurs de la formule : « il n'est pas plus difficile de concevoir la relation xy que la relation uv ». La difficulté à concevoir ne marque pas une faiblesse de l'esprit mais un manque d'analyse, un manque d'habitude à prendre en compte certains éléments. Ainsi de la détermination du corporel. Qu'entendre par corporel ? si c'est tout ce qui peut affecter le corps, l'esprit devra être dit corporel. Mais si corporel veut dire substance, ni l'esprit, ni même ses accidents réels, ne peuvent être dits corporels. Descartes distingue trois cas.

Lorsque l'esprit pense à quelque chose de corporel, certaines particules du cerveau sont remuées de leur place, soit par les objets extérieurs, soit par les esprits animaux, quelquefois aussi par l'esprit même, par sa propre liberté [ce qui signifierait que la structure de l'esprit, c'est la réflexivité]. Et c'est par ce mouvement des particules du cerveau qu'il s'opère un vestige duquel dépend le ressouvenir ; or il n'y a pas de ressouvenir des idées intellectuelles, sinon par les Noms, car il n'y a de mémoire que du sensible et par les signes. L'intellectuel est présence, ce ne peut être un souvenir.

Mais, ajoute Descartes en se retirant, ce n'est pas le lieu d'expliquer davantage...

À notre sens du moins, ce n'est pas dire que trop d'explications nuisent à l'explication, c'est dire que le discours déploie un réel qui ne se laisse pas penser en termes d'adéquation à quelque chose que nous avions supposé être le réel. Ce n'est certes pas la thèse qu'on attribue habituellement au philosophe de l'évidence.

On peut donc dire qu'H. se fait une image d'un Descartes dualiste, ou qu'il est lui-même plus dualiste que Descartes. Mais les réponses de celui-ci sont ici plus proches de la problématique des *Passions de l'âme* que de celle des quatre premières *Méditations*.

À l'opposition de la pensée et de l'étendue, Descartes ajoute une autre dualité entre ce dont nous nous souvenons et ce dont nous ne nous souvenons point. Dans la tradition philosophique, cette détermination deviendra *l'insu*, ce qui se fait *en nous sans nous*, et Malebranche, et Leibniz, par exemple, seront très attentifs à une pensée inconsciente dont il faut souligner, malgré certaines lectures hâtives de nos contemporains, qu'elle n'est pas pour autant l'inconscient. Descartes dit bien : « Ce n'est pas sans raison que j'ai assuré que l'Âme humaine, *quelque part qu'elle soit* [je souligne] pense toujours, même dans le ventre de nos mères » : ce qui ne veut pas dire que c'est une pensée consciente, ce qui n'engage pas non plus d'hypothèse ni sur le sujet ni sur l'objet de cette pensée, par exemple la métaphysique. Il y a de la pensée, mais sans conscience, et pour ainsi dire une pensée impersonnelle : il y a du penser ou ça pense. Le *cogito*[1] ne confisquerait pas tout le réel de la pensée.

§ 3. Le troisième point de la lettre porte sur la différence du croire et du savoir, sur la question de savoir si nous savons ce que nous croyons. Nous n'avons pas hésité à traiter d'insolente la question sur la différence dont les chrétiens et les Turcs, les Juifs et les Ariens perçoivent le mystère de la Trinité. Les sceptiques pratiquent le comparatisme et l'anthropologie, et on voit ici à quoi pouvaient servir les deux premiers §. Le fait d'affronter la mort pour de fausses opinions traduit-il une inégalité entre les personnes, une inégalité entre l'orthodoxe et l'hérétique ? Est-on convoqué à répondre en théologien ou en chrétien ?

Sans retenir la provocation, Descartes va déplacer la question et écarter le problème de la conviction des autres croyants. C'est au 4e § que se fait la critique de l'évidence, car H. oppose à la force de l'évidence la force de

---

1. Il y a ainsi une réflexion sur un savant qui ferait en rêvant, des découvertes, une réflexion sur le mécanisme des pensées du rêve comparé à celui de la veille (*Réponse à la IIIe objection de Hobbes*), une réflexion sur une langue universelle (lettre de Descartes à Mersenne, 20 novembre 1629) et sur l'homme qui parlait toutes les langues (La Mothe Le Vayer, *Œuvres*, Slatkine, t. II, p. 496).

l'habitude et de la fréquence, ce qui reconduit à un moi construit par l'histoire, argument sceptique, on le sait. En apparence, il s'agit de la méthode, en réalité, il s'agit de cette place du moi qui pense. Place inexpugnable pour Descartes et qui est autorisée par la disjonction de la lumière naturelle et de la foi. L'égologie fait système avec la métaphysique dualiste du chrétien. Descartes ne reconnaît pas droit de cité à de telles objections et ne s'estime donc pas obligé de se justifier.

En s'adressant à Descartes, Hyperaspistes distingue entre deux énoncés : une chose vous appartient, une chose appartient à la connaissance que vous avez de vous-même. Ainsi votre métaphysique, dit-il, n'établit que les choses qui appartiennent à cette connaissance et nous ne savons pas s'il y a rien de réel dans les choses que vous pensez ou que vous feignez de contempler et ainsi votre esprit ne saura pas s'il est incorporel, car une chose n'est pas telle que vous la pensez, nous ne savons pas ce que nous croyons. H. prête à Descartes l'affirmation selon laquelle la grâce éclairerait certains esprits de telle sorte qu'ils voient plus clairement les vérités les plus obscures de notre créance qu'aucune vérité de géométrie. D'où sa question : « Croyez-vous concevoir plus clairement le mystère de la Trinité que le contraire ne l'est par un Juif ou un Arien ? » Question d'une insolence rare et que l'interlocuteur récusera calmement. Ces personnes prêtes à mourir pour leurs fausses opinions, continue H., sont-elles de pire condition que celles qui souffrent la mort pour de vraies opinions ? Car si la possibilité suffit pour la conduite de la vie, pourquoi la mort et les mérites ne sont-ils pas égaux ? Un hérétique aurait-il autant de mérite dans le martyre qu'un orthodoxe ? Si vous ne voulez pas répondre en théologien, répondez en chrétien, la Sainte Écriture ordonne de rendre raison de sa foi.

L'audace de la question convoque Descartes dans la justification théorique de ses convictions religieuses. Mais surtout, les questions semblent la conséquence des propositions de Descartes, qui ne mesurerait pas les risques d'une lecture par un sceptique ou un théologien, car les deux sont liés comme l'envers et l'endroit.

Descartes répond sans retenir la provocation, et avec le calme qu'on emploie vis-à-vis d'un jeune homme plein de talent qui confond sa fougue avec le feu d'une découverte théorique.

Il rappelle ce qu'il a déjà expliqué, comment il a distingué entre croire et savoir, et dans quels écrits. « Le lecteur peut facilement reconnaître quand j'ai traité seulement de la connaissance que j'ai de moy même et quand j'ai en effet traité de la vérité des choses. » Il cite les *Réponses aux secondes objections* : « je n'ai pas dit que par la lumière de la grâce, nous connaissions clairement les mystères de la foi (encore que je ne nie pas que cela se puisse faire) mais seulement que nous avions confiance qu'il les faut croire ». Mais Descartes écarte absolument les questions sur la conviction des autres croyants ; les sceptiques s'engagent dans ce comparatisme qui montre que sur cette intime conviction des uns et des autres, il n'y a pas de commune mesure. « Je n'ai donné aucune occasion, en mes écrits, dit-il, de faire de telles demandes. »

Faisons une remarque : la règle des objections serait donc d'éviter toute question sur ce que l'auteur n'a pas dit, d'éviter de l'interroger sur les raisons de ce non-dit. C'est justement la structure de l'interprétation, d'interroger la marge entre le dit et le non-dit, à condition que les normes du non-dit n'excèdent pas ce qui est expressément énoncé. Limite délicate. Or ce silence est une position sur le comparatisme, sur l'anthropologie issue non seulement de la littérature des voyages, mais des écrits des sceptiques, en matière politique avec Gabriel Naudé par exemple, ou en matière morale, dans les différents traités des passions[1]. Dans les disputes théologiques, il n'est pourtant pas interdit de spéculer sur les conséquences des écrits d'un auteur même si elles ne sont pas explicitement formulées. Et les Inquisiteurs avaient même mis en place des argumentaires pour avancer ces imputations et ces accusations.

§ 4. Le quatrième point concerne la méthode.

H. nie que la méthode que Descartes a donnée soit assez exacte. Et il substitue à la force contraignante de l'évidence la fréquence et l'habitude. Par exemple, nous estimons une chose d'autant plus vraie que nous y pensons davantage, comme l'axiome : si de choses égales, on ôte des choses égales…

Autre critique de l'évidence, la comparaison des degrés de clarté : entre Turcs, sociniens, calvinistes, ce qui est évidence pour l'un, est contradiction pour l'autre. Pour un Turc ou un socinien : il y a contradiction que le verbe ou fils de Dieu ait de son père tout ce qu'il a et cependant n'en dépende point, comme qu'il y ait trois personnes en la Trinité et non pas trois essences ou trois choses, ou trois êtres. Pour un calviniste, il y a contradiction que le corps de Jésus-Christ soit en plusieurs lieux. Pour un

---

1. Il faudrait marquer la différence des positions : Le Moyne fait le portrait des caractères, dans des fresques qui en détaillent le contexte et les éléments, avec des références à la littérature, et à ses héros ; Cureau de la Chambre interroge les passions entre la nature humaine et la nature animale, en mettant l'imagination au premier plan dans le fonctionnement du vivant ; Senault pose la question de l'usage des passions et de l'empire que nous avons ou non sur elles. Il y a des passions qui sont la structure même des conditions, comme le montrent Balthasar Castiglione et B. Gracian à propos de l'homme de cour et du héros, ce qui est une manière de désamorcer la critique de l'ambition ou de la cruauté. L'Esclache, Coeffeteau font des tableaux pour montrer la construction et la dérivation des passions les unes par rapport aux autres. Dans ce contexte, *Les Passions de l'âme* de Descartes analysent la manière dont les passions *accompagnent* les mouvements du corps et l'unité de ces deux êtres, corps et âme, joints comme dans un sacrement qui ne serait pas du sacré. Malebranche et Leibniz reprendront ce concept d'accompagnement qui sera un levier contre le dualisme.

déiste il est contradictoire que la souveraine bonté de Dieu livre un homme aux peines éternelles.

H. renverse l'argument cartésien : « Vous dites qu'ils ne conçoivent pas clairement et distinctement et cependant, ils pensent le concevoir.» Comment se mettre à la place de la première personne de l'autre pour évaluer son degré de certitude ? Comment répondre à leurs démonstrations ? Descartes répond en citant H., ce qui atteste la précision de sa lecture : « Je n'ai rien avancé qui pût servir de fondement à cette quatrième objection : et par conséquent je ne suis point obligé de répondre à ce que vous ajoutez ensuite, quoiqu'il ne serait pas difficile à une personne qui sait distinguer la lumière de la Foy de la lumière naturelle et qui préfère l'autre à celle-ci.» Or H. pose la question de ce qui peut justifier cette égologie, le fait d'occuper cette position inexpugnable que Descartes pense occuper, le fait même qu'une telle place pour le moi soit possible. Et H. suppose apparemment que la réalité, ce n'est pas l'ego comme principe, c'est le partage des positions subjectives, c'est aussi le partage de la lumière naturelle et de la grâce. La subjectivité ne serait pas le moi mais l'intersubjectivité.

§ 5. Le cinquième point concerne le statut du moi du double point de vue de la donation des choses et de la donation de la pensée. Cette donation est à la fois la question de l'existence du monde extérieur et la question de l'immédiateté de cette donation, ce qui s'oppose à un travail et à un apprentissage de la perception, sensible aussi bien qu'intellectuelle. H. insiste : qu'il s'agisse du monde extérieur ou du moi, la question est celle de l'immédiateté de la donation d'être. L'enjeu en est la construction du sujet pensant. Quel est le sujet qui pense ? H. dit à Descartes : Vous ne savez pas si c'est l'âme du monde qui pense en vous. H. attribue à Descartes cette proposition : Il ne serait pas nécessaire de concevoir ce qu'est une chose pour concevoir ce qu'est une *chose* qui pense : mais peut-on concevoir une proposition sans concevoir le sujet ni le prédicat ? Vous ne savez pas, dit H., si c'est vous-même qui pensez ou si c'est l'âme du monde en vous qui pense mais posez que ce soit vous, vous ne penserez jamais à autre chose qu'à une chose corporelle. Il faut donc que l'esprit à la façon d'une chose corporelle, s'étende à sa manière de telle sorte que chaque partie de l'un réponde à chaque partie de l'autre.

Un siècle plus tard, Diderot et les encyclopédistes reposeront la question, non pas dans les termes de l'âme du monde mais dans ceux des médiations, linguistiques et scientifiques, qui construisent le sujet. De toute façon, le sujet ne sera plus principe mais effet de médiations.

Descartes se retire encore et défend des positions qui supposent des points fixes déjà assignés précédemment. Ce qui signifie qu'il voit les enjeux. La Hollande du reste n'est-elle pas pour lui une retraite ? Mais cela ne veut pas dire qu'il serait du parti des sceptiques. Il répond donc qu'il n'a rien avancé qui ait pu servir de fondement à cette cinquième objection. Je nie, dit-il, que nous ignorions, ce qu'est une chose, ce que c'est que la pensée, ou qu'il soit besoin que je l'enseigne aux autres. Je nie que nous ne pensions à rien qu'à des choses corporelles. La réponse de Descartes tient en peu de lignes.

Après trois questions (les points 3, 4 et 5. des *Objections* de H.) où il oppose lumière naturelle et révélation, puis refuse de répondre sur des sujets qu'il n'a pas évoqués, c'est encore un refus qui porte sur l'évidence de ce qui est connu sans avoir besoin de l'enseigner. La doctrine de l'évidence fonctionne comme la foi sur le mode de la donation immédiate tandis que H. raisonne sur l'acquisition des connaissances, y compris la connaissance de soi passant par la relation au corps. L'histoire du sujet passe par les médiations de la donation d'objets de la pensée. Cette détermination du sujet et de la connaissance par les médiations appartient à l'arsenal sceptique ; c'est l'axe de leur anthropologie.

§ 6. Le sixième point porte sur la question de savoir si l'infini s'affirme positivement ou s'il est la négation du fini. La discussion antérieure sur la donation d'être se poursuit. L'esprit est-il dépendant ou indépendant des relations intersubjectives ? Notre esprit pourrait-il avoir produit tout ce qui est son objet ? Et la demande maîtresse qui enveloppe tout cela est dans la production divine du fini par l'infini, dans le statut de la causalité en général, et dans les limites du pouvoir de l'esprit. H. sollicite Descartes en attaquant l'édifice métaphysique par plusieurs côtés. Et même lorsqu'il se retire, Descartes répond patiemment. On a cité la lettre à Mersenne où il reconnaît la force argumentative de son adversaire.

H. signifie à Descartes qu'il se contredit en disant que l'infini ne se conçoit pas par la négation du fini puis en disant le contraire. Et il ne prouve nulle part que cette faculté de notre esprit par laquelle il agrandit les choses, vient de Dieu. Ne peut-elle venir de l'esprit même comme d'une substance éternelle et indépendante ? Et *a contrario*, l'esprit est-il indépendant ou dépendant des relations intersubjectives ? « Vous ne voyez pas plus clairement que votre esprit dépend d'autrui, que je vois que le mien n'en dépend pas. » La discussion antérieure sur la donation se poursuit. « Et même il se trouve des philosophes très subtils qui croient que les atomes et les premiers corps sont d'eux-mêmes. »

H. objecte encore à Descartes qui dit que le sabot agit sur lui-même, qu'en réalité il pâtit par le fouet[1]. Descartes croit que les idées des choses corporelles peuvent venir de l'entendement comme il arrive dans les

---

1. Le sabot ou la toupie pose la question de la transmission du mouvement. Voir Gassendi, *Disquisitio metaphysica...*, p. 288, note.

songes ; encore que Dieu ne soit point trompeur, nous ne saurions savoir s'il y a quelque chose de corporel dans la nature. L'esprit humain contenant éminemment tous les corps, tous les corps peuvent être produits par l'esprit humain... C'est la raison pourquoi nous croyons que Dieu peut créer le monde : voyez, dit H., où vos opinions vous conduisent !

Descartes répond que, pour traiter de l'infini, la négation de la négation est un usage, une façon de parler ; car la limitation est un non-être et ce qui n'est point ne peut nous conduire à la connaissance de ce qui est. Or ce par quoi l'infini diffère du fini est réel et positif tandis que la limitation est un non-être ou une négation d'être. C'est en concevant une chose que nous pouvons concevoir sa négation. Mais cette proposition ne peut se renverser. Il n'y a pas de symétrie entre ces deux énoncés, la négation de la limitation et l'affirmation de l'infini. Et c'est ce refus de la symétrie entre les deux énoncés qui marque l'éloignement de Descartes par rapport au scepticisme. Aussi Descartes préfère-t-il l'expression *d'être très ample* pour parler de l'infini et se défend-il de s'être contredit. Il justifie la tradition d'avoir appelé l'infini l'être très ample si nous voulions que chaque nom fût conforme à la nature de la chose[1]. La conformité du nom et de la chose est une référence à la doctrine de l'adéquation énoncée par Eustache de saint Paul qui dit la conformité de l'ordre des discours à l'ordre des pensées et à l'ordre des essences[2].

Il est des textes où Descartes pose le langage comme un instrument universel[3]. Il conçoit alors la raison comme un point fixe ou un pivot autour duquel se composent les énoncés, affirmatifs et négatifs. Cette mécanique des discours qu'il n'est pas le seul à penser à son époque[4] rencontre les passages des *Principes de la philosophie* où il pense la physique comme le code de la nature, ou du moins comme l'un des codes possibles[5].

Le pouvoir de l'esprit, les idées en lui, la faculté en lui d'agrandir et d'amplifier les idées ne pourraient être dans l'esprit s'il ne tirait son origine de Dieu car aucune perfection ne peut être dans l'effet qui n'ait été dans la cause. Et ainsi aucun être n'est par soi-même, aucun philosophe ne prétendrait que les atomes le soient, le sabot non plus ne peut être dit agir par

---

1. À propos de l'infini métaphysique et mathématique, il faut rappeler qu'il y a deux manières de penser le nombre et la quantité, et ce qui s'oppose au nombre et à la quantité. Mais il y faut le calcul infinitésimal.

2. E. Gilson, *Le Thomisme. Introduction à la philosophie de saint Thomas d'Aquin*, Paris, Vrin, 1965, p. 290-291.

3. *Discours de la méthode*, V^e partie, AT, p. 57 *sq.*

4. Voir Gérauld de Cordemoy, *Œuvres philosophiques*, avec une étude bio-bibliographique, éd. critique présentée par Pierre Clair et François Girbal, 1968. *Ibid.*, voir le *Discours physique de la parole*.

5. Jean-Pierre Séris s'en souvient pour interroger le mécanisme lui-même comme un code, sur le modèle des chiffres utilisés dans l'art de la diplomatie. Sur l'art de chiffrer, voir Giovan Battista Bellaso, 1553 et Blaise de Vigenère, *Traicté des chiffres ou secretes manières d'escrire*, 1586.

soi-même. D'où l'impossibilité de séparer action et passion qui ne sont que les deux faces d'une même réalité : seul Dieu souverain est l'être par soi-même, les autres causes, même apparemment absentes, sont présentes dans la continuation de l'action : action et passion ne sont qu'une seule et même chose. On peut justifier la différence des noms, ce n'est pas la différence des choses.

Descartes déclare n'avoir pas prouvé l'existence des choses matérielles de ce que leurs idées sont en nous, mais de ce qu'elles se présentent à nous de telle sorte que nous connaissions clairement qu'elles ne sont pas faites par nous mais nous viennent d'ailleurs. C'est donc leur modalité qui nous marque leur source. Inséparable de la présentation des idées à notre esprit, leur source.

§ 7. Le septième point concerne la création continuée et la conservation.

H. évoque la conservation de la lumière du soleil par la « pierre de Boulogne[1] » dans une chambre fermée. La question est de savoir si la causalité de l'émanation de la lumière ou de la transmission du mouvement résiste à la théorie cartésienne de la création continuée. Celle-ci serait-elle sur le modèle de la pierre de Bologne ? La métaphysique sur le modèle de la physique ? H. semble demander à Descartes les arguments pour résister au parti sceptique, plutôt que la justification de sa position. Et lorsque

---

1. Citons l'*Encyclopédie* de Diderot et D'Alembert : Bologne (pierre de), (*Hist. nat.*) [Original Class : Histoire naturelle] [Author : d'Holbach] [Machine Class : Histoire naturelle] (p. 315) : [Bononiensi, Bologne]. C'est une pierre grisâtre, pesante, talqueuse, ordinairement de la grosseur d'une noix, mais d'une figure irréguliere ; les plus luisantes & les moins remplies de taches sont les meilleures, aussi bien que celles qui sont couvertes à la surface d'une croûte mince, blanche & opaque. On trouve ces pierres en plusieurs endroits d'Italie, mais surtout au pié du mont Paterno, qui est à peu de distance de Bologne : c'est après les grandes pluies qu'on les découvre ; parce qu'alors ces pierres se trouvent lavées & dégagées des parties terrestres qui les environnent quelquefois, & qui les rendent méconnoissables. On prépare ces pierres de la maniere suivante : après en avoir ôté la terre & les matieres hétérogenes, on en prend quelques-unes qu'on réduit en poudre très-déliée, qu'on passe ensuite au tamis ; on humecte les autres pierres avec de l'eau-de-vie, & on les enduit de cette poudre ; on prend ensuite un petit fourneau de terre dont la grille soit de cuivre jaune ; on y met d'abord quelques charbons allumés ; quand ils sont consumés à moitié, on remplit à moitié le fourneau de charbon de braise ; on pose doucement dessus, les pierres enduites de poudre ; on acheve ensuite de remplir le fourneau de charbon de braise éteinte ; on couvre le fourneau de son dôme, & on laisse brûler le charbon sans y toucher, jusqu'à ce qu'il soit entierement consommé. Lorsque tout sera refroidi, on trouvera sur la grille les pierres calcinées : on en sépare la croûte, & on garde ces pierres dans des boîtes avec du coton. Elles ont la propriété du phosphore ; c'est-à-dire, qu'en les exposant au jour ou au soleil, & même à la clarté du feu, & les transportant sur le champ dans un endroit obscur, elles paroissent lumineuses comme des charbons allumés, mais sans chaleur sensible. Cette lumiere dure quelque tems, puis elle s'affoiblit & se perd : mais en les exposant de nouveau à la lumiere, elles reprennent leur qualité phosphorique. S'il arrive qu'au bout de deux ou trois ans elles viennent à perdre tout-à-fait la propriété dont on vient de parler, on peut la rendre en les faisant calciner de nouveau de la maniere qui a été indiquée. Nous devons ce procédé à M. Lemery, qui a fait grand nombre d'expériences sur la *pierre de Bologne*, & qui en donne un détail très-circonstancié dans son cours de Chimie.

Descartes se retire, il semble plutôt dire : voici l'alternative, et voici ma place, choisissez la vôtre, plutôt que conclure. H. en infère que, de même, chaque chose peut être conservée sans le secours de Dieu. Si Dieu retirait son concours, notre esprit, ou le soleil, s'évanouiraient-ils ? Rien ne se fait de rien et rien n'est anéanti sans cause : tous les êtres abhorrent l'anéantissement. Car ou bien la créature est une émanation de Dieu ou bien elle est une substance. En ce sens, Dieu aurait fait de la substance une chose qui n'a pas besoin de son concours pour subsister. Or il ne détruit jamais ce qu'il a une fois produit, par exemple la nature d'une chose éternelle et immuable, comme les êtres géométriques et métaphysiques ; ces vérités ne dépendent pas moins de Dieu que votre esprit ou votre corps. Dire que la créature n'est rien d'autre que l'influence de Dieu, c'est dire qu'elle n'est pas une substance mais un accident, comme le mouvement local, ce que personne ne concède. Et c'est même en quoi Dieu est admirable d'avoir fait une chose à laquelle son concours ne puisse manquer.

Mais Descartes tomberait dans le piège qu'il s'est préparé en disant que Dieu peut détruire une chose par la seule cessation de son concours. H. croit que Dieu ne peut détruire la nature d'aucune chose éternelle et immuable, comme les êtres géométriques et métaphysiques, il ne peut faire que les trois angles d'un triangle ne soient pas égaux à deux droits, ni que, si de quantités égales, on retranche des quantités égales, les restes ne soient pas égaux. La thèse de la création des vérités éternelles est donc mise à mal : comment concilier la dépendance d'une vérité envers Dieu c'est-à-dire sa création, donc une discontinuité, avec son éternité, son immuabilité ?

H. demande : s'il est vrai que ces vérités dépendent de Dieu, en quel genre de causalité en dépendent-elles ?

Descartes répond en deux temps :

1. Il critique l'idée que la lumière du soleil se conserve dans cette pierre de Boulogne : en réalité une nouvelle lumière s'allume en elle par les rayons du soleil, laquelle est vue par après dans l'ombre.

2. C'est mal conclure de vouloir inférer de là que chaque chose peut être conservée sans le concours de Dieu « parce que souvent il est permis d'éclaircir des choses vraies par des exemples faux ; et il est beaucoup plus certain qu'aucune chose ne peut exister sans le concours de Dieu, qu'il n'est certain qu'aucune lumière du soleil ne peut exister sans le soleil ».

L'argument de la création continuée a été convoqué. Mais cette conservation n'exclut pas qu'on parle des substances parce qu'elles subsistent sans le secours d'une autre chose créée et sont dans la dépendance immédiate à Dieu. Dieu fait paraître sa puissance infinie en ce qu'il conserve ce qu'il a une fois créé ; sinon sa puissance serait finie. Ainsi Dieu ne peut détruire autrement qu'en refusant son concours.

Il y a une très grande différence entre les choses qui se font par l'action positive de Dieu (celles qui sont très bonnes) et celles qui arrivent à cause de la cessation de cette action positive (comme les maux, les péchés, et la destruction d'un être – si du moins c'était possible). En ce qui concerne Dieu ou l'infini, il faut distinguer entre comprendre et concevoir. Nous ne pouvons comprendre Dieu ou l'infini, nous pouvons seulement le concevoir.

Pour concevoir les êtres géométriques et le triangle, Descartes renvoie aux *Réponses aux VI*[es] *objections*, art. 8.

§ 8. Le huitième point concerne l'analogie entre la série des causes, qu'elle soit infinie ou finie, et la composition en parties, finies ou infinies. Après la question de la création continuée, la question de la composition du continu. Comment penser la création et la causalité par rapport à la composition en parties finies et infinies ? Comment penser l'analogie entre parties et causes ? Comment penser l'éternité et le temps infini ?

La composition du continu a été un problème débattu entre mathématiciens, on sait que le calcul infinitésimal a été inventé dans ce contexte par Newton et Leibniz en particulier.

Selon H., Descartes nierait le progrès à l'infini dans les causes qui sont subordonnées[1], ce qui semble autoriser la thèse d'une discontinuité ; or on peut penser une création ou une éternité sans commencement. Si Dieu a pu établir dans toute sorte de corps, pour petit qu'il soit, des parties infinies, pourquoi pas des causes infinies ? Il y a ainsi une analogie entre parties et causes. Comme Dieu tout entier ne peut être représenté dans une seule cause, leur nombre serait une compensation. Pour H., cela n'apporte aucune démonstration contre le progrès à l'infini des causes qui ont de la liaison entre elles, et elles pourraient être parcourues en un temps infini comme le temps infini qui a déjà précédé le suppose. Aristote qui a cru le monde de toute éternité ne le nierait pas ; en effet, au même instant d'éternité où il a été créé, n'a-t-il pu produire sa génération ou, inversement, détruire par la flamme la poussière ou l'étoupe ?

Il y aurait égalité entre ces énoncés : que le monde ait été éternellement de soi-même et qu'il ait été fait de toute éternité. Même des théologiens admettent qu'il soit possible que la fondation du monde soit éternelle. La question posée est ainsi : immanence ou création ?

---

1. *Œuvres de Descartes, Correspondance*, AT, IV, lettre à Mesland, 2 mai 1644, p. 112 ; et Gassendi, *Disquisitio metaphysica…*, p. 334.

On ne s'étonnera pas que, dans sa réponse, Descartes coupe court en déclarant : Je ne me souviens pas d'avoir jamais écrit ni même pensé ce que l'on m'attribue ici. [Voir les réponses des points 3, 4, 5.]

§ 9. Le neuvième point concerne l'idée de Dieu.

H. souligne que Descartes s'étonnerait de ce que tout le monde n'aperçoit pas en soi l'idée de Dieu. Or il y a des géomètres et des théologiens qui ne le peuvent : il faut donc croire qu'ou bien Descartes est angélique, ou bien il se trompe. Le penserez-vous peut-être encore dans vingt ans, dit H., quand votre esprit sera rempli d'une plus solide doctrine ? Pouvez-vous dire que vous tenez *toujours* pour claire et indubitable l'idée de Dieu comme distincte du corps ? Car toujours semble signifier éternel et vous ne pouvez expérimenter l'éternité, d'autant que nous sommes incertains de l'avenir.

Je ne me ressouviens point, répond Descartes, de m'être étonné de ce que tout le Monde n'aperçoit pas en soi l'idée de Dieu. Et il répond sur deux points : les choses que les hommes jugent sont différentes de celles qu'ils conçoivent. L'idée de Dieu est implicite : on peut n'en avoir pas conscience. Mais il ne doute point que chacun n'ait en soi l'idée de Dieu, du moins implicite, c'est-à-dire qu'il n'ait en soi la disposition pour la concevoir explicitement et distinctement.

Notons que c'est une référence à saint Thomas qui ose l'hypothèse d'une foi implicite lorsqu'il pose la question de savoir si les « grands anciens » comme Aristote et Platon n'avaient pas une idée de la transcendance divine[1]. Question qui reste posée avec La Mothe Le Vayer dans *La Vertu des payens*[2]. Cette référence à un insu, à une obscurité du sujet à soi-même sera reprise par Leibniz, par Malebranche. Cette inconscience n'est pas un inconscient. Mais elle transpose dans l'ordre des idées et des perceptions la question de l'insensible et de la composition du continu.

Descartes ne s'étonne pas de voir des hommes qui ne s'aperçoivent pas avoir en eux cette idée même après avoir lu et relu les *Méditations*. Il prend d'autres exemples de la différence entre jugement et perception. C'est analogue au fait de penser le vide comme un rien et ce rien comme une chose positive ; analogue au fait de se représenter les accidents réels comme des substances, bien que les hommes ne jugent pas que ce soient des substances ; c'est analogue au fait que malgré la notion qu'ils ont de l'âme où ils ne remarquent rien qui ait du rapport avec le corps ou l'étendue, ils se la représentent comme corporelle et se servent de leur

---

1. *Somme théologique de S. Thomas d'Aquin*, traduite en français et et annotée par F. Lachat, Paris, Louis Vivès, 1863.
2. *Œuvres de La Mothe Le Vayer*, Slatkine Reprints, réimpression de l'édition de Dresde 1756-1759, 2 vol., Genève, 1970. Voir au tome II, p. 118-219.

imagination pour la concevoir[1]. En langage moderne, on dirait que la référence au corporel n'a qu'une fonction rhétorique.

Sur le temps, Descartes rectifie : toujours ne signifie pas éternité mais : toutes les fois que. Mais la perception claire et distincte exclut le changement de jugement sur cette chose.

§ 10. Le dixième point concerne les fins de Dieu[2].

La fin de Dieu serait plus aisée à connaître que toute autre. Dieu a une volonté, toutes choses se font pour sa gloire. Il n'est pas douteux qu'il a fait l'esprit humain pour qu'il le contemple et l'adore. H. impute à Descartes de penser le contraire.

Descartes répond en disant que nous ne pouvons connaître les fins de Dieu si lui-même ne nous les révèle ; encore qu'il soit vrai en Morale que nous devons louer Dieu pour ses ouvrages et même que le Soleil a été fait pour nous éclairer, il serait puéril et absurde en métaphysique d'assurer que Dieu a agi à la façon d'un homme superbe et que le soleil qui est plusieurs fois plus grand que la terre a été fait pour éclairer l'homme qui n'en est qu'une petite partie.

§ 11. Le onzième point concerne les rapports de l'entendement et de la volonté[3].

La volonté ne pourrait se déterminer si elle n'était éclairée par l'entendement ; elle se porte par hasard à ce que l'entendement lui propose sans qu'elle se détermine à quelque chose qui ne lui soit point proposé par l'entendement. H. suit Descartes sur ce point. Mais il voit la contradiction : l'idée de Dieu n'est pas donnée en nous comme vraie ce que des géomètres croient et soutiennent : pourquoi appréhendent-ils le faux sous les espèces du vrai ? Descartes dit bien que le faux n'est pas appréhendé sous l'apparence du vrai : mais que faire des géomètres qui tiennent pour vrai que nous n'avons point l'idée de Dieu ?

Descartes répond en avertissant de ne pas confondre les fonctions de la volonté et de l'entendement. Et même si nous ne voulons que ce que nous concevons, l'expérience nous fait voir que nous voulons au-delà de ce que nous pouvons connaître. C'est cette différence qui importe. Et ainsi le faux n'est point appréhendé sous l'apparence du vrai. Mais les jugements des hommes sont différents de leur perception ou appréhension.

---

1. La discussion entre Gassendi et Descartes sur intellection et imagination est dans Pierre Gassendi, *Disquisitio metaphysica...*, p. 288.
2. *Ibid.*, p. 396. Rochot renvoie aux V^es objections.
3. *Ibid.*, p. 431 ; il s'agit de la IVe méditation.

§ 12. Le douzième point concerne l'émergence des idées en nous. Comment les enfants auraient-ils les idées du triangle ? Aristote s'est trompé en disant que l'âme est une table rase et avec lui la plupart des philosophes et des scolastiques. Quel est l'aveugle-né qui ait jamais eu la moindre idée de la lumière et de la couleur ? Témoins les quinze-vingt parmi lesquels il y en a un qui est philosophe[1] mais je l'ai interrogé, dit H., sans pouvoir décider si ce défaut vient du cerveau ou de l'âme[2].

Vous n'en savez pas plus que moi, dit H. à Descartes, et je vous montre même que j'en sais plus que vous : car sitôt que la vue a été rendue à un aveugle, aussitôt il voit la lumière et son esprit n'a pourtant rien reçu car il est indivisible... Descartes ose même assurer qu'au ventre de nos mères, notre esprit a l'idée et la connaissance du triangle, de Dieu et de soi-même. Faute de traces ou vestiges dans le cerveau, l'esprit ne se ressouviendrait pas ; et si l'esprit est plus clairvoyant sans le corps qu'avec lui, comment peut-on s'empêcher de rejeter sur Dieu même les erreurs de l'esprit ?

Descartes rétorque : on ne m'oppose que l'autorité d'Aristote et de ses sectateurs en lesquels je crois moins qu'en ma raison. Je ne me mettrai pas en peine de répondre.

Il importe peu de savoir si celui qui est né aveugle a en lui les idées des couleurs et le témoignage d'un aveugle ne peut rien nous apprendre : car il ne peut juger de l'adéquation des idées des couleurs aux couleurs réelles : nous supposons bien que ses idées des couleurs sont semblables aux nôtres, bien qu'il ignore quelles sont les nôtres[3]. Que l'esprit soit indivisible, ne l'empêche pas « d'acquérir diverses propriétés ». Descartes récuse autant l'hypothèse de la *tabula rasa*, que l'hypothèse d'un esprit inaltérable. Que l'esprit demeure uni au corps durant le sommeil, ne le rend pas plus libre, aussi ne peut-il inventer alors des démonstrations comme un Archimède. Enfin le cerveau est distinct de l'esprit « et le cerveau par une longue veille n'est pas mieux disposé à retenir les vestiges qui sont imprimés en lui ». Mais ce qui fait qu'ils se conservent, d'une façon ou d'une autre, dans l'esprit comme dans le cerveau, c'est la force avec laquelle ils ont été imprimés. C'est cette force dont je rendrai compte, dit Descartes, en Physique.

C'est mettre en jeu la question de l'adéquation, la question de la relation de la représentation au monde extérieur. Mais cette opposition de l'intérieur et de l'extérieur est irréductible pour Descartes, bien que les deux registres mettent en jeu une thématique de la force.

---

1. La Mothe Le Vayer, *ibid.*, t. II, p. 509.
2. Voir Pierre Gassendi, *Disquisitio metaphysica...*, p. 230 et note 220. Ce sont les doutes qui portent sur la III⁰ méditation. Est-ce l'esprit ou le sens qui voit, sont-ce les espèces des choses extérieures matérielles qui voyagent vers nous ?
3. Avec Molyneux, Berkeley et Locke, cette question aura un destin. Voir par exemple Jean-Bernard Mérian, *Huit mémoires sur le problème de Molyneux*, Paris, Flammarion, 1971, postface de F. Markovits.

§ 13. Le treizième point concerne la question de savoir si on peut dénier aux sceptiques le fait d'avoir une certitude.

H. conteste à Descartes le droit de dire que l'essence de Dieu, à la différence du triangle, ne peut être conçue sans son existence, car Dieu est lui-même son être. Mais qu'appeler « son être » ? Quel est l'être du triangle ? Faudra-t-il dire que le triangle est autre que lui-même ? Descartes nie que les sceptiques puissent douter des vérités géométriques, s'ils connaissent Dieu comme il faut ; pourtant il a lui aussi les mêmes raisons de douter, les mêmes démonstrations, encore qu'il pense connaître Dieu comme il faut ; ils démontrent comme lui, analytiquement, synthétiquement, en suivant Euclide et les autres géomètres : « car de quels moyens disposerais-tu dont ils ne disposeraient pas ? ». Et cependant, ils doutent, et toi, Descartes, tu doutes, bien que tu croies reconnaître Dieu.

Descartes, à son insu, partage le doute des plus célèbres philosophes qui demandent si la ligne est composée de points, de parties finies, ou infinies : si elle est composée de parties infinies, une goutte d'eau sera égale à l'océan. Si elle est composée de parties finies, la concoïde doit rencontrer rapidement la droite. Quelle que soit l'option, Descartes tombe dans un abîme. Si la droite rencontrant la courbe reste en un point, « Euclide s'écroule dix fois en ce qu'il dit des incommensurables » ; si ce ne sont pas des points, comment expliquer les applications de ce point mobile sur un plan : car ce sont ces contacts qui d'eux-mêmes engendrent une ligne. Que l'on reconnaisse Dieu ou non, peut-on douter de la géométrie ? Si Descartes reconnaît le théorème de Pythagore et la relation entre les carrés des côtés du triangle rectangle et le carré de l'hypoténuse, le sceptique peut en dire autant. Et même, il peut tourner à son avantage la formule du *cogito* en l'appliquant à un problème de géométrie : le sceptique qui ne reconnaît pas Dieu pourra cependant dire avec toi : « que ce malin génie me trompe tant qu'il pourra, si est-ce qu'il ne pourra jamais faire que cette proposition me trompe, qui m'est absolument claire, que j'existe pendant que je la démontre ou que je la pense ».

Dans sa réponse, Descartes esquive la question de savoir si la ligne est composée de points car ce n'est pas pour lui le lieu de l'examiner. Les historiens disent bien que son invention de la géométrie analytique et des coordonnées ne s'est pas prolongée dans le calcul infinitésimal, dans l'usage de l'infini pour penser le continu et le discontinu, révolution épistémologique qui se fera plus tard[1]. Descartes rappelle qu'il n'a pas voulu parler de toute la géométrie mais seulement des démonstrations dont les sceptiques doutaient, au moment même où ils avaient une conception claire, ce qui

---

1. Sur l'histoire de l'infini, voir Louis Couturat, *De l'infini mathématique*, nouveau tirage, Blanchard, 1973.

cessait de faire d'eux des sceptiques. Peut-être même, ajoute Descartes, qu'ayant une perception claire et y croyant, n'étaient-ils sceptiques que de nom, pour ne pas renoncer à leur hérésie de douter de toutes choses[1].

§ 14. Le quatorzième point concerne l'union de l'âme et du corps. Comment l'esprit peut-il ne pas être étendu tout en étant par chacune de ses parties, uni à chaque partie du corps ? Que signifie la notion de contact ? Comment comprendre le contact de la sphère et du plan ? Faut-il comprendre de manière analogique le rapport de Dieu au monde ? Et quelle serait ma gratitude, demande H. à Descartes, si tu pouvais m'expliquer comment l'esprit peut comprendre le monde, et par quelle méthode interpréter ce passage de l'Ecclésiaste qui dit que l'homme n'est rien de plus qu'une bête de somme. Que signifie *Rien* ? L'Ecclésiaste ne parle-t-il que du corps, ou bien, en disant que l'âme de la bête est mortelle, ne dit-il pas que l'esprit est mortel ? « Devons-nous juger que deux choses ne sont pas distinctes si nous ne pouvons concevoir l'une sans l'autre, mais comment dire qu'elles sont distinctes, lorsque nous concevons l'une sans l'autre » ? Car ce mode de concevoir teste-t-il la faiblesse de notre esprit ou l'opération d'un jugement sur la distinction réelle ? On ne peut concevoir le fils sans le père bien qu'on distingue l'une de l'autre les deux existences : ainsi conçoit-on l'essence de l'homme ou du triangle sans leur existence. Mais on ne distingue l'être et l'existence de l'homme que par une raison ratiocinante.

Dans sa réponse, Descartes cite la fin des *Réponses aux sixièmes objections* et rappelle ce qu'il a dit de la pesanteur[2] : « en tant que prise pour une qualité réelle, [elle montre] comment l'Esprit est coëtendu à un Cors étendu, encore qu'il n'aye aucune vraie extension, c'est-à-dire aucune, par laquelle il occupe un lieu, et qui fait qu'il en chasse tout autre Cors ». Dans ces mêmes *Réponses*, parlant du passage de l'Ecclésiaste, on pouvait penser que l'Ecclésiaste ne parlait que du corps puisque aussitôt après, il parlait séparément de l'âme (art. 5).

Si maintenant, on cherche quelle est la plus imparfaite de deux manières de concevoir et marque mieux la faiblesse de notre esprit, ou bien celle par laquelle nous ne pouvons concevoir une chose sans l'autre, comme l'esprit sans le Corps, ou bien celle par laquelle nous les concevons distinctement l'une sans l'autre, comme des choses complètes, répondra-t-on qu'il s'agit d'une ou de deux facultés ?

Laquelle procède d'une faculté positive, dont la privation soit la cause de l'autre ? La faculté réelle est celle par laquelle l'esprit conçoit distinctement deux choses l'une sans l'autre, comme des choses complètes. La

---

1. Sur cette discussion, voir *Disquisitio metaphysica…*, p. 496.
2. Voir André Pessel, « Mersenne, la pesanteur et Descartes », in *XXVIᵉ congrès de l'Association des sociétés de philosophie de langue française, célébration du quatrième centenaire de la naissance de Descartes*, en Sorbonne, 1996.

privation de cette faculté fait que l'on conçoit ces deux choses confusément, comme si ce n'en était qu'une. L'exemple de la vue montre que la perfection est de distinguer exactement chaque particule d'un objet, la confusion est de les appréhender ensemble comme une seule ; on peut encore citer le cas des ivrognes qui prennent une chose pour deux.

Quant aux philosophes, leur distinction entre l'essence et l'existence ne change pas la détermination habituelle ; ils conçoivent dans un même corps, la matière, la forme, et plusieurs divers accidents comme autant de choses différentes l'une de l'autre. Et ils attribuent l'obscurité et la confusion de leur perception non seulement à une faculté positive mais aussi au défaut de quelque faculté.

Et Descartes conclut par un geste de courtoisie, remerciant l'auteur des objections d'avoir suscité la reprise de certains lieux insuffisamment expliqués précédemment, tout en en terminant l'examen.

Voici comment Hyperaspistes conclut sa lettre : « Voici, illustrissime, à quoi il te reste à répondre, comme au dernier assaut de tes assaillants. Et je ne vois pas en effet ce qui devrait être ajouté que tu ne puisses mépriser à juste titre, à moins qu'un monde nouveau ne produise de nouveaux Hyperaspistes[1]. »

H. ne paraît pas se juger comme quantité négligeable dans cet énoncé.

Thomas White semble identifier Hyperaspistes comme le pseudonyme de Gutschoven. Les références à ce pseudonyme sont présentes dans la correspondance de Mersenne sans qu'il soit jamais fait mention de Gutschoven. Dans une lettre à Mersenne du 22 juillet 1641, Descartes écrit : « Au reste, j'ai lu vostre Hyperaspistes, auquel je répondrai très volontiers, mais pour ce que ces réponses se font pour estre imprimées, et ainsi que je dois considérer l'interest du lecteur, lequel s'ennuyerait de voir des redites, ou des choses qui sont hors de sujet, obligez moy s'il vous plaist, de le prier auparavant, de ma part, de revoir ses objections, pour en retrancher ce à quoy j'ai desja répondu ailleurs, et ce où il a pris tout le contraire de mon sens, comme en son huitième article et ailleurs. Ou du moins s'il juge que ces choses ne doivent point en estre retranchées, qu'il permette qu'on imprime son nom, pour me servir d'excuse envers les lecteurs. Ou bien enfin je luy répondray, pour vous prier de luy faire voir ma réponse, et à ceux qui auront vu ses objections, mais non point pour les faire imprimer, de crainte qu'on ne m'accuse d'avoir voulu grossir le livre de choses superfluës[2]. »

1. Clerselier a traduit ici Hyperaspistes par adversaire. La référence à un monde nouveau fait partie de l'arsenal sceptique de la pluralité des mondes.

2. *Correspondance du Père Marin Mersenne, Religieux Minime*, commencée par Mᵐᵉ Paul Tannery, publiée et annotée par Cornelis de Waard, tome X, p. 691. L'éditeur précise qu'on trouve la traduction de ce texte latin par Clerselier (éd. 1639, t. II, p. 110-126). Les tables donnent les références à H. : X, 691 *sq.*, p. 759, 760, 781. Voir lettre à Mersenne du 17 novembre 1641, où Descartes parle du projet de faire imprimer l'Hyperaspistes avec les autres *Réponses aux Objections*.

Mais pourquoi Descartes dit-il « vostre » ? Ne s'agit-il pas d'un homme qui fut son familier ?

Le 17 novembre 1641, Descartes ajoute, à propos de considérations sur l'édition des *Méditations*[1] : « J'ay seulement à vous demander si vous ne jugez pas à propos que j'y face adjouster ce que vous aviez retranché de la fin de ma response à M. Arnaud touchant l'Eucharistie, et l'Hyperaspistes avec ma response : et ensuite de cela, que je face mettre au titre, *Editio secunda, priori Parisiis facta emendatior et auctior.* »

Baillet donne des raisons éditoriales pour la non-insertion de la lettre dans les Objections et les Réponses. Mais quelles sont les raisons théoriques ? Il y a un cercle scientifique groupé autour de Mersenne, dit B. Rochot, dont Gassendi et Hyperaspistes font partie. Mersenne fait circuler les écrits, en particulier les écrits mathématiques.

Pourquoi le secret fut-il si longtemps gardé pour H. ? Pourquoi ce dernier crut-il remplir une lacune après avoir lu les réponses à Gassendi et qu'est-ce qui était déjà publié en août 1641 ? Y a-t-il un rapport avec le fait que Descartes joue à appeler Gassendi « chair »[2] ? N'est-ce pas une variation sur l'essence du *cogito*, du sujet de la pensée ? Hobbes ne demandait-il pas à Descartes si le fait de dire : je me promène ne signifiait pas : je suis une promenade[3] ? La substantification du sujet du verbe est ce qui est en jeu. On retrouve une problématisation nominaliste chez ces interlocuteurs de Descartes. Car la question n'est pas d'un matérialisme mais d'une analyse du verbe.

---

1. *Ibid.*, p. 781 ; il s'agit de la seconde édition par Louis Elzevier.
2. La *Disquisitio*, dans son préambule, joue sur le fait d'adresser les objections à une figure qui soit l'esprit ou la chair (p. 14 et 90 en particulier). H. laisse à Descartes le droit de choisir s'il peut l'appeler par un nom ou par l'autre. Mais c'est ironie et débat pacifique.
3. Hobbes et Descartes : *Troisièmes objections et réponses,* titre II, AT, t. VII, p. 172 : la discussion porte sur la différence des deux énoncés : *ego sum cogitans, ergo sum cogitatio ; sum ambulans, ergo sum ambulatio.*

CHAPITRE II

LE LOGEMENT DU SUJET DANS LA THÉOLOGIE
COMME SAVOIR DU SINGULIER : MONTAIGNE

> « Ce seroit mieux la charge d'un homme
> versé en la Theologie, que de moy qui n'y
> sçay rien » (II, 12, 440).
> « La Theologie traicte amplement et plus
> pertinemment ce subject, mais je n'y suis
> guiere versé » (II, 16, 619)[1].

Sur les rapports entre Montaigne et la théologie, je voudrais présenter trois hypothèses.

1. La théologie apparaît dans les *Essais* comme un savoir de la singularité.

2. L'examen du discours théologique invite à lier la question du « logement de la vérité » à celle de la grâce.

Ces deux hypothèses permettent d'articuler un rapport entre Montaigne et Pascal.

3. On assiste à un processus de naturalisation du surnaturel lié à la question du vraisemblable. On peut y repérer les éléments de la critique ultérieure des phénomènes « démoniaques ».

Un savoir de la singularité suppose que soit tenu un « registre » ou un « recueil » des faits et des événements. Boureau-Deslandes remarque cette détermination chez Montaigne : « Je veux seulement [...], vous faire part d'une chose que j'ai lue dans Montagne et qui marque son bon goût. Il souhaitait devenir assez savant pour faire un Recueil des morts les plus éclatantes dont l'Histoire nous parle[2]. » Et en effet, nous lisons dans les *Essais* : « [il] n'est rien dequoy je m'informe si volontiers, que de la mort des hommes : quelle parole, quel visage, quelle contenance ils y ont eu ;

---

1. Nous citons, selon l'usage, les *Essais* dans l'édition Villey-Saulnier, Paris, PUF, 2004 (le livre en chiffres romains, le chapitre puis la page en chiffres arabes).
2. *Réflexions sur les grands hommes qui sont morts en plaisantant*, avec des poësies diverses, chez Jaques Le Noir, Rochefort, 1755, par M. D*** [Boureau-Deslandes], p. 4.

ny endroit des histoires, que je remarque si attantifvement ; Il y paroist à la farcissure de mes exemples ; et que j'ay en particuliere affection cette matiere. Si j'estoy faiseur de livres, je feroy un registre commenté des morts diverses. Qui apprendroit les hommes à mourir, leur apprendroit à vivre » (I, 20, 90). On voit que Montaigne substitue à la question métaphysique ou théologique générale de la mort, le projet d'une description des différentes manières de mourir. La normation éthique du rapport mourir/vivre ne se fait pas par une réflexion théologique générale sur la mortalité de la créature. Les thèmes du péché et du salut s'effacent. C'est la prise en compte du circonstanciel qui garantit l'efficacité éthique. Examiner chaque mort comme un cas particulier, en fait traiter des morts et non pas de la mort : c'est penser dans le pluriel non pas un système de variations avec des variables qui seraient identifiées mais un instant singulier qu'il importe de décrire. On dira que cette description réfute le dessein d'une interprétation axiologique au profit du projet, il est vrai irréalisé, d'un registre des variétés. Le chapitre « De juger de la mort d'autruy » (II, 13) interroge sans identification ni généralisation une suite de cas (II, 13, 605).

Il y a de très nombreuses références à l'écriture d'un registre, qu'il s'agisse des « négoces du ménage et des mémoires de sa maison » (I, 35, 223), de la comparaison des mœurs des animaux aux nôtres (II, 12, 467), lorsque Montaigne ironise sur « le registre des affaires célestes au bénéfice des hommes » qui laisse supposer que si les animaux se faisaient des dieux, ils auraient la forme animale, ou qu'il s'agisse enfin avec Juste Lipse du registre des « opinions de l'ancienne philosophie sur notre être et nos mœurs » (II, 12, 576). Mais surtout, les facteurs de cette « histoire » sont mis en évidence : fréquence ou rareté, éloignement ou proximité.

Montaigne disjoint, d'autre part, le fait de « tenir registre » et le fait de chercher les causes des événements car les hommes « s'amusent plus volontiers à en cercher la raison qu'à en cercher la vérité : Ils laissent là les choses et s'amusent à traiter les causes. Plaisans causeurs » (III, 11, 1026). Bayle dira combien il est ridicule de chercher les causes de ce qui n'est point[1]. Il citera abondamment ce texte de Montaigne. Il n'est pas indifférent qu'il dénonce à l'appui le « défaut d'Avicenne, grand Médecin en raisonnement mais sans expérience ». L'ironie sur le terme de « causeurs » marque l'opposition entre un savoir des preuves et un savoir de la description. Il n'y a pas plus d'étiologie démonstrative que d'axiologie éthique.

La théorie de l'enregistrement de l'événementiel rencontre le thème de l'ensevelissement de la mémoire, par manque de témoin ou d'instrument matériel de conservation. « Les fortunes de plus de la moitié du monde, à faute de registre, ne bougent de leur place et s'évanouissent sans durée. Si j'avais en ma possession les événements inconnus, j'en penserais très

---

1. Bayle, *Pensées diverses sur la comète*, Paris, Nizet, 1984, t. I, § XLIX p. 137 *sq.*

facilement supplanter les connus en toute sorte d'exemples » (II, 16, 627). La mémorisation, l'enregistrement, permettent non seulement la conservation de l'information mais encore sa mobilité. Ces effets de déplacement permettent à l'ancien et au lointain, même quand il s'agit d'événements fortuits, de servir d'exemples en d'autres lieux et en d'autres temps. De plus, les événements inconnus qui manquent auraient le même droit que les événements connus à servir d'exemples.

Dans « ce livre consubstantiel à son autheur », il s'est « [engagé] à un registre de durée, de toute sa foy, de toute sa force » (II, 18, 665). « Donner corps et mettre en registre tant de menues pensées » (*ibid.*), c'est produire un modèle de savoir que l'on caractérisera comme résistance à l'universel, traité comme une abstraction.

Cette critique de l'universel est aussi une expérience de la contingence. À titre d'exemple, on peut le vérifier dans ce que Montaigne dit de la médecine (II, 37, 782). Il cite des cas qui manifestent plutôt l'incertitude sur la localisation du mal et les causes de la guérison ; car de l'aveu même des médecins, ils ont « été conduits par la fortune et [n'ont] eu autre guide que le hazard ». Il énumère l'infinité des maladies parmi lesquelles il en faudrait reconnaître une, l'infinité des complexions, des saisons, des nations, des âges, des parties du corps : « A tout cela n'estant guidé ny d'argument, ny de conjecture, ny d'exemple, ny d'inspiration divine, ains du seul mouvement de la fortune, il faudrait que ce fut par une fortune perfectement artificielle, reglée et methodique. » Mais cela même ne déciderait pas si la guérison se produisit parce que le mal arriva à sa période, ou par l'effet du hasard, ou par l'opération d'une autre chose qui n'aurait pas été prise en compte, ou même « par le mérite des prières de sa mère grand ». Et parmi cette infinité de facteurs, il faudrait mettre, pour que la preuve fût parfaite, tous les registres médicaux, à supposer que toutes les expériences aient pu être enregistrées. L'oxymore de la « fortune méthodique » exprime bien cette incertitude de la causalité.

L'attention à la contingence se découvre encore dans l'exemple des Babyloniens (*ibid.*, 781) chez lesquels « le médecin c'estoit le peuple, chacun des passants ayant par humanité et civilité à s'enquérir de [l'état des malades que l'on portait sur la place] et, selon son experience, leur donner quelque advis salutaire ». Si n'importe qui peut être le médecin de tout le monde, cela signale que la pratique médicale est d'abord un effet de rencontre aléatoire. On mesurera à ce trait ce qui nous sépare de la rationalité cartésienne et de son projet d'être, grâce à la réussite de la science, « le médecin de soi-même[1] ».

---

1. « Je vous prie de vous conserver au moins jusqu'à ce que je sache s'il y a moyen de trouver une Médecine qui soit fondée en démonstrations infaillibles qui est ce que je cherche maintenant », Descartes, Lettre à Mersenne, en janvier 1630. Évelyne Aziza-Shuster, *Le Médecin de soi-même*, Paris, PUF, 1972, consacre un chapitre à Descartes lecteur de Montaigne.

On ne sera pas étonné dès lors que Montaigne fasse du temps le vrai seul médecin des passions. Car il ne s'agit pas de vaincre une passion, mais d'en changer. « Tousjours la variation soulage, dissout et dissipe. [...] Nature procède ainsi par le benefice de l'inconstance : car le temps, qu'elle nous a donné pour souverain medecin de nos passions, gaigne son effaict principalement par là que, fournissant autres et autres affaires à nostre imagination, il demesle et corrompt cette premiere apprehension, pour forte qu'elle soit » (III, 4, 836).

Avec l'énumération, la contingence, le temps, on aura marqué la préséance de l'expérience sur la raison, du malade sur la maladie, de la pratique sur la théorie. « Enfin, toute cette fricassée que je barbouille icy n'est qu'un registre des essais de ma vie, qui est, pour l'interne santé, exemplaire assez à prendre l'instruction à contre-poil. Mais quant à la santé corporelle, personne ne peut fournir d'experience plus utile que moy, qui la presente pure, nullement corrompue et alterée par art et par opiniation. L'experience est proprement sur son fumier au subject de la medecine, où la raison lui quite toute la place » (III, 13, 1079). Tibère pouvait avoir appris de Socrate comment être son propre medecin en s'étudiant soi-même, car « si faict la medecine profession d'avoir tousjours l'experience pour touche de son opération » (*ibid.*). On peut ainsi opposer le praticien, « l'empirique », au théorique, qui ne travaille que sur des représentations, semblable au peintre de marine qui ne fait affronter la tempête qu'à son modèle, ou au trompette de ville qui crie la perte d'un cheval ou d'un chien mais ne sauroit le reconnaître. On peut dire de ceux qui font profession de l'art médical « qu'ils vendent des drogues medicinales ; mais qu'ils soient medecins, cela ne peut on dire » (*ibid.*).

Il n'est pas incongru de rapprocher ainsi médecine et théologie. Dans les deux cas, l'expérience est celle d'une irréductible pluralité, pluralité des maladies et pluralité des religions. Celle-ci s'atteste dans la prise en compte de l'archaïque (le polythéisme antique), du lointain (les sauvages), du présent (la violence des guerres de religion). À la multiplicité de ces pratiques correspondent des discours dont la fonction est de les légitimer et même d'argumenter les raisons de leur victoire en cas de conflit. Ce sont des hypothèses générales que l'on peut comparer à la pluralité des hypothèses cosmographiques. Montaigne réclame un retour à la description topologique. Ainsi des récits de voyages : « je me contente de cette information, sans m'enquerir de ce que les cosmographes en disent. Il nous faudroit des topographes qui nous fissent narration particuliere des endroits où ils ont été » (I, 31, 205). Il n'en faut pas moins s'interroger sur le statut de celui qui pratique les relevés, les descriptions, les registres. Pour ce type de savoir, le personnage essentiel est le témoin et la question qui se pose à chaque fois est celle de son autorité.

Les théologiens entrent ainsi dans une confrontation avec les juris-consultes, les historiens, les médecins… Montaigne examine le partage des compétences et encore que les histoires soient l'objet de tous, chaque discours a son style et son statut, il n'y a pas de savoir totalisé, il n'y a pas d'encyclopédie raisonnée. Le discours théologique est immanent à ce dispositif de fragmentation :

> Ainsin, il faut rejetter toujours l'architecte, le peintre, le cordonnier, et ainsi du reste, chacun à son gibier. Et, à ce propos, à la lecture des histoires, qui est le sujet de toutes gens, j'ay accoustumé de considerer qui en sont les escrivains : si ce sont personnes qui ne facent autre profession que de lettres, j'en apren principalement le stile et le langage ; si ce sont medecins, je les croy plus volontiers en ce qu'ils nous disent de la temperature de l'air, de la santé et complexion des Princes, des blessures et maladies ; si Jurisconsultes, il en faut prendre les controverses des droicts, les loix, l'establissement des polices et choses pareilles ; si Theologiens, les affaires de l'Église, censures Ecclesiastiques, dispense et mariages ; si courtisans, les meurs et les ceremonies ; si gens de guerre, ce qui est de leur charge, et principalement les deductions des exploits où ils se sont trouvez en personne ; si Ambassadeurs, les menées, intelligences et practiques, et maniere de les conduire (III, 8, 942).

On remarque ici que la compétence du théologien est de type institutionnel et non spéculatif.

La pluralité des religions incite par ailleurs les anthropologues et les théologiens à chercher et à identifier les marques permettant de les discriminer et de choisir la vraie religion. On citera par exemple Duplessis-Mornay : « Puisqu'il y a plusieurs ceremonies qui s'habillent du masque de Religion pour nous tromper, il n'est pas moins nécessaire d'avoir des marques certaines et infaillibles pour discerner la vraie[1]. » Or, lorsque Montaigne aborde la question des marques de la religion chrétienne, il le fait dans le chapitre « De la coustume et de ne changer aisément une loy receue » (I, 23). Tout se détermine donc non pas à partir d'un argumentaire proprement théologique mais à l'intérieur d'une réflexion sur l'articula-tion du théologique et du politique, c'est-à-dire finalement dans un système lié à une anthropologie des différences. « La religion Chrestienne a toutes les marques d'extreme justice et utilité ; mais nulle plus apparente, que l'exacte recommandation de l'obeissance du Magistrat et manutention des polices » (I, 23, 120). Ce texte fonctionne sur un paradoxe et une analogie. C'est un paradoxe en effet de dire que les marques de la religion chrétienne sont dans l'obéissance aux lois civiles. Le sang innocent versé au nom de cette obéissance est ce qui désigne ces lois comme un instrument de la volonté divine. C'est pour Montaigne « un merveilleux exemple » que la sapience divine n'ait voulu conduire sa victoire « qu'à la mercy de nostre

---

1. *De la verité de la Religion chrestienne contre les Athées, Épicuriens, Paiens, Juifs, Mahumedistes et autres infideles*, par Philippe de Mornay, Sieur Du Plessis-Marly, à Paris, chez Claude Micard, 1585, p. 342.

ordre politique [...] son progrez est soumis [...] à l'aveuglement et injustice de nos observations et nuisances ». La souffrance et le malheur induits par l'ordre civil témoignent des conditions du salut. Montaigne construit alors une analogie entre deux rapports, le rapport privé/public, le rapport politique/religieux : Il lui semblait « très-inique de vouloir sousmettre les constitutions et observances publiques et immobiles à l'instabilité d'une privée fantasie (la raison privée n'a qu'une juridiction privée) et entreprendre sur les lois divines ce que nulle police ne supporterait aux civiles, ausquelles encore que l'humaine raison aye beaucoup plus de commerce, si sont elles souverainement juges de leurs juges » (I, 23, 120). Dans le premier rapport, il nous faut donc apprendre à disjoindre l'instabilité d'un imaginaire singulier qui est de l'ordre du privé et l'immobilité, la stabilité des normes institutionnelles de la vie publique qui sont l'effet de la rationalité commune. Dans le second rapport, il ne faut pas ajouter à la première usurpation, qui est la contestation du public par le privé, une seconde usurpation, qui serait l'application au divin de procédures que la raison publique récuse pour elle-même. Si elle est « juge de ses juges », cette circularité est la marque d'une immanence du politique mais les lois divines sont incommensurables à nos pratiques. « Ce sont coups de sa main divine, qu'il nous faut, non pas imiter, mais admirer, et exemples extraordinaires, marquez d'un exprez et particulier adveu, du genre des miracles qu'elle nous offre, pour tesmoignage de sa toute puissance, au-dessus de noz ordres et de noz forces, qu'il est folie et impieté d'essayer à representer, et que nous ne devons pas suivre, mais contempler avec estonnement. Actes de son personnage, non pas du nostre » (*ibid.*). La marque de la religion chrétienne est cette singulière transcendance, cet écart irréductible entre ce qui ne supporte aucune représentation anthropomorphique et les effets de la Providence, chez les hommes eux-mêmes et plus généralement dans la nature.

D'une façon semblable, le chapitre « De la gloire », pour commenter le « *Gloria in excelsis Deo et in terra pax hominibus* » (II, 16) de « nos ordinaires prières », oppose à propos de Dieu, le nom et la chose. Dieu, pris en lui-même, parce qu'il est une infinie plénitude, une infinie perfection, « ne peut s'augmenter et s'accroistre au dedans ; mais son nom se peut augmenter et accroistre par la bénédiction et louange que nous donnons à ses ouvrages exterieurs » (II, 16, 618). L'action de grâce opère donc, par la mise en œuvre d'un élément purement discursif, la suture entre le Créateur et les créatures, c'est-à-dire entre la Singularité et la variété des singularités. Chacune de celles-ci peut se définir comme témoin ou témoignage de celle-là. Contre une théologie spéculative ou rationnelle, Montaigne insiste donc sur les expériences que nous pouvons nommer théologiques. Leur objet est différent des autres mais elles s'inscrivent dans le même registre qui est celui de l'effectivement vécu. On se souviendra de la traduction par Montaigne du *Livre des créatures* de Raymond Sebon. La préface de l'auteur définit la « facilité » de la doctrine de ce livre : « Elle ne se sert d'argumens obscurs qui ayent besoing de profond et long discours, car elle n'argumente que par choses apparentes et cogneues à chacun par experience, comme par les creatures et par la nature de l'homme : par lequel, et par ce qu'il sçait de soy, elle prouve ce qu'elle veut : et principalement par cela, qu'un chacun a essayé en lui-mesme : aussi n'a elle m'estier d'autre tesmoing que de l'homme[1]. » L'usage du terme témoin signale que l'expérience peut être directe ou indirecte. La fonction *être témoin de* est, par nature, réitérable. On verra ce que peut signifier pour Montaigne : être témoin d'un témoignage.

C'est en ce point que l'on peut comparer Montaigne à Pascal. Dans la *Préface sur le Traité du vide*, il s'agit de régler « l'étendue du respect » et de rectifier ce qui apparaît comme le malheur du siècle : un étrange renversement qui consiste à traiter la théologie par raisonnement (Bayle parle dans le passage cité plus haut, de « Médecins en raisonnement mais sans expérience ») et à y soutenir avec obstination des opinions nouvelles. À l'inverse, on suit la tradition et on n'ose rien inventer en physique en s'abritant sous l'autorité des anciens. Pascal veut relever le courage des timides physiciens et confondre l'insolence des théologiens téméraires. Il faut, pour cela, répartir toutes les sciences en deux classes : celles qui « dépendent seulement de la mémoire et sont purement historiques, n'ayant pour objet que de savoir ce que les auteurs ont écrit ; les autres dépendent seulement du raisonnement et sont entièrement dogmatiques, ayant pour objet de chercher et découvrir les vérités cachées [...][2] ». Il énumère les matières où l'on recherche seulement de savoir ce que les auteurs ont écrit : l'histoire, la géographie, la jurisprudence, les langues, et surtout la théologie. Elles ont « pour principe, ou le fait simple, ou l'institution divine ou humaine ». Dans tous ces domaines, c'est le livre, c'est-à-dire le témoignage, qui fait autorité. Dans la théologie, cette autorité est inséparable de la vérité. Ainsi se trouve défini le statut des livres sacrés. Du point de vue épistémologique, et bien que leur objet soit évidemment différent, ils ont le même type d'autorité que ceux qui, de nos jours, rendent possibles les sciences humaines. À propos du délicat problème de la gestation, Montaigne indique que participent au débat, tout autant que les intéressés, les savants de diverses disciplines : « Voylà les medecins, les philosophes, les jurisconsultes et les theologiens aux prises, pesle mesle avecques nos femmes, sur la dispute à quels termes les femmes portent leur fruict » (II, 12, 557).

---

1. *La Théologie naturelle de Raymond Sebon*, in *Œuvres complètes de Michel de Montaigne*, Paris, Louis Conard, 1932, p. VIII.
2. Blaise Pascal, *Œuvres complètes*, texte établi, présenté et annoté par Jean Mesnard, Paris, Desclée de Brower, 1970, t. II, p. 778.

Revenons sur la question de ce qui fait autorité. Dans l'« Apologie de Raimond Sebond », on passe du caractère extrinsèque de ce qui fait témoignage dans la théologie comme discours à un autre type de lien, donc à un autre type d'autorité : « Le noeud qui devroit attacher nostre jugement et nostre volonté, qui devroit estreindre nostre ame et joindre à nostre createur, ce devroit estre un noeud prenant ses repliz et ses forces, non pas de noz considerations, de noz raisons et passions, mais d'une estreinte divine et supernaturelle, n'ayant qu'une forme, un visage et un lustre, qui est l'authorité de Dieu et sa grace » (II, 12, 446). Montaigne pose l'équivalence entre l'autorité de Dieu et la grâce.

Dans ce texte, il ne s'agit plus ici d'une expérience anthropologique du sacré mais de la constitution même du sujet. Dire qu'il s'agit d'une étreinte, c'est présupposer la pluralité d'éléments disjoints qui portent sans doute en eux le principe même de cette disjonction qu'on la pense en termes de finitude ou en termes de péché. La foi intervient ici comme le principe hégémonique de cette organisation du sujet. « Or, nostre coeur et nostre ame estant regie et commandée par la foy, c'est raison qu'elle tire au service de son dessain toutes noz autres pieces selon leur portée » (*ibid.*). Il faut remarquer que la détermination de la foi comme manière d'être du sujet apparaît comme secondaire par rapport à l'étreinte divine et supernaturelle de la grâce. D'ailleurs, le texte se poursuit par la désignation d'un dispositif ou d'un agencement : « Aussi n'est-il pas croyable que toute cette machine n'ait quelques marques empreintes de la main de ce grand architecte, et qu'il n'y ait quelque image és choses du monde raportant aucunement à l'ouvrier qui les a basties et formées. Il a laissé en ces hauts ouvrages le caractere de sa divinité [...]. » Le sujet, dans sa singularité, s'éprouve comme une multiplicité. Son statut de créature ne passe pas, dans ce texte, par une relation où il y aurait de l'amour, du bien, du mal, bref des conditions éthiques. Si l'on voulait parler en termes leibniziens, on dirait que Sebond et Montaigne n'ont pas ici pris en compte la différence et l'harmonie « entre le règne Physique de la Nature et le règne Moral de la Grâce, c'est-à-dire entre Dieu considéré comme Architecte de la Machine de l'univers et Dieu considéré comme Monarque de la Cité divine des Esprits[1] ».

Le sujet comme multiplicité agencée par la grâce se trouve donc subordonné à un principe qui lui est transcendant. Ne trouvant pas en lui-même le principe de sa foi, il est comme une place et un lieu informes. « Nos raisons et nos discours humains, c'est comme la matiere lourde et sterile : la grace de Dieu en est la forme ; c'est elle qui y donne la façon et le pris » (II, 12, 447). C'est cette étreinte surnaturelle qui loge la vérité dans le sujet.

---

1. Leibniz, *Monadologie*, § 87, in *Philosophischen Schriften*, Gerhardt, tome VI, p. 622 (entre autres).

La participation que nous avons à la connoissance de la verité, quelle qu'elle soit, ce n'est pas par nos propres forces que nous l'avons acquise. Dieu nous a assez apris cela par les tesmoins qu'il a choisi du vulgaire, simples et ignorans, pour nous instruire de ses admirables secrets : nostre foy ce n'est pas nostre acquest, c'est un pur present de la liberalité d'autruy. Ce n'est pas par discours ou par nostre entendement que nous avons receu nostre religion, c'est par authorité et par commandement estranger (II, 12, 500).

Le sujet s'éprouve donc comme effet d'autre chose que soi. Plutôt que de s'interroger sur la nature et la bonté de cet « autrui », il nous est loisible de tenter de mesurer ou plutôt de situer les effets en nous de sa libéralité : « cette verité de laquelle il a pleu à la bonté de Dieu nous esclairer, il est bien besoin qu'il nous preste encore son secours, d'une faveur extraordinaire et privilegiée, pour la pouvoir concevoir et loger en nous » (II, 12, 441).

Or, on peut généraliser cette thématique du logement de la vérité : elle permet d'analyser, à côté de la description du processus de formation des pensées, quelque chose qu'on pourrait nommer une typologie de leurs modes de présence à la conscience. Soit donnée une représentation quelconque, c'est-à-dire ce que l'on dit du réel, on s'interrogera sur le rapport que le sujet entretient avec ce *dictum*. On reconnaît là une définition ancienne de la modalité comme attitude du sujet envers son jugement. Le *modus* pourra se présenter comme : je crois que, c'est un fait que, il est évident que, il est possible que, il est établi par témoignage que... De manière plus stricte, Aristote systématise la liste des modalités : réalité, possibilité, nécessité.

Montaigne s'interroge sur les modalités d'appropriation ; il utilise la métaphore de la transplantation pour examiner comment il pense une pensée qui lui vient d'autrui (II, 10, 408). Or, « la science et la verité peuvent loger chez nous sans jugement et le jugement y peut aussi estre sans elles ». Il y a une dissociation entre deux éléments, le savoir et le jugement ; le contenu du savoir est pris comme un fait, comme un produit, qui peut circuler en restant intact ou altéré, et qui a ou n'a pas une valeur de vérité ; le jugement est l'activité, dont les formes sont diverses, par lesquelles s'effectue le mode d'assentiment du sujet à ce contenu.

Jouant à la fois sur la désappropriation et le desaisissement, Montaigne dissocie le *dictum* et le *modus* jusqu'au cas limite où quelqu'un manifeste la force d'un discours dont il n'a pas lui-même conscience.

La plus part des hommes sont riches d'une suffisance estrangere. Il peut advenir à tel de dire un beau traict, une bonne responce et sentence, et la mettre en avant sans en cognoistre la force. Qu'on ne tient pas tout ce qu'on emprunte, à l'adventure se pourra il verifier par moy mesme. Il n'y faut point tousjours ceder, quelque verité ou beauté qu'elle ait. Ou il la faut combatre à escient, ou se tirer arriere, soubs couleur de ne l'entendre pas, pour taster de toutes parts comment elle est logée en son autheur (III, 8, 936).

On sait que Pascal a paraphrasé « l'incomparable auteur de *l'Art de conférer* » avec beaucoup d'exactitude : « Tous ceux qui disent les mêmes choses ne les possèdent pas de la même sorte [...]. Il faut sonder comme cette pensée est logée en son auteur ; comment, par où, jusqu'où il la possède[1]. »

Il existe une prudence, une pédagogie et une éthique fondées sur la modalisation. Cela vaut même pour les témoignages les plus assurés, et pour les jugements les plus autorisés ; l'exemple de Rome le montre :

> Nous parlons de toutes choses par preceptes et resolutions. Le stile à Romme portoit que cela mesme qu'un tesmoin deposoit pour l'avoir veu de ses yeux, et ce qu'un juge ordonnoit de sa plus certaine science, estoit conceu en cette forme de parler : « Il me semble. » On me faict hayr les choses vray-semblables quand on me les plante pour infaillibles. J'ayme ces mots, qui amollissent et moderent la temerité de nos propositions : A l'avanture, Aucunement, Quelque, On dict, Je pense, et semblables. Et si j'eusse eu à dresser des enfans, je leur eusse tant mis en la bouche cette façon de respondre enquesteuse, non resolutive : « Qu'est-ce à dire ? Je ne l'entens pas. Il pourroit estre. Est-il vray ? » qu'ils eussent plustost gardé la forme d'apprentis à soixante ans que de representer les docteurs à dix ans, comme ils font (III, 11, 1030).

Ne nous hâtons pas trop de voir ici un argumentaire sceptique portant sur la valeur de vérité alors qu'il s'agit sans doute d'une thèse extrêmement violente qui pose, en théologie comme ailleurs, le sujet comme multiple en lui-même, par la dissociation d'instances que confond la conscience immédiate. Une altérité fondatrice met en question le prestige de l'identité. On peut confronter deux altérités selon qu'il s'agit de Dieu comme autre absolu et transcendant, ou de témoins et de témoins de témoins, sur le plan de l'immanence historique. Dans les deux cas, se pose la question de ce qui fait autorité. Les effets de la grâce se disent en termes de privilège parce qu'ils définissent un type de croyance à nulle autre semblable. « C'est bien assez qu'un homme, quelque recommandation qu'il aye, soit creu de ce qui est humain ; de ce qui est hors de sa conception et d'un effect supernaturel, il en doit estre creu lors seulement qu'une approbation supernaturelle l'a authorisé. Ce privilege qu'il a pleu à Dieu donner à aucuns de nos tesmoignages ne doibt pas estre avily et communiqué legerement » (III, 11, 1031). L'erreur serait de croire divinement les choses humaines ou humainement les choses divines. Comme effet de la grâce, la foi n'est pas un mode d'assentiment qui puisse servir de modèle. Contre ceux qui tentent de rationaliser la contingence de l'histoire en interprétant les succès et les revers comme des sanctions divines, Montaigne écrit : « C'est un conflit qui se decide par les armes de la memoire plus que par celles de la raison » (I, 32, 216).

---

1. Pascal, « De l'esprit géométrique », in *Œuvres complètes*, édition citée, t. III, p. 423.

Si l'on excepte tout ce qui dépend de l'analyse de la grâce et qui relève de la catégorie du « supranaturel », on peut dire que, pour toutes les autres raisons de croire, Montaigne pose la question ; quel témoin croire ? quelle valeur accorder à ce qui me semble vrai ? À ce propos, on rencontre une difficulté. « En l'estude que je traitte de noz moeurs et mouvemens, les tesmoignages fabuleux, pourveu qu'ils soient possibles, y servent comme les vrais. Advenu ou non advenu, à Paris ou à Rome, à Jean ou à Pierre, c'est tous-jours un tour de l'humaine capacité, duquel je suis utilement advisé par ce recit » (I, 21, 105). Il semble dans ce texte subordonner la confiance en un témoignage à la connaissance de la possibilité de l'objet du récit. Si, pour son étude, le possible vaut comme le réel, on peut s'interroger sur la définition du possible et sur les conditions de la discrimination entre le possible et l'impossible. C'est un savoir qui est ici requis, on dirait même prérequis pour ajouter foi au récit.

Or, n'y a-t-il pas contradiction puisque Montaigne affirme : « Il ne faut pas juger ce qui est possible et ce qui ne l'est pas, selon ce qui est croyable et incroyable à nostre sens » (II, 32, 725). La disjonction est forte entre l'objet dont on parle et la croyance que l'on a. Pour lever cette apparente contradiction, il faut ne pas confondre possibilité de l'objet, possibilité de la croyance. Ce n'est pas du côté de celle-ci qu'on trouvera les critères du possible. Derechef, c'est à bon droit qu'on s'interroge sur ce qui détermine la croyance. Il faut donc affronter le délicat problème de deux causalités différentes, une causalité subjective qui détermine la croyance (qu'est-ce qui me fait croire ?), une causalité objective qui définit pour le réel, objet du récit, la capacité d'être produit ou de se produire. On pourrait dire aussi que l'opposition du *dictum* et du *modus* s'exprime dans deux événements. La croyance qui est elle-même un événement et l'événement dont il y a récit et témoignage. Un même témoignage peut être analysé par rapport à son objet ou par rapport à l'effet qu'il produit en termes de croyance.

C'est une hypothèse fausse de penser que le témoignage fabuleux est celui qui porte sur un objet irréel, par différence avec le témoignage vrai qui porterait sur du réel. Ce qui intéresse Montaigne, c'est la possibilité de l'acte de croyance, « cette humaine capacité », et à cet égard, le fabuleux est l'équivalent du réel.

Pour un même événement, les témoignages sont multiples. Mieux vaut un témoin

simple et grossier qui est une condition propre à rendre veritable tesmoignage ; car les fines gens remarquent bien plus curieusement et plus de choses, mais ils les glosent ; et, pour faire valoir leur interpretation et la persuader, ils ne se peuvent garder d'alterer un peu l'Histoire ; ils ne vous representent jamais les choses pures, ils les inclinent et masquent selon le visage qu'ils leur ont veu ; et, pour donner credit à leur jugement et vous y attirer, prestent volontiers de ce costé là à la matiere, l'alongent et l'amplifient. Ou il faut un homme tres-fidelle, ou si simple qu'il n'ait pas dequoy bastir et donner de la vray semblance à des inventions fauces, et qui n'ait rien espousé (I, 31, 205).

Il semble qu'il faille ici opposer la simplicité du témoignage et la complexité des gloses et interprétations. Cette complexité est en effet liée au désir de persuader dont nous verrons qu'il est le principal motif de la création du merveilleux. Homère apparaît comme le type même de la prolifération interprétative, prolifération qui exprime la diversité des intérêts et des activités humaines. « Est-il possible qu'Homere aye voulu dire tout ce qu'on luy faict dire ; et qu'il se soit presté à tant et si diverses figures que les theologiens, legislateurs, capitaines, philosophes, toute sorte de gens qui traittent sciences, pour differemment et contrairement qu'ils les traittent, s'appuyent de luy, s'en rapportent à luy : maistre general à tous offices, ouvrages et artisans ; general conseillier à toutes entreprises » (II, 12, 586). Montaigne semble faire peu de cas de la pluralité des types de commentaires bibliques, préférant la littéralité du témoignage à la liberté des interprétations. Concernant le témoignage, on peut donc dire qu'il s'agit de trois multiplicités non congruentes, dont les principes d'organisation ne se correspondent pas. Multiplicité des événements à raconter (réels ou imaginaires), multiplicité des témoins qui en font récit (fidèles ou infidèles, directs ou indirects), multiplicité des positions du sujet croyant en différentes manières de croire.

Il faudra encore distinguer les histoires : celles des historiens qui relatent les croyances, celles des théologiens qui les règlent. Mais de toutes, Montaigne fait la description et montre que la théologie, ou plutôt les théologiens, prennent place dans une science de l'événement, de l'exemple, du singulier. En évoquant un miracle dans l'Antiquité, il distingue le rôle de l'historien, chroniqueur quels que soient les faits, et le rôle du théologien, directeur de conscience :

> Ce qu'il dict aussi que Vespasian, par la faveur du Dieu Serapis, guarit en Alexandrie une femme aveugle en luy oignant les yeux de sa salive, et je ne sçay quel autre miracle, il le faict par l'exemple et devoir de tous bons historiens : ils tiennent registre des evenements d'importance ; parmy les accidens publics sont aussi les bruits et opinions populaires. C'est leur rolle de reciter les communes creances, non pas de les regler. Cette part touche les Theologiens et les philosophes directeurs des consciences (III, 8, 942).

La science des écoles peut bien supposer des similitudes entre les cas particuliers et, à partir de cela, engager des procédures de généralisation. Or le théologien et avec lui, le philosophe, sont dans un double rôle : celui de régler des conduites, celui d'écrire une histoire. Cette histoire intègre nécessairement, comme un fait, les croyances même les plus populaires.

> [...] j'entre par fois en pensée qu'il puisse assez bien convenir à un Theologien, à un philosophe, et telles gens d'exquise et exacte conscience et prudence, d'escrire l'histoire. Comment peuvent ils engager leur foy sur une foy populaire ?

Comment respondre des pensées de personnes incognues et donner pour argent contant leurs conjectures ? (I, 21, 106).

Le modèle n'est pas celui d'une science qui vise à la systématicité mais celui d'une pratique judiciaire qui s'interroge sur l'établissement des faits avant de poser la question de leur qualification.

L'établissement des faits, surtout quand ils interviennent comme légitimation de la croyance religieuse, est soumis aux mêmes procédures de validation que toute autre écriture de l'histoire. D'où l'importance d'une réflexion sur le miraculeux. Dans bien des cas, ces procédures vont naturaliser le surnaturel.

Du point de vue de la toute-puissance divine et de son infinie sagesse, il faut poser en principe qu'il n'y a rien qui échappe à l'ordre, à la régularité, et à l'excellence.

Ce que nous appelons monstres ne le sont pas à Dieu, qui voit en l'immensité de son ouvrage l'infinité des formes qu'il y a comprinses ; et est à croire que cette figure qui nous estonne, se rapporte et tient à quelque autre figure de mesme genre inconnu à l'homme. De sa sagesse il ne part rien que bon et commun et reglé ; mais nous n'en voyons pas l'assortiment et la relation. [...] Nous appelons contre nature ce qui advient contre la coustume : rien n'est que selon elle, quel qu'il soit (II, 30, 713).

C'est pourquoi le miraculeux ou le monstrueux sont des qualifications qui ne se comprennent que par rapport à la fréquence ou à la rareté de leurs manifestations. Il ne faut donc pas confondre l'impossible et l'inusité. Le chapitre « C'est folie de rapporter le vray et le faux à nostre suffisance » (I, 27) en témoigne avec force. Il ne faut pas

se donner l'advantage d'avoir dans la teste les bornes et limites de la volonté de Dieu et de la puissance de nostre mere nature ; et [...] il n'y a point de plus notable folie au monde que de les ramener à la mesure de nostre capacité et suffisance. Si nous appelons monstres ou miracles ce où nostre raison ne peut aller, combien s'en presente il continuellement à nostre veuë ? (I, 27, 178-179).

S'il y a équivalence entre la volonté de Dieu et la puissance de la nature (on pourrait dire entre nature naturante et nature naturée), c'est un péché ou une faute de vouloir borner leur infinité. Au fond, cela signifie que de ce point de vue, l'expression « pour Dieu ou pour la nature tout est possible » n'a pas de sens ; il faut lui substituer l'affirmation de l'existence d'une réalité infinie en acte. C'est seulement d'un point de vue anthropologique, c'est-à-dire par l'assignation à un sujet fini d'une place déterminée, qu'il faut prendre en compte la fréquence ou la rareté. On retrouve ici la très ancienne opposition de l'usuel et de l'inusité, de ce qui est « *extra usitatum naturae modum* ». On songe à Aristote et à l'expression « ὡς ἔπι τὸ πολύ », le fréquent ; chez lui, elle renvoie dans le système de la causalité objective à la division : nécessité, fréquence, hasard [1]. Mais chez Montaigne, il s'agit moins de la constitution d'une théorie étiologique que de la nécessaire prise en compte du sujet et de son histoire, de ses habitudes, de ses étonnements.

C'est à partir de cette histoire du sujet et, corrélativement, d'une histoire des témoignages, que Montaigne décrit ce qu'on pourra nommer la genèse du miraculeux. En effet, les miracles ont une vie, ils naissent et ils meurent dans les discours qui les racontent. Or, comme tout récit a un public, et comme tout témoin veut poser son autorité, il y a toujours un art de persuader qui substitue des effets de sens à l'énoncé de la vérité. « J'ay veu la naissance de plusieurs miracles de mon temps. Encore qu'ils s'estouffent en naissant, nous ne laissons pas de prevoir le train qu'ils eussent pris s'ils eussent vescu leur aage. Car il n'est que de trouver le bout du fil, on en desvide tant qu'on veut » (III, 11, 1027). On fait intervenir ici un principe décisif. Dans la multitude des événements et dans ce qui permet de les qualifier (leur importance, leur rareté, etc.), quelles que soient les différences, il y a une véritable homogénéité ou commensurabilité. Si l'on nomme événement ce qui, dans son irréductible singularité, n'est prédicable d'aucun autre terme, il n'empêche qu'ils appartiennent à un même ordre de réalités, l'historique. La vraie différence est l'opposition de l'événement au rien, le rien n'a ni sens ni propriétés. « il y a plus loin de rien à la plus petite chose du monde, qu'il n'y a de celle là jusques à la plus grande » (*ibid.*). La vie des miracles se lit donc dans la suite des récits : les publics étant différents, il y a une adaptation de la rhétorique. On a donc une sorte de « raison des effets » selon qu'on s'adresse à la multitude des gens simples ou au petit nombre des experts. Le monstrueux, le miraculeux, le merveilleux sont ainsi des effets de l'art de persuader. On notera que Montaigne, dans le même chapitre, se traite à la fois comme auteur de discours et comme objet de discours. Il pratique lui-même une rhétorique de l'exagération : « estant eschauffé ou par la resistance d'un autre, ou par la propre chaleur de la narration, je grossis et enfle mon subject par vois, mouvemens, vigueur et force de parolles, et encore par extension et amplification, non sans interest de la verité nayfve » (*ibid.*, 1028). D'autre part, dès qu'il s'agit de se dire, cette expérience de la singularité est une expérience native de la monstruosité. « Je n'ay veu monstre et miracle au monde plus expres que moy-mesme. On s'apprivoise à toute estrangeté par l'usage et le temps ; mais plus je me hante et me connois, plus ma difformité m'estonne, moins je m'entens en moy » (*ibid.*, 1029). L'écriture des *Essais* est le registre qui porte témoignage de cette singularité : comme dit l'avis de la première édition « Je

---

1. Aristote, *Seconds analytiques*, 87 b, I, 30 ; *Physique*, 196 b, II, 5 ; *De la génération des animaux*, 770 b, livre IV.

ne m'y suis proposé aucune fin que domestique et privée. » L'absence de public garantit la réduction de la rhétorique[1].

Le miraculeux est le plus souvent un effet de l'histoire humaine. Cette anthropologisation est particulièrement identifiable dans l'usage que fait Montaigne d'une référence à saint Augustin. En effet, on assiste à un véritable déplacement : dans *La Cité de Dieu* (XIV, 24), saint Augustin s'attache à signaler des cas où le corps humain, de façon exceptionnelle, « extra usitatum naturae modum », semble obéir à la volonté. Il témoigne d'une sorte de persistance dans l'état de péché de ce qui était la règle dans l'état d'innocence d'avant le péché, la volonté n'étant pas subvertie par la concupiscence. Il cite en exemple la maîtrise du corps, dans des mouvements volontaires, quels que soient les organes, la capacité de faire de grimaces : « Était-il si difficile à Dieu de le [l'homme] créer dans de telles conditions que les organes où la concupiscence règne seule aujourd'hui n'obéisse qu'au commandement de la volonté[2] ? » Il poursuit en citant des exemples d'hommes qui « font de leur corps ce qui est impossible et paraît à peine croyable à d'autres hommes ». Suit une énumération de comportements prodigieux où l'on passe de la capacité de remuer les oreilles ensemble ou séparément à l'art du pétomane. On en arrive enfin à Restitutus, prêtre de l'Église de Calama.

Toutes les fois qu'il voulait (et la curiosité venait le solliciter souvent) aux accents imités de certaines voix plaintives, il se dépouillait de toute sensibilité, et demeurait gisant ; on l'eût cru mort ; aiguillon, piqûre, brûlure même, il ne sentait rien qu'au sortir de cette léthargie. Et la preuve que sans aucun effort, son insensibilité seule le rendait immobile, c'est que la respiration lui manquait comme après la mort. Cependant, si l'on parlait sur un ton élevé, il lui semblait, disait-il, entendre des voix lointaines[3].

Au cours des siècles, ce Restitutus a acquis une existence quasi proverbiale. En 1746, Diderot, par exemple, cite le texte dans les *Pensées philosophiques*, LI[4], et le fait par rapport à la critique des miracles mais aussi par un jeu d'analogies, en naturalisant la résurrection comme un phénomène physiologique. « Si certaines gens avaient rencontré de nos jours un pareil sujet, ils en auraient tiré bon parti. On nous aurait fait voir un cadavre se ranimer sur la cendre d'un prédestiné ; le recueil du magistrat se serait enflé d'une résurrection... » L'interprétation par Diderot de cet exemple extraordinaire est symétriquement inverse de l'interprétation qu'en fait saint Augustin.

---

1. Dans son ouvrage, *Montaigne dans tous ses états*, Fasano, Schena editore, 2001, Philippe Desan interroge la puissance du paradigme de la monstruosité (p. 217 *sq*.).
2. *La Cité de Dieu*, traduction du latin de Louis Moreau, revue par Jean-Claude Eslin, Paris, Le Seuil, 1994, vol. II, p. 186.
3. *Ibid.*, p. 187.
4. *Diderot. Œuvres philosophiques*, édition Paul Vernière, Paris, Garnier, 1965, p. 85.

Dans le chapitre « De la force de l'imagination » (I, 21), on voit Montaigne reprendre des cas semblables à ceux de saint Augustin sans toujours le citer. Mais il déplace la fonction argumentative de ses exemples. Là où ils étaient au service de la thèse proprement théologique du péché originel et de la concupiscence, il s'agira maintenant de l'examen strictement anthropologique de la réalité de l'imaginaire. Cette puissance de l'imaginaire perturbe jusqu'à l'exercice de la volonté : « Veut-elle toujours ce que nous voudrions qu'elle voulsist ? » (I, 21, 103). Le principe de désordre n'est plus dans la concupiscence mais dans l'imagination, il n'est plus l'effet du péché mais l'efficace de ce qui opère en moi sans moi, et qui est de l'ordre de l'imprémédité ou même de l'inconscient. C'est pourquoi le personnage de Restitutus est sollicité par Montaigne en deux sens, selon deux effets d'imagination. Il manifeste le dessaisissement du sujet dont les opérations se font « contre son sentiment », et il rend compte de la crédulité par la puissance de l'imagination : « Il est vray semblable que le principal credit des miracles, des visions, des enchantemens et de tels effects extraordinaires, vienne de la puissance de l'imagination agissant principalement contre les ames du vulgaire, plus molles » (ibid., 99).

Ce déplacement de l'argumentation par rapport à saint Augustin se manifeste de manière exemplaire dans l'analyse de la grimace. Dans *La Cité de Dieu*, c'est un exemple de mouvement volontaire. Dans les *Essais*, il est dit au contraire que les mouvements forcés de notre visage témoignent « des pensées que nous tenions secrettes, et nous trahissent aus assistans » (ibid., 102). Le terme de trahison marque bien le caractère involontaire de l'expressivité du visage. De la même manière, Montaigne oppose à l'exemple du pétomane par lequel saint Augustin entend « autorizer la toute puissance de nostre volonté » l'exemple plus naturel d'un homme tenu par « une obligation constante et irremittente » (ibid., 103) de péter. Ce dernier cas marque bien la volonté d'opposer la légère pathologie d'une singularité naturelle à l'exception augustinienne.

Cette façon de réduire au naturel ce qui pouvait se présenter comme miraculeux ou démoniaque se retrouvera mise en œuvre chez tous ceux qui opposeront la foi et la crédulité. Ainsi, à propos de Marthe Brossier, Marescot écrira :

> Comme la foy est un don de dieu, et une vertu divinement inspirée, par laquelle nous croyons fermement les choses qui ne nous apparoissent ny par les sens, ny par la raison naturelle ; Aussi la trop grande crédulité est un vice procédant d'une imbécillité de l'esprit des hommes, et souvent par une suggestion de l'esprit malin. [...] La foy des Chrestiens est grandement louée : la crédulité des Magiciens est blasmée, comme estant si grande qu'elle oste la créance à toutes choses, et fait que croyant tout (combien qu'absurde) en fin on ne croit plus rien. L'antiquité crédule a esté trompée par les prestiges des Démons et attirée à

superstition et idolâtrie. La religion Chrestienne a esté toujours contraire à ces prestiges, pour conserver l'honneur du vray Dieu, et sincérité de la foy[1].

La suite du texte reviendra sur l'usage inconsidéré de la démonologie. Cela se marque par la différence entre le terme de démon, pris au singulier puis au pluriel : « Il y a une infinité de choses qui se font par la vertu secrète de la nature : que si, pour être secrètes, il les fallait attribuer au démon, pour expliquer les questions de la physique et de la médecine, depuis le commencement jusqu'à la fin de ces deux sciences, il faudrait toujours avoir recours aux démons[2]. » Il s'agit là d'une véritable réduction qui substitue aux interventions de puissances transcendantes le cours immanent et secret des opérations naturelles.

De la même façon, on verra Duncan, à propos de Grandier et des Ursulines de Loudun, condamner ceux qui : « sont si hardis à donner des bornes à la puissance de nature[3] ». Il cite longuement saint Augustin, *La Cité de Dieu* et le personnage de Restitutus. Il reprend Aristote, en disant que les monstres sont à la fois outre ou contre nature et selon nature « pource qu'ils s'engendrent outre et contre le cours ordinaire de la nature et néanmoins sont effets de la nature vivante à son but ordinaire, mais n'y pouvante atteindre à cause de la résistance et mauvaise disposition de la matière[4] ». On assiste à la mise en place de l'exceptionnel, du miraculeux, du monstrueux, en termes de pathologie. C'est ainsi que Guy Patin pourra traiter en médecin la démonomanie de Loudun :

> pour les energumènes, je croirois volontiers que c'est une fable que tout ce qu'on en dit : l'authorité et la saincteté du nouveau testament me révoquent de cette croyance : je croy ce qu'en dit la saincte escripture, mais je ne croy rien de ce qu'en disent les moines d'aujourd'huy : nous sommes en un siècle fort superstitieux, et tout plein de forfanteries. En toutes les possessions modernes, il n'y a jamais que des femmes ou filles : des bigottes ou des religieuses et des prestres ou des moines après ; de sorte que ce n'est point tant un diable d'enfer qu'un diable de chair, que le saint et sacré célibat a engendré : c'est plustost une métromanie ou hystéromanie, qu'une vraye démonomanie[5].

Montaigne ramène pour sa part le phénomène de sorcellerie au discours ignorant de ceux « qui donnent corps aux songes des sorcières » (III, 11, 1031). C'est la vanité de chacun de ces nouveaux auteurs qui met ces femmes en danger de mort. La position de Montaigne est une position éthique à l'époque où tant de bûchers s'allumaient.

---

1. *Discours véritable sur le faict de Marthe Brossier de Romorantin, prétendue démoniaque*, Mamert Patisson imprimeur ordinaire du Roy, Paris, 1599, p. 1.

2. *Ibid.*, p. 30.

3. *Discours sur la possession des religieuses ursulines de Loudun*, 1634, s.l.s.n. [Daniel Duncan, d'après Barbier], p. 31.

4. *Ibid.*, p. 35.

5. Guy Patin, Lettre à Charles Spon, 16 novembre 1643, in *Correspondance* éditée par Paul Triaire, Paris, Champion, 1907, t. I, p. 344.

CHAPITRE III

LE SUJET DE LA DÉVOTION ET LES ROMANS DÉVOTS : JEAN-PIERRE CAMUS

Jean-Pierre Camus, évêque de Belley (1584-1654) décourage le lecteur par l'abondance et la diversité de son œuvre. Dans le catalogue établi par M. Depéry[1], les œuvres sont catégorisées de la manière suivante : 26 ouvrages d'homélies et panégyriques, 53 ouvrages de morale, de spiritualité, et vies de saints personnages, 40 ouvrages de théologie, hiérarchie et réforme des moines, 15 ouvrages de controverse et d'Écriture sainte, 53 histoires et romans.

Les historiens du scepticisme[2] se sont intéressés à un *Essay sceptique*, ouvrage de jeunesse, publié dans les *Diversitez* en 1610[3]. On cherchera ici, à partir d'une relecture de cet *Essay*, à étudier ce que certaines œuvres de la maturité lui doivent. Sans mener une étude de l'écriture romanesque et des positions théologiques de l'évêque de Belley, on voudrait montrer que les arguments sceptiques de l'*Essay* permettent de penser comment, dans une rencontre du roman et de la théologie, se configure un type original de subjectivité.

Camus dit avoir écrit l'*Essay sceptique* pour répondre à la demande réitérée que lui fit une docte compagnie de produire « un essay de [son] art universel [...] : tout frais émoulu de la boutique de l'empyrique Sextus [...], la teste pleine de ses maximes, je me proposai ce problème bizarre, de l'opinion, de la verité, de l'indifference, ainsi l'avois-je premierement baptizé » (187v). Il dicta d'abord sans penser à la publication, mais finit par céder aux instances pressantes de ses amis.

---

1. *L'esprit du B. François de Sales*, evesque de Genève... recueilli de divers écrits de M. Jean-Pierre Camus, nouvelle édition par M. Depéry, Paris, Gaume Frères, 1840, p. CXV à XXLI.
2. Richard H. Popkin, *Histoire du scepticisme d'Érasme à Spinoza* [University of California Press, 1979], trad. Christine Hivet, Paris, PUF, 1995.
3. *Quatriesme tome des Diversitez de Messire Jean-Pierre Camus...*, contenant trois livres, chez Eustache Foucault, Paris, 1610, avec privilège du Roy, 464 ff. et l'index : l'*Essay sceptique* se trouve au livre XV, chap. 3, f. 187r-372v. Nous citons le numéro du feuillet entre parenthèses dans le corps du texte.

Camus affirme dès le début l'inactualité de son texte. Texte d'un autre temps parce que texte d'un autre homme : « Autre temps, autres estudes, autres moeurs, cet exercice était loüable en sa saison, il n'y a aucun rapport de ma condition présente à la passée [...]. Ce sont de mes premiers habits inutiles à ceste heure que je me suis agrandy » (189r). D'une certaine manière se trouve ici posée la question de l'identité de l'auteur. Est-il toujours semblable à soi, celui qui ne peut plus enfiler les habits de son enfance ? L'*Essay sceptique* débute ainsi en s'interrogeant sur la relation entre l'auteur présent et son œuvre passée. Effet de désappropriation et peut-être de dessaisissement, c'est un thème qui se retrouvera souvent dans la mise en question, sceptique, du sujet comme principe. Donc Camus a changé. Mais le « discours de [sa] vocation », le discours sur les raisons de son changement sera tenu secret, il ne l'étale pas aux yeux du peuple. Sur ce qu'on pourrait appeler l'écriture de soi, il se tient à distance d'Antonin, de César et de Montaigne, son auteur familier, dit-il (189v) : ils ont écrit sur eux-mêmes mais, pour ce qu'il est, lui, effectivement devenu, c'est une autre histoire qu'il faut écrire : « les motifs divins qui ont remué les ressorts de ce branle, ce sont choses secrettes que nous devons serrer en nos cœurs » (189r).

Ce discours aura trois objets : « que tout ce que nous jugeons est faux, et puis vray, pour establir enfin l'indifférence des sceptiques » (190r). En conclusion de l'*Essay*, il met en scène trois sectes de l'Antiquité : « les nians, les affirmans, les douteux » (372). Il introduit donc l'idée d'une périodisation qui inclut la différence entre paganisme et christianisme.

Camus annonce ainsi un plan mais on remarque immédiatement la disproportion entre les trois parties de l'*Essay* et, par des effets de digression, le désordre à l'intérieur de chaque partie. Quel sens donner à cette disproportion et à ce désordre ?

Faut-il voir, dans ce désordre, le caractère propre du style de Camus dont l'œuvre, si prolixe donne parfois le sentiment d'avoir été écrite au fil de la plume ? Ne s'agit-il pas plutôt d'un choix délibéré (Camus fait, à propos de ses romans, la théorie des digressions nécessaires) ? La forme de l'écriture ne correspond-elle pas aux thèses qu'elle présente ? Écriture apparemment immaîtrisée pour soutenir la thèse d'une absence de maîtrise, écriture de l'instabilité.

La première partie a bien plus d'extension que les deux autres : respectivement 296 pages, 50 pages, 24 pages. On peut tenter de comprendre les raisons du déséquilibre entre les trois parties : celle qui est consacrée à l'opinion mêle deux manières de l'analyser : l'une consiste à exhiber, avec force détails, la pluralité des opinions, l'autre décrit les différentes façons dont l'opinion se constitue (sens, imagination, entendement). C'est cette seconde manière qui sert de fil conducteur. Le traitement de l'opinion est circonstancié mais il n'a pas pour fonction de développer une théorie générale de l'incertitude des connaissances et de l'impuissance de l'homme : en effet, dans toute cette partie sur l'opinion, Camus ne cesse de faire intervenir quelque chose qui lui est irréductible. C'est une autre vérité, un autre lieu d'inscription de cette vérité, un autre moyen d'y accéder ; c'est l'innocence de la révélation contre les dangers du désir de savoir. L'argumentation critique contre l'opinion est conservée mais son usage est ainsi déplacé. Il ne s'agit plus d'endosser la thèse générale de l'incertitude, il s'agit de se donner les moyens de magnifier, à côté de l'incertitude, un autre ordre, une certitude autre. La brièveté des deux autres parties se justifie parce qu'elle travaille sur des positions que Camus juge finalement intenables : l'assurance dogmatique du savoir et le scepticisme généralisé. Dans la seconde partie, il s'agit d'annuler les prétentions de la raison et de la science au bénéfice de la foi. La troisième partie définit une position qu'on ne peut pas généraliser, car l'indifférence sceptique ne concerne que la science et est incompatible avec la foi. On a ainsi réduit le champ d'application du scepticisme, on est passé d'un scepticisme global à un scepticisme local : il faut bien distinguer en effet une position sceptique d'un usage des arguments sceptiques. Ainsi ce scepticisme local n'a-t-il qu'une fonction instrumentale, il n'est pas une position. C'est finalement moins un essai sceptique que l'essai du scepticisme comme d'un moyen. Ce n'est pas un scepticisme chrétien, c'est le scepticisme d'un chrétien :

> Il n'y a rien de vray parmi les hommes que ce qu'il a plu à la divinité de leur reveler. [...] Or ces veritez divinement révélées, esquelles consistent nostre foy (je repete cecy souvent afin de l'oster des termes de ma proposition) doivent estre reciües de nous avec humilité, simplicite, submission, sans entrer plus avant en leur recherche (curiosité qui perd un tas de monde tous les jours), c'est là qu'il faut que l'esprit baisse la teste ; c'est là qu'il faut brider et captiver nostre raison ; c'est là que toute éloquence est muette, et que toute science humaine perd son escrime : nostre connaissance est trop fraisle et foible pour comprendre de si cachees et abstruses intelligences, et de si hauts secrets (254r)

La thèse générale de la première partie a pour objet, dit Camus, un paradoxe : que nous jugeons de tout plus par opinion que par vérité, par vraisemblance plus que par certitude : « j'entends plus ambiguement et douteusement que distinctement et avec plus de vray-semblance que d'asseurance et de certitude » (190r). Camus traduit le « tout est vanité » en « tout est opinion ». Cette thèse, dit-il, est commune à la plupart des philosophes et il cite Épictète, Ovide, Juvénal, Sénèque, Hésiode : l'opinion est bien la source commune des contradictions et des diversités que l'on rencontre dans toutes les sciences. La recherche d'un fil d'Ariane dans ce Dédale, « pour nous pourmener sans divaguer » (191v), nous conduit à examiner les voies de la connaissance : « Toute notre connaissance s'achemine à la vraisemblance, non à la certitude, comme je désire montrer par deux voies, les sens et l'entendement » (191v). Camus examine successivement ces deux voies. « Rien ne vient à la cognoissance de nostre entendement [...]

que par l'entremise et ouverture des sens : ils sont comme les fenestres de l'âme [...] ; si donc nous les pouvons arguer de faux, ne s'ensuivra-t-il pas infailliblement que ce fondement sappé, tout l'édifice de nostre raison soit perverty et bouleversé san-dessus dessous ; et que tout ce qui nous semble vrai soit lancé dans le vague de l'opinion » (192r).

Les scolastiques et les sceptiques ont soutenu cette thèse du fondement sensible des connaissances. Sans les citer, Camus réendosse le troisième mode des *Hypotyposes* de Sextus Empiricus[1], comme l'avait aussi fait Montaigne[2], sur la variation des cinq sens et suit également une technique d'énumération. On peut rechercher avec Montaigne et Plutarque si l'homme et les autres espèces ont le même nombre de sens et les mêmes sens, supposer un sens commun avec Aristote, ou anatomiser chaque sens avec les naturalistes et les médecins. Une différence avec Sextus dont l'objet est la question de la spécificité de chaque sensible (le miel est agréable à la langue, désagréable aux yeux) : Camus, lui, les énumère selon une hiérarchie qui va du plus spéculatif au plus empirique : la vue, l'ouïe, l'odorat, le goût, le toucher.

De longues pages sont d'abord consacrées à la vue. Physique, optique, politique, peinture, sont successivement évoquées mais Camus semble indifférent aux différences et aux relations entre les registres. La vision se fait-elle par émission de rayons ou par réception d'espèces, les yeux sont-ils des miroirs pour les images des corps ? « Je laisse ce point indécis » (193v-194r). Après les considérations physiques, viennent les considérations optiques sur les lunettes, la réfraction, l'arc-en-ciel (199r) ; puis, de la nature des couleurs, on passe à la question de leur perception et de leur signification sociale : il y a des couleurs même aux maisons des aveugles, et dans la société, la couleur des tenues des Prélats, des Présidents, des Dames, des Courtisans témoigne de la hiérarchie des rangs. Bien plus, Camus déclare ailleurs que le prestige des choses visibles est le moyen par lequel on conduit le peuple car il n'est sensible qu'au spectacle des exemples : « Le peuple est un animal brut qui va comme on le meine, mais sur tout on le conduit comme l'on veut par les yeux, non pas tant bien par les oreilles : il ayme mieux voir faire à ses superieurs que de leur ouïr dire [...] le peuple va moulant ses mœurs sur celles de son Seigneur[3]. » Mais si le prestige est pris au sérieux, les techniques de représentation ne le sont pas : la perspective des peintres, qui « nous renvoyent à leurs angles, à leurs faces, biais, postures, aspects, regards » nous donne des abstractions comparables aux idées de Platon, aux mondes de la lune, aux atomes

---

1. Sextus Empiricus, *Esquisses pyrrhoniennes*, trad. Pierre Pellegrin, Paris, Le Seuil, 1997, livre I, 14, 91.
2. Montaigne, *Essais*, éd. Villey-Saulnier, nouvelle édition, Paris, PUF, 2004, II, 12 « Apologie de Raimond Sebond », p. 587 *sq*. Camus le cite en f. 192r.
3. *La suitte des Diversitez de Messire Jean Pierre Camus...*, tome troisiesme, Paris, Eustache Foucault, 1610, livre XIII, chap. 2 : « De la vie exemplaire », f. 291r.

d'Épicure (198v). De l'abstraction, on passe à la vanité : la vue ne voit que les surfaces, la vue est superficielle : « C'est un sens qui aboutit à la crouste et superficie des corps sans penetrer plus avant ; surface qui n'est rien ; [...] la vue est non seulement vaine, incertaine et foible, mais elle et ses obiets aboutissent au rien » (199v).

Passons maintenant, dit Camus, au sens qui, pour être plus subtil, tient le second rang, et en ordre et en dignité, selon l'opinion commune : l'ouïe. La question débattue entre les philosophes (Épicure, les Stoïques, Anaxagore, etc.) est de savoir si la voix est un corps ou la superficie d'un certain battement d'air (200r-201v). Si tout ce qui agit ou pâtit est corps, comment penser l'écho (20v) ? En passant de la physique et de l'incertitude sur la nature du son à l'esthétique, Camus évoque l'accoutumance au bruit, l'émotion que nous cause la musique, l'harmonie des sphères célestes (202v). Le discours sur l'ouïe est moins prolixe que celui sur la vue. On peut remarquer toutefois qu'à l'époque où le débat sur les questions harmoniques et la physique des cordes vibrantes est à la mode chez les physiciens[1], les références de Camus sur l'histoire de l'acoustique ne sont guère à jour. Il ne s'y intéresse pas, il fait passer les sciences à l'inessentiel.

Camus fait marcher l'odorat après l'ouïe (203r). Contrairement aux dires d'Aristote et de Montaigne sur le flair, essentiel à tous les vivants, il déclare que « l'odorat est accidentaire, non nécessaire » (203v). Après quelques remarques sur la forme des nez, il s'attache aux variétés des plaisirs des nez : parfums, sécrétions, odeurs (205-206), aux puanteurs des artisans (il ironise même sur les noms qui peuvent être malodorants) : « pardon, dit-il, oreilles odorentes » (206r) ; des marais de Venise aux boues de Paris, les odeurs et les parfums nous ramènent au monde du travail, à la vie dans les villes, au partage des voluptés et des dégoûts (206r). Enfin, après avoir bien senti toute sorte d'odeurs, il se trouve que ne sentir rien est sentir bon. « Voilà donc notre odorat réduit à la plus basse marche qui est à l'incertitude ou plutost dénéantise d'un rien » (206v).

Les deux derniers sens, le goût et le toucher, sont aussi ceux « qui sont estimez plus abiects et vils » (206v-207r) : le nombre des qualités qui les caractérisent signifie « l'incertitude et discordance des goûts » (207-208r). La « cuisinerie » qui devint un art à Rome, avec diverses écoles, ou sectes, plusieurs venant d'orient, est l'occasion d'esquisser un petit traité d'anthropologie (208r) : sa pratique des mélanges n'est pas exempte d'une imputation d'impureté, voire de saleté et les riches corrompus, éloignés de la simplicité, sont aussi les plus malades. Le vomissement est un témoignage de l'influence des mœurs sur le goût et le dégoût (212r). Le goût est opinion.

---

1. « Dès 1623, Mersenne annoncera la préparation de *l'Harmonie universelle* », écrit François Lesure dans son introduction à l'*Harmonie universelle, contenant la théorie et la pratique de la musique*, [1636], Paris, Éditions du CNRS, 1986.

Enfin vient le toucher, que tous les philosophes ne mettent pas au même rang : est-il le dernier ou le premier, le principal et le plus universel (212v) ? La dignité des sens est relative à leur distribution, différente selon les espèces vivantes. Aristote fait bien remarquer « qu'estre privé du toucher est une chose qui ne se peut joindre avec la vie, ny même avec l'estre simple : pourquoy donc va t-on degradant d'honneur ce sens si utile, si nécessaire, si essentiel ? comment les hommes le peuvent-ils avilir sans se faire tort et s'abbaisser eux mesmes ? c'est le seul sens auquel ils excellent par dessus les animaux, l'Aigle et plusieurs autres les surmontent en la bonté et force de la veuë, la taupe et le cer [le cerf] en l'ouïe, le chien et d'autres bestes au flairer, le singe le surmonte au goust, mais en l'attouchement, l'homme n'est surmonté d'aucun animal : il se rend donc inférieur aux animaux par ce moyen, mettant sa faculté plus eminente la dernière » (214v) car le toucher est l'organe de toutes les techniques humaines.

Mais, à propos du toucher, Camus va montrer que la raison et l'imagination interviennent dans le fonctionnement de la sensibilité et le compliquent de telle façon qu'on peut douter qu'elle soit jamais pure. Suit alors une analyse qui fait entrer ces puissances factrices d'opinion dans les gestes mêmes de l'amour. Paradoxalement, c'est la raison elle-même qui participe au plus sensible du toucher :

> Mais pour restressir un peu cette large faculté [le toucher qui s'étend par tout le corps] et la resserrer en un coing, disons que ce qui le fait exceller en l'acte de la generation, qui est le plus sensible attouchement, est la raison, qui luy fait faire l'amour par artifice, qui bouche les avenuës de cet acte de mille espineuses difficultez, de mille aspres et facheuses poursuittes, qui loge au devant cet honneur dont nous parlerons tantost, d'un front severement ridé et austère, des sorte que toutes ces malaisances donnent une pointe et font trouver plus grand ce que l'expérience montre être une deshonneste, brieve et desplaisante chose : cet acte est salle, (dit le doux Catulle bien entendu en ce mestier) et court ce qui se peut et engendre un notable degoust à l'instant mesme de son point plus excessif et sitost qu'il est achevé une repentance soudaine, prompte et infaillible : qui ne dira donc que son effect dépend plus de l'opinion que de la vérité ?

Stratégiquement, Camus choisit l'occasion du plaisir érotique pour manifester les artifices de la raison dans le sensible, l'opinion dans la jouissance, en même temps que le dégoût dans le plaisir (215r).

Cette interdépendance entre la raison et le sensible permet de passer en revue les caractères et les variations de la raison.

La raison se pense à la place de la norme et de la mesure. Mais elle n'est pas là où elle se pense. Elle détourne son rôle d'instrument de mesure, c'est une règle qui se déforme, elle ment et falsifie, comme en témoigne la pratique des plaideurs, elle ne maîtrise rien et elle est hors de notre maîtrise : si elle rencontre le vrai, c'est sans l'avoir méthodiquement cherché, et par conséquent, sans avoir les critères pour le reconnaître et pour ainsi dire sans le savoir. Cette dimension de l'insu est capitale, elle est la marque de notre condition, de ce qui se fait en nous sans notre aveu. Le thème du sommeil et du songe vient ici figurer le dessaisissement du sujet :

La raison est une selle à tous chevaux, un instrument à tous mestiers, une figure à tous visages, il n'est rien si vray qu'on ne puisse contredire : le vice mesme, dit Lactance, ne l'excuse plus, il se deffend maintenant par raison : c'est une chose subtile, maniable et ployable à tous sens que l'entendement humain, il n'est rien si faux qu'il ne puisse colorer : tesmoing le beau métier des chiquaneurs et Advocats ; en quelque façon qu'on prenne les choses, la raison trouve tousjours sur quoy se fonder et asseoir (215v) [...]. La raison est une piece vagabonde, muable, contournable, c'est un morceau de plomb ou de cire, il s'allonge, s'accourcit, se forme comme on veut, souple, docile, facile, aussi propre à soustenir et représenter la figure de la vérité que du mensonge : s'il nous arrive à la traverse quelque verité, c'est par hazard et sans nostre sceu, nous ne l'oserions asseurer, voire ne la saurions distinguer d'avec le faux : nous ressemblons à ceux qui en resvant, songent qu'ils songent ; ils se représentent bien la vérité mais c'est en ronflant, et lorsqu'ils sont despourveuz de toute cognoissance : ainsi nostre esprit qui est en une perpetuelle resverie, se peut fortuitement rencontrer en des opinions véritables mais qui luy sont incertaines (220r).

Après la revue des sens, le portait de la raison se poursuit avec l'examen d'un autre argument sceptique qui est la balance. Mais, avant de mettre en évidence les renversements du pour au contre, il faut remarquer l'usage que fait Camus du terme de ratiocination[1]. La ratiocination débridée nous fait perdre la trace de la vérité, mais le dérèglement est inhérent à l'exercice même de la raison :

en disputant par trop, la vérité se perd ; d'où vient que non sans grande providence divine, et sagesse humaine au fait de la foy, toutes subtilités sont bannies, de peur que la vérité, qui est toute pure et nuë, ne fust incontinent offuquée des nuages, ou plutôt brouillards de raisons ; mais hors cela, dont nous parlerons cy après plus au long, j'oserois quasy affirmer que tout le reste des choses humaines n'est fondé qu'en opinion ; excepté en la foy où tout doute est non seulement mauvais, mais pernicieux, mais détestable (218r-v).

Un système de renversements montre comment les raisons peuvent être « retournées ». Toute chose a deux anses, disait Épictète et Camus corrige : il devait dire plusieurs.

Camus décrit des situations de dialogue où l'énoncé de l'un des interlocuteurs est retourné contre lui-même par l'énoncé de l'autre. On assiste ainsi à un renversement des valeurs de vérité, en fonction des places des locuteurs. Prenons quatre des exemples qu'il cite. Le premier renverse la validité d'un énoncé par l'échange des places : « Si j'estois Alexandre, lui

---

1. Sous sa plume, le terme ne semble pas être pris en mauvaise part. Dans son *Dictionnaire universel* [1690], Furetière définit la ratiocination comme « l'action par laquelle on exerce la faculté de raisonner ; la ratiocination n'appartient qu'à l'homme, la faculté de tirer une conséquence de certains principes ».

dit un jour Parmenon, j'embrasserois ceste occasion ; si ferois-je, luy repli-
qua-il, si j'estois Parmenon » ; le second renverse les valeurs : l'ostentation
de pauvreté se trouve dénoncée comme vanité : « Un philosophe pour faire
profession de pauvreté se couvrit d'un meschant habit rapiécé, deschiré,
percé : je voy, luy dit un autre, ta vanité par les trous de tes meschans hail-
lons » ; dans le troisième, la rivalité ostentatoire dans la vertu est démasquée
comme ambition déguisée : « Il fait bon voir l'orgueilleuse pauvreté de
deux philosophes qui combattoient ensemble à qui seroit le plus pauvre ;
c'est aller proprement à l'ambition par la porte de derrière » ; le quatrième
joue sur une demande d'appréciation : ce qu'il y a de philosophique dans
une pratique exclut le discours de la justification en première personne :
« Que vous semble de ma philosophie, ne la sçais je pas bien prattiquer ? je
l'eusse peu cognoistre, dit l'autre, si tu te fusses teus » (216r-217v).

Mettre la raison en égale balance entre deux biens, ou entre deux
manques, c'est solliciter l'argument de Buridan pour montrer aussi, à la
fois l'impossibilité de prendre parti et l'impossibilité de rester neutre.

> Mettons la raison en esgale balance entre deux biens, comme le mariage, et
> le célibat, les raisons de costé et d'autre sont tres preignantes, il ne luy restera
> autre chose que de s'escerveler ; mettez un homme en pareil degré de faim et de
> soif, entre la bouteille et le jambon, que fera t-il sinon mourir de faim et de soif
> car par où commencera-il sans fausser cette égalité ? [...] Mettez aussi l'esprit
> humain entre deux raisons esgales, que lui restera il que d'estre neutre ? Et puis
> je vous demander, en ce carrefour ambigu et douteux de raisons semblablement
> fortes et prégnantes, où peut-on loger la vérité ? (218r).

Dans toutes ces énumérations, Camus insiste sur le désir de la vérité,
qui serait de trouver un terme où s'arrêter, le point fixe où loger la vérité :

> Il n'est point de plus juste naturel ni même plus véhément et furieux désir
> que celui de cognoistre la vérité... elle est au contraire si haut que nous n'y
> pouvons atteindre, elle est hors de la prise de nos griffes, quelques efforts que
> nous facions, ils sont tous vains, nos poursuittes et inquisitions frivolles : nous
> nous entretenons de doutes, d'ambiguitez, c'est l'element et l'aliment de notre
> esprit, il est en mouvement perpétuel, sans arrest, s'il avoit trouvé cette vérité,
> il faudroit qu'il s'arrestast et ce qu'il ne le fait pas est ce qu'il ne l'a pas encore
> trouvée ; il n'est si petite ni tant soit-elle chetive science qui ne meine notre
> esprit à l'infiny (218v).

On reconnaîtra le dixième mode de Sextus qui nous plonge dans cette instabilité. « Tesmoing tant de paradoxes, tant de diverses coustumes impies
et execrables en un lieu, honorables et saintes en un autre ; justes de là,
injustes icy... » (*ibid.*).

À cette prise en compte des variations, qui affectent aussi les savoirs, la
géométrie, l'éthique, la théologie, la peinture, Camus oppose sans cesse le
seul point fixe de la foi. À défaut de point fixe dans les repères de la théorie
du mouvement, les physiciens mécaniciens de son époque cherchent des
systèmes réglés de variation, des corrélations constantes ; car, en physique,

l'absence de point fixe est aussi une position épistémologique qui pose la question de la relativité du mouvement. Mais ce n'est pas la position de Camus pour lequel l'incertitude a pour fonction d'humilier la raison, c'est-à-dire de changer la place que sa présomption s'attribue dans un ordre qui est cependant fixé par autre chose qu'elle-même. Il y a loin de la méditation de Camus sur l'inconstance à la réflexion des physiciens sur l'équivalence des hypothèses quand il s'agit de « sauver les apparences ». Le concile de Trente pourtant posait le problème[1].

Pour montrer que tous les doctes font l'aveu de l'ignorance et affirment que « tout le monde est une ombre, encore vaine, douteuse, trompeuse » (222r), Camus convoque dans une sorte de dramaturgie, qui n'est pas seulement exemplaire de l'Antiquité, mais du procès de la connaissance en général, « l'acatalepsie que Cicéron tourne si bien incompréhensibilité » (221r), et les différentes formes de doute de Socrate, Nausiphanes, Cléanthe, Parménide, Zénon Éléate, des pyrrhoniens, des sectes de mégariens, érithréens, académiciens et autres « qui ont introduit une nouvelle science de ne sçavoir rien et y ont trouvé plus de certitude qu'en aucune » (221v et *sq.*).

« [Proposons nous, dit-il] deux routes ; l'une toute pleine de livres, penible, embroüillée, infinie : et une autre toute vuide… Les uns portent la lanterne devant moy, […] ceux-cy me crevent et arrachent les yeux » (221v). Et pourtant, il y a de nos jours un aveuglement à cet aveuglement même « […] c'est l'impie curiosité des nouveaux sectaires qui nous contraignent de restaster une vérité manifeste, qu'ils ne voient pas pour l'esblouissement de leur opiniastreté manifeste » (224v). S'il ne faut qu'un point à ces dévoyés, nouveaux Archimèdes, pour déplacer la science, apprenons à être sages « sur le patron et modelle de leur ruine et de leur folie » (224v). Mais notre point fixe, à la différence du leur, ne sera ni dans le monde, ni dans les sciences.

Camus établira par la suite une véritable ontologie de l'instable. Cette machine que nous appelons univers n'est qu'une image constante de l'inconstance, et une peinture vive et naïve de la vicissitude. Il n'y a pas de fondement immanent. Il écrit, à propos de la témérité du jugement : il faut d'abord prendre acte du fait que « l'homme est un animal si ondoyant, divers, inconstant, sujet à être abusé, que tout le séduit et le trompe ». Il ne sait seulement comment il est composé. Il douterait s'il a une âme. Il lui faut tourner ses yeux au-dedans de lui-même, s'étudier au lieu d'examiner autrui et prendre modèle sur l'astre qui éclaire notre univers du dedans. L'analogie avec la lumière de la foi repose sur cette conversion du regard qui doit se faire intérieur, qui ne peut se faire sans l'aide et le secours de la foi :

_____

1. Voir le chapitre IV du présent ouvrage.

[…] A quoi donc fonder un jugement asseuré sur une chose et si incogneuë et si incertaine que l'homme, la plus propre qualité duquel est le changement et l'instabilité ? Cet avis seulement désirerois-je donner à celuy que sa temerité pousse à juger trop souvent de la vie du prochain, qu'il s'accoustume plustost à s'estudier soy-même qu'à s'espandre ainsi au dehors, à scindiquer et esplucher les actions des autres : qu'il laisse ces saillies hors de soy, pour, par une salutaire introversion, chercher plustost sa connaissance que celle d'autruy. Les Astres du grand monde esclairent tous au dedans, nul au dehors ; bel enseignement du Microcosme, que les lumières de son entendement le doivent esclairer interieurement, non tant en l'exterieur[1].

La boussole nous donne l'image d'un mouvement incessant de l'aiguille aimantée tant qu'elle n'est pas tournée vers le nord. « Si nos cœurs serrez estoient tant soit peu frottez d'aymant : c'est-à-dire, avoient gousté l'amour de Dieu, jamais nous n'aurions de cesse en ce monde, que tournez vers le Nord de la mort, mort fin de nos misères, mort jour natal de nostre éternité[2]. »

L'inconstance est générale, le seul ailleurs, la seule constance est en Dieu.

La vérité dont nous sommes tant en queste ne séjourne point icy-bas, c'est folie de l'y chercher, elle se giste et se niche dans le sein de Dieu, c'est sa retraite, c'est sa vraye demeure, c'est Dieu qui est l'unique verité, il n'en faut point penser d'autres ; hors luy et la foy, qui est la créance que nous avons en luy, il n'est point de verité ; et peut-on dire asseurément que tout n'est qu'opinion ; icy bas, nous sommes nez pour la quester, de la posséder il n'appartient qu'à ceux qui ont franchy ce mortel passage, et qui vivent bien-heureux au ciel […] cette bague est trop haut eslevee pour ceux qui sont en mortel sejour, ce n'est pas à qui pourra mettre dedans cela ne se peut, seulement c'est à qui fera de plus belles courses et en approchera de plus près (219v-220).

Comme il est impossible de séparer l'exercice de la sensibilité d'une raison qui n'est qu'opinion, il est de même impossible d'isoler l'imagination. Camus va montrer son rôle dans le désir, en déduire sa double nature, de place forte et de Protée. Ce paradoxe est aussi le paradoxe de la constitution du sujet humain et nous permet de comprendre pourquoi ce que la raison prend pour la vérité ne peut loger en nous. Ainsi, en examinant les « maladies de l'imagination », Camus pourra poser la question d'une médecine de l'âme, d'une médecine des mœurs.

À propos de l'imagination, comme auparavant à propos de la raison, Camus reprend le thème du toucher (226-232) et l'exemple de la sexualité. La peinture « du coït et des lascivetez » montre bien que le plaisir de Vénus même est « imaginé », que « ces plaisirs proviennent plustost d'un desir imaginé, toutes ces passions aboutissent à un misérable rien ». Quelles que

1. *La suitte des Diversitez de Messire Jean Pierre Camus…*, Paris, chez Eustache Foucault, 1610, t. III, livre XIII, chap. 23, f. 375r.
2. *Les Diversitez de Messire Jean Pierre Camus*, Paris, Claude Chappelet, 1613, t. VII, livre XXV, chap. 13, p. 578.

soient les classifications du toucher, du chatouillement à la douleur, c'est l'imagination qui les nourrit. Elle est comme une citadelle (246r), elle fait du sujet de l'imagination, une place forte inexpugnable. « C'est principalement en la faculté imaginative que se loge et campe l'opinion, c'est son fort, sa tanière, de là elle joue son rolle qui est de pervertir tout » (245r).

Les sens, l'imagination, la raison ont des fonctions qui permettent à chacune d'opérer dans l'autre : « Ce qui forme principalement ces troubles et corrompt ceste puissance [la raison] sont en premier lieu les sens qui, pour estre abusez et seduits par la face exterieure et forme apparente des choses, sans pouvoir plus avant penetrer dans leur interne et essentielle nature, vont faussement rapportans à l'imagination leur image, laquelle se plaisant à renverser tout, les va présenter à l'âme, avec un faux prejugé de leurs qualitez, qu'elle forme bonnes ou mauvaises, selon qu'elles luy auront semblé plaisantes ou desagréables d'abbord... » Mais l'imagination est aussi un « Prothée » qu'aucun lien ne peut contenir, elle « transforme le corps » et embrase l'esprit : « l'imagination change et esbranle tout en ycelui, mais quelles traverses, quelle combustion n'engendre t-elle point en l'esprit : [...] bref de quel nœud peut on contenir ce Prothée ? » (242v). Ailleurs, il dira encore d'elle : « Chameleon » et « Protaplaste » (250r). Mais comment l'imagination peut-elle être à la fois citadelle et multiforme ? Peut-on penser une forteresse déformable ? La cohérence des images de Camus fait parfois problème.

Dénoncée comme corruptrice, l'imagination a cependant une fonction de communication. Si les choses spirituelles ont aussi peu de certitude que les corporelles, il doit y avoir « quelque pièce moyenne entredeux pour faciliter leur commerce [entre les sens et l'entendement] et establir la communication de deux si differentes natures, de l'esprit et du corps ; quelques uns y ont planté l'imagination, et peut-estre non sans quelque raison et apparence [...] je trouve à propos de luy faire suyvre une médiocre composition ; je la logerai donc ici entre ces deux pieces essentielles de nostre jugement, comme mediatrice et distributive[1] » (232v).

Camus s'attache aux nombreux exemples des effets de l'imagination sur l'amour, sur la perte de la vie, sur la métamorphose du corps féminin en masculin, sur les maladies, visions et hallucinations. On passe insensiblement des illusions de l'opinion à la pathologie de l'âme. Il passe en revue « les maladies de l'imagination que certains ont appelées mélancholiques » (236v) : avoir un corps, être un corps, être dans un corps, dans le corps d'un autre : ces variations qui rappellent Cervantès ou Descartes montrent que dans la folie, c'est la propriété même du corps, son rapport au moi qui est

---

1. Si certains ont cru reconnaître dans l'*Essay sceptique* le schéma hégélien : thèse, antithèse, synthèse (Popkin, *loc. cit.* p. 104), nous éviterons, pour notre part, de déceler ici la fonction du schématisme kantien.

altéré. Les métamorphoses vraies ou supposées des sorciers sont aussi de ce registre de l'imagination et il s'en voit de plaisantes :

> qui pense estre de verre ou pot de terre et craint l'abbord d'un chacun de peur d'estre cassé ; qui pense estre liquéfié, qui estre oyson, qui pense estre cochon, qui cerf, qui oyseaux et contrefont les voix ou ramages des bestes qu'ils s'imaginent être ; de là ceste tant celebre et controversée Lycanthropie qu'aucuns estiment vraye, les autres rapportent cela à une maladie de l'imagination qui fait croire aux sorciers qu'ils sont métamorphosez en loups : si est ce que les effects donnent quelque occasion de soupçonner plustost la vérité : les hommes qu'ils etranglent estant en ceste forme et les enfants qu'ils dévorent nous peuvent justement faire douter (236v).

Mais on peut aussi « devenir fol par artifice » comme Gallus Vibius qui « bandant son esprit à comprendre les ressorts, essence et mouvement de la follie, se disloqua et desnoua la cervelle, et enleva son jugement hors de son siège, et détourna sa raison de sa droite assiette [...] c'est là le premier siège de la follie, elle se campe là premièrement que de ruiner et bouleverser tout à fait l'esprit » (237r). Vouloir sonder la nature de la folie, c'est en prendre le risque, ce qui laisse supposer que l'objet de la pensée peut transformer et subvertir l'esprit, que le penseur est transformé par ce qu'il pense.

Il est remarquable que ce soit le lien de l'imagination et de la folie qui pose la question de savoir comment la connaissance des choses entre en nous. La variété et la contrariété des opinions montre que la réception de la vérité varie, que ce n'est pas son autorité qui la « loge » en tout un chacun, car si c'était le cas, elle serait universellement reconnue. Ainsi les jugements particuliers, les volontés et opinions diverses, traduisent-ils, par leur singularité, la différence des conditions, des positions, des usages, des façons de faire, par rapport à un système de lois, de mœurs, de savoirs. Contre la prétention à l'universel, on est ici dans le registre des singularités plurielles.

> La vérité et être des choses ne loge pas chez nous de soy même et de sa propre auctorité, si cela estoit, toutes choses seroient reçuës de tous pareillement et de mesme façon, tous seroient de mesme opinion et créance ; la vérité qui est tousjours une, uniforme, constante, seroit mesmement reçue d'un chacun, mais la grande variété, voire contrariété d'opinions qui sont parmy le monde, montre bien le contraire, il n'y a rien, (la vraye foy dehors, des fausses créances il y en a un million) dont tous soient généralement et universellement d'accord, non pas mesme les plus doctes et scavans ; que dis je ! ce sont ceux la comme plus capables de contredire, qui s'entremangent, et s'entredesmentent le plus (249r).

Il ajoute :

> La verité n'est point de nostre acquet, prise, invention ; quand bien même elle se rendroit à nous, nous sommes incapables de la contenir, de la posseder et nous en asseurer : il est trop clair que la vérité et le mensonge entrent chez nous par mesme porte, y tiennent pareil rang et degré, y sont en mesme crédit,

ont même moyen pour l'y soustenir : il n'y a aucune raison qui n'en ait une contraire... qui ne se puisse disputer problématiquement, [il n'y a rien qu'on ne puisse renverser] (253v).

Il y a donc une inadéquation structurelle entre la vérité et le sujet du savoir. Il n'y a aucun signe ou critère de discrimination entre le vrai et le faux quand on analyse le mode de formation ou d'acquisition des contenus. Il faut donc poser un autre accès à la vérité, un accès surnaturel, et c'est la foi. Si les controverses manifestent la présomption des doctes, seule l'humilité nous permet de « captiver la raison », de considérer tous ses énoncés comme incertains, improbables, douteux, en rapportant leur teneur à la faiblesse du sujet de l'énonciation. « En matiere de creance et de religion, il a toujours semblé aux sages estre une chose plus sainte et plus respectueuse de croire que de sçavoir : là où est la science, c'est-à-dire la cognoissance par la cause, là n'est plus la foy [...]. Il faut brider notre raison de ce frein salutaire[1]. »

Pour comprendre la résistance de l'entendement humain à cette soumission nécessaire, il faut tenir compte de la nature du désir :

on pourroit dire que les choses que nous avons en main et dont nous pouvons disposer avec pleine puissance, nous sont deplaisantes et desagreables ; et que nous poursuivons avec plus de desir, de ferveur, voire de fureur celles qui nous sont deffenduës : c'est une chose toute vraye que notre desir s'accroist par la malaisance et que la difficulté picque et aiguise l'appetit (255v).

Le désir de savoir est dupé par le prestige du lointain et déçu par l'exercice de sa puissance. La positivité du manque marque le caractère structurellement insatisfait de la curiosité : le sujet préfère l'imaginaire du manque à la satisfaction réelle, il reproduit sans cesse cette expérience de la dépossession.

Même si Camus estime s'être trop « amusé à depeindre les impostures grossières de l'imagination et à denicher de là comme de son fort cette brouillonne opinion cause de tant d'abus » (257r), cette énumération nous aura servi à préparer la critique de l'entendement puisqu'à aucun moment on ne fait l'hypothèse de son autonomie par rapport à la sensibilité et à l'imagination. Il n'y aura rien qui ressemble à une *intellectio pura* (256r-257r). À partir de l'affirmation réitérée de cette dépendance, l'examen portera successivement sur la nature de l'entendement puis sur les sciences qu'il prétend produire :

Entrons donc le flambeau de raison allant devant, à la recherche de l'entendement humain : c'est un abisme creux, plein d'obscurité et qui a plusieurs cachots et recoings bien divers et fascheux à fouiller : c'est un labyrinthe confus et merveilleusement entortillé : pour le faire court, on y remarque aux effets (car en évidence il ne se peut recognoître, estant une chose totalement cachée à notre faible capacité) pieces, facultez, mouvemens, ressorts, actions,

---

1. *Diversitez*, t. III, *Discours panégyric à Sa Sainteté*, f. 8v-9r.

branles, agitations, et secousses diverses, que les noms en sont infinis, encor ne peuvent-ils seconder les ressentimens, tel mot en comprenant deux ou trois. Nos hommes sont encores embroüillez plus que jamais à déchiffrer l'âme : ils lui donnent quasi autant de facultez, qu'ils y recognoissent ou plutost imaginent et conjecturent de ressorts : c'est à la verité un subjet si beau qu'il mérite bien qu'on en parle à part, aussi lui ai-je dedié un discours particulier où j'en parle assez amplement[1]. Je n'ai donc ici autre chose à faire qu'à prouver par toutes ses parties de l'erreur et de la fausseté, pour plonger notre esprit aussi bien que nos sens dans l'opinion, selon le dessein de cet ouvrage (257v-258r).

Relevons deux expressions essentielles : l'entendement comme labyrinthe et le déchiffrement de l'âme. Il n'y a pas de voie réflexive ou égologique par laquelle le sujet accéderait à la connaissance de soi. Le *cogito* est impossible parce que l'entendement est par nature un lieu où l'on se perd, où le flambeau de la raison, bien loin d'être lumière naturelle, n'est qu'un moyen pour explorer cette structure complexe et pour chercher une introuvable simplicité. Le déchiffrement de l'âme oppose une discursivité herméneutique à l'intuitivité de la coïncidence avec soi ; une fois constatées la pluralité et la complexité des opérations, on multiplie les termes qui prétendent les identifier et les nommer. On redouble la complexité et là où l'on pouvait attendre un effet d'appropriation dans la connaissance de soi, on a un effet d'étrangeté à soi.

La volonté va être soumise au même traitement que l'entendement, avec cette différence qu'elle fait intervenir des procédures d'évaluation éthique. Or « Nous avons montré que tout n'est bon ni mauvais que selon qu'il semble à notre opinion » (258v). Ce relativisme radical subordonne tous les choix à des évaluations singulières qui sont l'expression de situations de désir elles-mêmes fluctuantes. Il n'y a aucun principe universel pour déterminer et légitimer nos conduites. Les philosophes

> ajoutent la volonté qui est à la verité une pièce grandement importante et le ressort de laquelle meut tout l'homme... or l'expérience nous apprend qu'elle est excitée et aiguisée par trois fausses choses, la difficulté, la rareté, la privation : trois enjolleurs et qui ne donnent prix aux choses que par fantaisie et opinion (259r).

Les philosophes sont incapables de comprendre la nature des choses spirituelles parce que, sans le vouloir, ils les pensent sur le modèle des choses corporelles, alors qu'elles ne sont accessibles que par le moyen de la foi :

> Comme si [l'âme] était une chose qui tombast en leur disposition, estant une matière si occulte, secrette et cachée, qu'elle ne peut estre apperçue sans les yeux invisibles de la foy ? Ceux qui, sans ce guide, ont voulu se mettre à sa recherche se sont tous fourvoyés dans les entortillez contours de cet obscur Dédale, les moins avisés sont venus jusqu'à cette impiété de douter de son

---

1. On trouvera dans les *Diversitez*, tome VII, livre XXIV, un long chapitre 3 : « De la cognoissance de soy-mesme » (p. 234-424) suivi, dans le livre XXV du chapitre 1 : « De la curiosité » (p. 425-453). Le curieux y est comparé, entre autres, à Icare.

immortalité ; d'autres se perdant tout à fait ont osé proférer ce blasphème de la nier (260r).

Les partisans de l'âme matérielle sont visés ici, autant que ceux de l'animisme païen.

Ce qui est en jeu est l'unité d'une âme immatérielle et indivisible, c'est-à-dire un type d'unité irréductible à une totalité additive mécanique et à une totalité non additive organique. Sans être simple, elle est une. Cette unité se vérifie à propos de la folie. Tandis que le corps mutilé ou blessé en une de ses parties, peut continuer à vivre, l'âme,

> offensée en la moindre, se perd et confond toute, tesmoings ceux qui sont blessez à la teste, au lieu où ils logent la fantaisie ou imagination : ceste seule partie blessée, toute l'âme est pervertie incontinent et toutes ses fonctions renversees : un fol est perclus de toute l'âme et ne laisse pas de vivre : un ne peut l'estre de toutes les facultez du corps et vivre (259v).

Inconnaissable dans sa nature, l'âme a des fonctions qui se marquent dans différents savoirs théoriques ou pratiques : « J'oseray dire incognoissable et qui ne se cognoist qu'obliquement par ses effets [...]. Cherchons maintenant si nous pourrons trouver plus de certitude en ses fonctions que nous n'en n'avons fait en sa substance : elles se remarquent principalement es sciences et arts » (260r).

Camus passe en revue les sciences, demande si elles sont plus certaines que les arts, si leur valeur, bonne ou mauvaise, leur est inhérente, ou si elle est relative à la constitution des esprits qui les pratiquent : c'est l'intérêt éthique qui décide de l'estime qu'on peut accorder au savoir :

> Les sciences sont des outils indifférents, n'ayant de soy rien de bon ni de mauvais, elles prennent qualité des mœurs, conditions et de la trempe des hommes où elles se rencontrent, elles nuisent merveilleusement aux esprits foibles, ruinent, gastent et perdent les cerveaux mal timbrez ; elles parfont aussi les forts, embellissent et ornent beaucoup les âmes robustes et vigoureuses, en un mot, elles prennent leur dénomination des humeurs de ceux où elles s'attachent ; s'ils sont bons, on les peut dire bonnes, si mauvais, mauvaises... (261r).

Dans un premier temps, Camus s'interroge donc plutôt sur le statut des doctes, une évaluation éthique des sujets du savoir précède en effet la réflexion sur les contenus. C'est bien en moraliste qu'il nous présente une sorte de galerie des caractères :

> Un subtil Philosophe devient incontinent insolent, un Logicien Sophiste, un Physicien brouillon, un Métaphysicien resveur, un Grammairien malicieux, un Poète satyrique et chanteur de mensongères bourdes, un Rheteur babillard, un Arithméticien, Geometre, Astrologue, Magicien, addonné soubs couleur de gentillesse à mille sorcelleries : un Cosmographe coureur et vagabond ; autant en peut-on dire des arts tant libéraux que méchaniques : il n'est si vil artisan lequel estant un peu suffisant en son mestier, ne devienne souvent insolent,

fût-ce un revendeur de vieilles frippes, ne fust ce qu'un miserable charlatan il
fera l'entendu en bagatelles... (261r).

Mais ces professions ne sont pas les seules en cause, médecins, théologiens, jurisconsultes peuvent aussi bien tout pervertir.

Ce qui n'empêche pas Camus, d'autre part, de stigmatiser l'ignorance :
« nous la trouverons [la France] gouvernée par gens du tout illettrez,
Connétables, Mareschaux, Admiraux, Secretaires d'Estat, et le plus grand
et florissant des trois estats qui est la noblesse, sont gens pour la plupart
sans science, voire qui font profession de la mespriser et fouler aux pieds
[...]. Et ils ont quelque raison... » (264r) ; car quoi de plus inepte et imper-
tinent aux actions du monde et au maniement des affaires qu'un clerc,
un docteur, un écolier, etc. Il ne fait pas l'apologie d'une ignorance sans
candeur, mais d'une droiture morale qui serait « innocence, piété, prudho-
mie, bonté, simplicité, vertu ».

Camus passe ensuite des doctes aux doctrines, des savants aux sciences.
Là encore, la pluralité est l'objet d'un traitement que l'on peut nommer
politique. Il s'agit en effet d'y décrire des phénomènes de concurrence et
d'usurpation. Ce modèle politique ignore à la fois le dispositif pédagogique
des savoirs dans la formation des hommes et leur agencement encyclopé-
dique en fonction des objets et des méthodes.

> Théologie, Jurisprudence, Medecine... les Philosophes en grondent et
> renvoient la Medecine aux arts mechaniques [...] les Mathematiciens fendant
> la presse veulent qu'on leur baille l'avant garde [...] disant que les autres ne
> sont fondez qu'en raison et partant sans certitude [...] les autres les envoient
> comme pipeurs, enjoleurs, inutiles à tout, sorciers, Magiciens, conteurs de
> fables, faiseurs d'Almanachs, ... amuseurs de peuple, ne servant de rien au
> monde qu'à perdre les esprits... (265r-266r).

Les querelles entre les arts libéraux (grammairiens, poètes, musiciens,
rhéteurs, peintres et autres) et les arts mécaniques sont incessantes. « Quelle
solide assiette pouvez vous trouver dans le cerveau d'un si fresle, ondoyant
et divers animal que l'homme pour vous planter ? » (266v). Cet état de
guerre généralisé entre les savoirs renvoie donc à l'instabilité de la nature
humaine.

Les docteurs des sciences ont connu cette faiblesse des « reins de l'esprit humain » mais, plutôt que de faire l'aveu de leur impuissance, pour
garder le contrôle de leurs juridictions respectives

> ils se sont avisés d'une ruse qui est de faire au commencement de toutes sciences
> certains principes, qu'ils ont appelés en Philosophie et en Théologie Axiomes
> [*sic*], en Medecine Aphorismes, en Jurisprudence Reigles, en Mathématiques
> Maximes [*sic*], qu'ils ont pensé estre indubitables : or parce que l'esprit humain
> ne peut monter en ce faiste, de poser une Thèse generale de quelques choses,
> dont quelqu'une ne s'émancipât incontinent de sa juridiction, ils ont fait un
> grand et general receptacle, et comme azile pour les raisons qui s'y refugieroient

et se soustrayeroient de leurs regles fondamentales, scavoir l'exception : voilà-il pas une subtile finesse et une belle invention ? (267r)

L'histoire des sciences nous propose des renversements de principes. Mais la refondation ne fait rien gagner en certitude : il cite l'exemple de Copernic et de Paracelse (268r). Il dit et répète qu'il n'y a de principe que ce qu'il a plu à Dieu de révéler, comme la foy et la science qui en traite, « nous sommes fols de chercher ce qui n'appartient qu'à Dieu seul ». Les principes scientifiques sont donc pensés sur le modèle des législations politiques pour garantir l'unité d'un territoire. Il n'y a pas de droit naturel universel et nécessaire pour les sciences, il n'y a que des autorités ou des compétences locales.

L'examen des différents savoirs se déroule dans l'*Essay* selon un ordre qui reprend l'organisation institutionnelle des universités. En premier lieu intervient ce qui correspond aux facultés de théologie, de jurisprudence (c'est-à-dire de droit) et de médecine. Après ces « sciences principales » (300) viennent la philosophie (dialectique, éthique ou morale, politique, physique, métaphysique), les mathématiques (arithmétique, musique, géométrie), la cosmographie, la géographie, l'optique, la peinture, la rhétorique et enfin l'histoire.

> La théologie ou science de Dieu est seule et unique science icy bas, en ce qu'elle est la conservatrice de la foy, qui nous a été divinement concédée, qui est la seule vérité, encore imparfaite que nous ayons en ce monde : d'où s'ensuit que la science qui la traite l'enseigne et la garde comme en depost, n'est pas science tout à fait ains seulement selon la portée de nostre foible capacité humaine (270r-v).

Dans cette partie de l'*Essay* qui, ne l'oublions pas, est consacrée à l'opinion, le traitement de la théologie est bref. Dans le tome VII des *Diversitez* (livre 24, chap. 3, « De la connaissance de soy-mesme »), Camus construit une différence entre la satisfaction de l'esprit curieux et son amélioration : « La theologie mesme, toute saincte sacrée qu'elle est, tous veritables que soient ses enseignemens, peut bien satisfaire un esprit curieux, mais de l'abonnir, ce n'est pas le faict de la science, c'est un rayon de la grâce de Dieu, un don qui vient d'en haut du père des lumières » (264). Cette efficace de la grâce déplace la théologie. Comme savoir, elle n'échappe pas à une incomplétude qui tient à notre condition. Mais au titre de théologie mystique, effet de la révélation, elle échappe à cette même incomplétude. « Ce sont choses reciproques et correlatives que la cognoissance de Dieu et la cognoissance de soy... qui se cognoist, recognoist Dieu et qui cognoist Dieu se recognoist soudain » (*ibid.*, 416). Il ne s'agit plus de savoir positif, mais d'une sorte d'effet de rencontre, bien exprimé par le double usage des termes connaître/reconnaître.

Il cite les diverses religions (juifs, musulmans, protestants), et voit dans leur multiplication l'effet des discussions théologiques. Leur pluralité témoigne de leur fausseté : du relativisme anthropologique : « Chacun se fait un dieu, une foy, une religion à sa fantaisie », dont les impies tirent l'incertitude de la religion en général, il tire la certitude de l'errance générale des hommes hors de la vraie foi et énumère tous les schismes et hérésies qui ont affecté l'Église (274r-v).

La jurisprudence est au second rang après la théologie et Camus lui consacre de longues pages, déplorant que le droit romain ait été abandonné (278v) au profit du nouveau droit français, une « bigarrure » incohérente de règles. Il raisonne sur le droit comme il raisonne sur la religion, opposant le droit romain aux lois françaises comme une autorité à une variation. Chaque ville, chaque bourgade a ses droits et coutumes. Dans ce nouveau droit, n'importe quelles ordonnances et sentences ont force de loi ; les gloses qui auraient dû expliquer les lois ne servent qu'à les obscurcir, les doctes, mêlant aux lois des citations grecques et latines, « font des potages anciens avec des mots nouveaux […]. Je quitte […] cette jurisprudence romaine (de laquelle je ne peux me deprendre qu'envis et par force, nageant en icelle comme dans mon eau et naturel élément) pour me divertir à esplucher notre nouveau droit français : mais quels abysmes de chicaneuses supercheries voy-je devant moi ! » (286v). Ce droit perdu ou falsifié, historiquement défini comme le droit romain, occupe la même place que chez d'autres, le droit naturel. À cette différence près que chez lui, l'histoire a modifié l'histoire, tandis que chez d'autres il y a une dénaturation de l'originaire.

La fonction du droit est d'ordonner « une si grande fourmilière de négoces, trafics, faussetez, injures, outrages, torts, voleries… c'est cet art qui se dit pouvoir demesler toutes ces incertitudes ». Or, en quittant le droit romain pour le droit français, nous avons perdu l'esprit du droit :

> Voilà ce que c'est que de nous être séparés des autres nations, qui ont retenu en partage l'usage simple du droit romain, nous l'avons jugé trop faible et trop bref pour décider nos differens, sans considérer comment il se peut étendre : à force de vouloir brider cette fievreuse fureur qui nous possède, nous avons fait tant de loix, coutumes, ordonnances, que la variété et multiplicité de remèdes a rengréné notre mal. […] nous sommes estouffez de loix (288v).

Il y a eu pourtant un intérêt politique à avoir ainsi détourné le beau trésor que nous a laissé Justinien. Comme il a dénoncé le pouvoir des doctes dans les sciences, Camus dénonce chez les gens de robe l'ambition politique, l'accès aux magistratures, aux emplois, à la puissance, car les travaux des juristes : « servent, après beaucoup d'argent, à être reçu aux honneurs, offices, dignités… » (289v). Camus voit dans leurs activités un facteur de déstabilisation de la société, un nouveau corps construit des pièces des anciens. C'est le corps des gens de robe qui cherchent à asseoir leur pouvoir sur les provinces et s'opposent à la noblesse d'épée. Les Parlements provinciaux apparaissent comme une menace pour l'État :

> Un corps à part pour ajouter aux trois anciens, de l'Église, de la Noblesse, et du Peuple : et remarque t-on qu'à présent, es Provinces qui ont droit de tenir assemblées d'Estat, ils coulent leurs deputez, faisans leur cas à part [...] ils se disent composez de tous les trois [ordres], et faire un corps ramassé : ils imitent les gens d'Eglise en leurs vestemens qui ont quelque convenance ensemble, aussi se font-ils appeler Messieurs de longue robbe, et il y en a plusieurs de cet estat es Cours Souveraines : ils imitent aussi la Noblesse et tranchent du Messire, mais pour la plupart, ils sont populaires, Messieurs les Marchands mettant à la faveur de leur bourse leurs enfants sur le bon bout, planchez sur les fleurs de lys : voilà pour les juges : quant à leurs aydes et records, Advocats, Procureurs, Notaires, Solliciteurs et telle autre sorte de gens, ils sont pour la plupart de bas alloy et surtout de nature vile et servile... (292v)[1].

Ils grugent les hommes et leur tirent le sang comme des sangsues. « J'ai juré, dit Camus, à cette chiquane une irréconciliable guerre et inimitié capitalement immortelle » (293r). Dans l'*Homélie des désordres des trois ordres de cette Monarchie*, Camus réfléchira à la division des trois ordres de la société, et posera la question de savoir quelle place donner aux officiers de justice, dans l'Église, dans la Noblesse, ou dans le tiers état. « Que l'on n'estime point paradoxique cette proposition de joindre l'espée à la sotane... Nous sommes les uniques du monde qui avons disjoinct ces deux pièces » (§ 238). La réflexion sur le statut épistémologique de la jurisprudence se trouve ainsi liée au problème de l'organisation de la société et des « dignitez » des différents ordres. En 1610, Charles Loyseau a donné une description de la structure hiérarchique du tiers état : au sommet de l'ordre on trouve les « gens de lettre », « par profession et vacation spéciale », docteurs ou maîtres, licenciés, bacheliers, des facultés ou sciences principales de Théologie, Jurisprudence (droit civil et canon), Médecine et Arts (grammaire, rhétorique, philosophie)[2]. Nous n'énumérons pas ici les minutieuses stratifications de l'ordre social qui expriment à la fois la division technique des tâches et la division des pouvoirs et des responsabilités. En rangeant ainsi la jurisprudence dans l'analyse sceptique de l'opinion, Camus développe une description des facteurs de l'instabilité politique et donne tout son sens à la question : à quel rang se mettre ? Le droit ne prend son sens que dans la réalité de la pratique. Le droit écrit n'est qu'une « lumière sans chaleur, un corps sans vigueur, sans nerfs, sans âme » (294v).

---

1. L'*Homélie des désordres des trois ordres de cette Monarchie*, Paris, Claude Chappelet, 1615. Nous citons les *Homélies les États généraux, (1614-1615)* dans la belle édition de Jean Descrains, texte établi et commenté avec une introduction et des notes, Genève-Paris, Droz-Minard, 1970, § 218-26, 7, p. 333-341.

2. Charles Loyseau, *Traité des ordres et simples dignitez, in Cinq livres du droict des offices, suivi du livre des seigneuries et de celui des ordres*, Paris, 1610. J'ai consulté l'édition des *Œuvres*, Genève, Estienne Gamonet, 1636, p. 130-131.

La médecine est, dans l'*Essay*, traitée de manière extrêmement rapide. On se contente d'opposer les empiriques qui s'attachent à quelques remèdes extraordinaires, retranchés de l'usage commun, et les méthodiques qui ayant pour princes et chefs les plus grands et excellents maîtres, sont en désaccord sur mille choses (génération, causes des maladies). Avicenne est cité pour avoir reconnu la grande force de l'imagination « pour suppléer à l'imposture des remedes ». Les drogues de la pharmacie ont plus de prix par l'étrangeté et la rareté que par leur efficacité véritable. Nombre de cités antiques comme Sparte ont chassé les médecins (295r).

Après la théologie, la jurisprudence et la médecine, ces trois sciences principales, Camus en vient à la philosophie. En effet, chacune de ces trois sciences principales bénéficie d'une sorte de propédeutique. La philosophie

> leur sert comme d'introduction, car chacun sçait que là où finit le Moral, là commence le jurisconsulte ; où le naturel, là le médecin ; où le métaphysicien, là le théologien : de sorte qu'on la peut plutôt appeler un organe ou instrument pour se rendre capable de manier les autres que non pas luy donner un corps à part, et ainsi sera desenflée et ravallée cette sienne trop superbe et hautaine description d'estre la cognoissance des choses divines et humaines... (299v-300).

Il énumère successivement et rapidement les parties de la philosophie, laissant « au tricotage de l'Eschole cette vieille querelle si la philosophie est art ou science ». Il cite la logique d'Aristote, sa dialectique, ses parties (les cinq voix, les dix catégories) mais il s'attache plus particulièrement au « cheval de Troie des topiques » (300v-301) car c'est de cette « boutique » que sont sortis la plupart des hérétiques. Ce qui l'intéresse est donc de démasquer les stratégies de la dialectique et de la logique et l'usage qu'on peut en faire contre la religion. Dans les divisions de l'éthique, il souligne la pluralité des opinions sur le souverain bien en citant saint Augustin et Varron. De la politique, il retient l'inefficace car « chacun sçait que le peuple est une hydre à cent têtes ». De la physique, « que peut-on dire sinon que c'est un abisme confus, un labyrinthe inextricable ». Sans examiner les raisonnements de la métaphysique ou surnaturelle, il oppose « la voix commune de toutes les créatures, qui crie qu'il est un Dieu », ce qui lui permet de ne pas parler des athées (« je laisse les athées ») et la « rapsodie de toutes les imaginaires déités ».

Puis viennent les mathématiques, « nom honorifique, beau masque qui cache un laid visage », leur rôle est pédagogique, elles servent seulement « d'entrée pour former l'esprit des enfants depuis que Socrate eut tiré la philosophie aux mœurs ». Déjà, dans le livre XI, chapitre 15 des *Diversitez*[1], Camus examine le droit qu'elles ont de se nommer ainsi (78r). Pourquoi leur attribue-t-on l'exclusivité d'un « nom grec qui signifie art,

---

1. *La suitte des Diversitez de Messire Jean Pierre Camus...*, tome troisiesme, Paris, Eustache Foucault, 1610, « De l'excellence des mathématiques », livre XI, chap. 15, p. 78r-101v.

science, doctrine, discipline » ? N'est-ce pas une usurpation ? Pourquoi
ne pas contester « la possession immémoriale de ce nom » ? Peut-être le
méritent-elles à cause de leur « facilité, ordre, et perspicacité » (91r).
Leur ordre est défini par la nature de leur objet. C'est la théorie des nombres en
arithmétique et des figures en géométrie. Camus insiste sur le caractère
réglé des progressions numériques et des constructions de figures, le parallèle entre unité et point, entre nombres carrés et surfaces, nombres cubiques
et volumes. Il ne développe rien sur cet isomorphisme. Pour lui, leur systématicité manque d'intérêt par ce que leur objet est inessentiel. D'ailleurs,
parmi les certitudes mathématiques, il se trouve toujours quelque défaut ce
dont témoigne le problème de la quadrature du cercle. Elles ne sont qu'un
« art de la quantité seule », qui n'est qu'une parcelle des dix catégories
d'Aristote, qu'une chétive portion de la Dialectique. Le texte se conclut
donc en affirmant qu'elles ne tiennent ce nom de mathématiques que par
un effet d'habitude. « C'est à mon avis ceste mesme raison sans raison de
la coustume qui par un long trajet de tems a honoré sans subjet ces especes
de noms de genre » (100r).

L'*Essay sceptique* reprend cette critique en s'attachant à dénoncer
l'usage des mathématiques, leurs charlataneries, qui les ont fait chasser
des républiques (311v) ; il en décrit les parties : l'arithmétique, la musique,
la géométrie. D'autre part, l'astrologie, l'optique, la géographie sont
subordonnées aux mathématiques, comme la peinture, la sculpture et l'architecture : « c'est de la boutique de cet art que sont issus tous les métiers
des artisans ». Mais Camus conduit deux critiques à la fois : l'une porte sur
les objets de la géométrie, point, ligne, surfaces, qui sont, chacun comme
dans leur composition, autant de néants : le caractère irréel de la quantité
est inadéquat à la cosmographie ou description du monde. L'autre critique
porte sur l'usage philosophique, voire ésotérique des mathématiques : les
nombres de Pythagore, ou, science non moins abstruse, l'almucabale qui
est « une occulte supputative, [qui] se mesle de restreindre sous certaines
regles bornees et limitees des choses infinies, va trop ambrassant pour
bien estreindre, estant vray par nature que le fini ne peut comprendre
l'infiny » (312v).

Dans l'incommensurabilité de l'infini au fini, c'est toujours l'intérêt
éthique de la connaissance de soi qui se joue : « Quel profit de sçavoir le
cours des planètes et ignorer le branle de son âme ? » (317v). L'indifférence
de Camus envers Copernic et « les speculateurs astrophiles », est égale
au mépris pour les autres « devinailleries ou devinations », géomancie,
auspices et augures, chiromancie, etc. : « inanité de trois arts secrets et
occultes, magie, cabale et chimie ». C'est dire que les sciences sont traitées
comme les superstitions.

Les « Mathemates » sont plus délectables qu'utiles. Elles procurent
sans doute de « méchaniques artifices » mais qui sont sans effet pour la

science des mœurs. La science des nombres et la géométrie feront pitié lorsque l'arithméticien comptera sur les doigts les dix commandements et les transgressions de la loi de Dieu : toutes ses mesures ne sauraient mesurer nos désirs. Et Socrate est convoqué de nouveau pour opposer la connaissance de soi à la spéculation des astronomes[1].

La fin de cette longue première partie traite de l'histoire qui n'est autre chose « qu'un grand chaos confus et sans ordre de plusieurs narrations » ; on prend les fables pour des histoires, les histoires pour des romans, il y a un usage politique de l'histoire :

> les auteurs partisans [sont] certains tiercelets[2], gens qui s'appellent d'Estat et qui mettent la religion sous les pieds : secte qui pullule fort en ceste nostre libertine France : sur quoy pensez vous qu'ils fondent leurs plus sottes maximes, pour establir leurs opinions au préjudice de la Religion, sinon sur de vieilles histoires ? là ils apprennent les branles des États, ce qui les a rendus florissants, ce qui les a mis à décadence, les causes des guerres, les motifs des rebellions : là ils apprennent d'une servitude idolâtre à deifier les princes, les rendre tout puissans : là ils apprennent à machiavéliser : et Dieu ne veuille que l'athéisme les saisisse (329v-330).

Entre la rhétorique des fausses religions, la confusion de l'histoire et des fables, le parti pris des auteurs, on voit ici dénoncer le machiavélisme : les anti-machiavels auront une grande fortune. Guy Patin témoigne avoir entendu, un jour de 1632, « Messire Camus, digne et savant prélat s'il en fut jamais, dire : *Politica ars non tam regendi quam fallendi homines*[3] ».

Cet usage politique de l'histoire n'empêche pas, paradoxalement, un usage éthique qui sera développé dans la seconde partie de l'*Essay* et repris au tome VII des *Diversitez*. Camus termine la première partie de cet *Essay* en citant Gallien : « la meilleure partie d'enseigner est celle des academiques qui disputaient de tout » (335r).

Camus a averti le lecteur de la brièveté des deux dernières parties. Dans « la seconde partie de cet essay je seray tout peripatétique et dogmatique ». Il revient sur les débats précédents : il établit comme une vérité la réalité des cinq sens naturels, la réalité des qualités comme la chaleur du feu. Après les sens, c'est au tour de la science : elle est un outil à deux tranchants, mais elle est bonne si certains s'en servent à bien (341r). Il s'appuie paradoxalement sur Tacite « il est plus saint de croire les choses divines que de les savoir » pour défendre la théologie : « [rien d'étonnant si les payens errent] mais quant à nous qui avons ce bien d'estre enfans de lumière, nous

---

1. *Diversitez*, t. VII, livre XXIV, chap. 3, p. 258-259.
2. « Terme de fauconnerie, qui se dit des masles des oiseaux de proie comme de faucon, d'autour, de gerfaut, d'espervier, etc. Ils sont ainsi nommez parce qu'ils sont plus petits de taille d'un tiers que leurs femelles », *Le Dictionnaire universel d'Antoine Furetière*, préfacé par Pierre Bayle..., [La Haye, 1690], Paris, Le Robert, 1978.
3. Lettre à Falconet du 18 décembre 1669, in *Lettres de Gui Patin...*, éd. J. H. Reveillé-Parise, Paris, Baillière, 1846, t. III, p. 724.

croyons simplement avec l'Église notre mère les enseignemens de notre père celeste sans enquerir tant curieusement le pourquoy : car ceux qui veulent sonder à la pointe de l'esprit les fondemens de notre foy, ils se perdent » (342r). Il réhabilite ainsi, par le constat de leur existence ou de leur réalité, disons-le, plus que par une vérité démonstrative, toutes les sciences précédemment condamnées. D'où une réévaluation de l'histoire. « C'est une science qui a une grande perfection, meslant en soy l'utile et le délectable » (357v). Les leçons des exemples font d'elle la maîtresse de la vie, la lumière de l'âme, la mémoire des temps. On peut sans doute reconnaître et écarter les falsifications : le principal dans l'histoire est que l'historien fasse office de témoin. Camus conclut : « il n'est rien plus vray que l'histoire » (358r).

De même, au tome VII des *Diversitez* (livre XXIV, chap. 3 p. 253), l'Histoire sera nommée « miroër de la vie humaine, maitresse de la vie », nous enseignant, sur l'exemple des actions d'autrui à corriger nos défauts et imiter les belles actions. « C'est une notable pièce, et un principal outil de la Morale.» Si les Monarques la lisent par volupté et l'apprécient par vanité, le principal est de coucher les exemples en nous [afin qu'elle] se tourne en notre nourriture et notre substance. Cette « digestion » par la lecture emploie le vocabulaire de l'Eucharistie. « Ce n'est plus pain, vin, viande ; c'est ma chair, c'est mon sang, ce sont mes cartilages, ce n'est plus Tacite ou Plutarque, c'est moy.» Quand j'imite les vertus des autres, c'est moi qui agis. Avare, luxurieux, ne vois-tu pas que l'historien te fouette en périphrase, en fable ? C'est ici que se justifie le projet du roman historique et dévot.

Le lecteur ne s'attendait pas à cette disproportion dans la composition de l'*Essay*, ni à la désinvolture de l'évêque de Belley : « A tant de la seconde partie de cet essay, je passe tout court à sa troisième et dernière où je pretends établir l'indifference sceptique sur les deux precedens pilotis de l'Opinion et de la Vérité » (360). En fait, Camus passe à nouveau en revue toutes les sciences, et l'exposé du pyrrhonisme conclut à l'indifférence. « A tant de cet Essay » (372v).

Dans les dernières lignes de l'*Essay*, Camus transpose son propos, travaillant sur la différence entre le dire et l'« escrire ».

> L'auditeur excite fort la contention et l'esprit du discourant : il me naissait sur le champ mille conceptions que je sens bien m'avoir defailly au dicter : l'esprit en discourant, je l'avais tendu et bandé, dictant, lasche et languissant ; l'action, la prononciation, l'émotion y donnent lustre et valeur [...] [mais toutes ces escapades ne méritent pas d'être écrites] (368r). Haïssant l'art et l'affectation partout, il déclare cependant « [écrire et parler] également en privé qu'en public (371r)

et, sans présumer avoir bien discouru, il se fâche seulement contre sa mémoire. Il n'a cherché ni la séduction rhétorique, ni la démonstrativité.

L'*Essay* s'inscrit comme une histoire, comme un écrit qui relate une expérience. Cette fonction narrative a une signification de témoignage qui entre dans le dessein de l'ouvrage, lutter contre les présomptions des savoirs, se soumettre : ce peut être à la foi ou à l'amitié : « Je me fusse volontiers passé de cette corvée, de retracer ces fadaises... sur le papier n'eust été l'instigation de ces miens amis. » Il revient à l'amitié et au cœur d'être les derniers accents de ce témoignage.

Cette déclaration, « [écrire et parler] également en privé qu'en public... » marque bien la différence entre son écriture et la stratégie des libertins sceptiques dont Garasse dénonce les maximes dans un écrit fameux[1]. Leur première maxime est qu'il « y a fort peu de bons esprits au monde : et les sots, c'est-à-dire le commun des hommes, ne sont pas capables de nostre doctrine : et partant il n'en faut pas parler librement, mais en secret et parmi les bons esprits, confidans et cabalistes[2] ». Il explique que cette maxime suppose quatre principes : que les seuls libertins ont l'esprit bon parce qu'ils savent secouer le joug de la superstition et de la bigoterie ; que les esprits sont donc inégaux par nature ; que pour les esprits ordinaires incapables de cette politesse des grands esprits, il faut les mépriser comme des bêtes ; que la doctrine des bons esprits ne doit pas être divulguée indifféremment en toutes compagnies ni en tous lieux, de peur qu'elle ne soit profanée ou mal reçue... L'opposition des beaux esprits, qui sont libres, et de la populace servile se déploie en particulier sur la religion et la foi, sur la nature, à la fois au sens de la physique et de l'éthique, et sur la détermination de Dieu comme nature. Garasse dénonce ainsi les sources épicuriennes d'une telle doctrine. À la différence de Garasse qui cible un groupe déterminé, il semble que Camus, quand il parle des libertins, désigne un risque diffus que l'on peut courir à l'intérieur même d'une religion : « C'est encore un vice assez mal-advisé et qui se rend, par le malheur du temps, assez commun, parmy quelques libertins Catholiques, d'aller condamnant et rejettant pour faux, tout ce qui ne paroist pas vray-semblable à leur imagination estropiée [...] la religion est une toile de laquelle on ne peut tirer un filet sans dissoudre sa contexture[3]. »

L'*Essay sceptique* est, on l'a vu, un écrit de jeunesse. Mais on aurait tort de le prendre pour une profession de foi du scepticisme chrétien. Camus utilise des arguments sceptiques parce qu'ils servent son dessein qui est de marquer l'incertitude de la raison par rapport au point fixe inébranlable de la foi. Dans cette démarche, il stigmatise les représentations d'une

---

1. *Doctrine curieuse des beaux esprits de ce temps, ou prétendus tels : contenant plusieurs maximes pernicieuses à la religion, à l'Estat et aux bonnes mœurs, combattue et renversée*, par le P. François Garassus, Paris, Cramoisy, [1623].
2. D'après Furetière, on appelle Cabale, par extension, une société de personnes qui sont dans la même confidence et dans les mêmes intérêts. Le terme se prend en mauvaise part pour signifier une conspiration ou des brigues.
3. *Diversitez*, t. VII, livre XXVII, chap. 12, « De ne mesurer l'autruy à nostre aulne », p. 856.

rationalité productrice d'abstractions, de généralisations. Mais la longue analyse du pluriel des opinions a une double fonction : en exhibant leur diversité, elle fait apparaître l'incertitude des contenus de représentation et elle marque la singularité des situations de croyance.

Le pluriel et l'incertitude des doctrines, dans les *Diversitez*, déplacent la question de la vérité vers celle de l'intérêt moral, c'est-à-dire de la connaissance de soi-même, par une conversion du moi à l'intériorité de la pensée et à la foi. Le *connais-toi toi-même* est la foi. Les philosophes cherchent bien un point fixe, mais ne le cherchent pas où il est. D'ailleurs, l'erreur païenne de l'aveugle Antiquité qui attribuait les ressorts et secrets du branle universel, à « une faculté divine, savoir à la fortune », témoigne bien du besoin d'une constance : car « la fortune est stable en cela seul qu'elle est en perpétuelle instabilité[1] ».

Que reste-t-il de l'*Essay sceptique* dans les œuvres de maturité, c'est-à-dire dans les romans dévots et les textes de théologie ? Sans doute une critique de la théorie sans pratique, une attention aux situations et à l'événementialité, une vigilance particulière dans l'examen de la théologie mystique comme activité.

Le parallèle entre médecine et théologie sert de fil conducteur : la pratique du diagnostic ne peut être dissociée de la prise en compte des singularités. Un texte du chapitre « De la cognoissance de soy-mesme » construit l'analogie entre la singularité du malade et la manière singulière d'être chrétien :

> Il ne suffit pas de se connoistre homme en general ; mais il faut descendre en nostre particulier ; car comme il n'est rien si semblable en forme exterieure, que l'homme à un autre : aussi n'y a-il rien si divers que les esprits, leurs passions, leurs affections : le Medecin pour guerir un Malade, ne doit pas se tenir à l'idee universelle de la nature humaine, mais passer à l'individu, affligé de maladie ; et non à la fievre en general mais à tels et tels symptomes, accez et douleurs qui travaillent celui qui en est saisi, et ainsi, selon le mal present, appliquer les remedes […]. Il ne suffit pas de dire : je suis homme, je suis Chrétien ; mais il se faut taster le poux, sçavoir d'où il nous bat, et appliquer les remedes, selon les passions qui nous traversent, les vices qui nous infectent le plus.

Le texte poursuit en montrant la différence et même la contrariété entre la médecine corporelle et la médecine spirituelle : « en celle-là il est deffendu de nous penser nous mesmes ; le Medecin malade envoie querir ses compagnons, quoyque moins suffisans, et se laisse gouverner par eux ; mais en celle-cy, il n'y a que nous qui puissions voir, et recognoistre nostre mal, et nul le peut penser que nous-mesme[2] ». Dans le même chapitre, Camus avait opposé la médecine des corps et la médecine des mœurs. Pour la médecine

---

1. *Les Diversitez de Messire Jean Pierre Camus… contenant dix livres divisez en deux tomes*, Paris, Chappelet, 1609, t. I, livre IV, chap. 12, « De l'incertitude », p. 294.
2. *Diversitez*, t. VII, livre XXIV, chap. 3, « De la cognoissance de soy-mesme », p. 378-379.

des corps « il n'est si chetive partie du corps humain qui eschappe [à] la cognoissance de leur exacte anatomie ». Mais cette anatomie manque quand il s'agit des mœurs dont la médecine est, paradoxalement, « toute en theorie et nullement en pratique[1] ». Cette anatomie de l'âme est une expérience de soi qui, dans l'examen de conscience, ne requiert aucune extériorité.

La direction à l'oraison mentale montre que cette pratique, à la diffé-rence de la théorie, est un exercice en première personne : il s'agit de la distinction entre l'oraison active et l'oraison passive. Dieu sait nos néces-sités et ce qu'il veut faire de nous, obéissons sans passivité : « Laissons les passivetez aux ames sureminentes, nous ne sommes pas dignes de telles graces. Je vois que vous m'attendez à ce pas, Angélique, pour sçavoir de moy le moyen de discerner les ressorts de l'Oraison active, d'avec les traicts de la passive, et certes, c'est bien un secret des plus abstrus de la mystique Theologie, il est plus aisé à recognoitre en la practique, qu'à decrire en la Theorie[2]. »

L'opposition entre théorie et pratique se trouve également mise en scène dans *Le directeur desinteressé* : il s'agit d'une âme partagée entre un directeur et un confesseur d'opinions différentes :

> L'expérience m'avait fait connoistre que tout le trouble de son esprit n'estoit provenu d'autre source que de l'antipathie des conseils de son confesseur ordi-naire, et de ce bénit Directeur aussi grand Theoricien et Rhetoricien, que l'autre estoit bon Praticien, et bien experimenté au gouvernement des âmes : je lui conseillai franchement et selon Dieu, sans aucune contraincte, comme parle sainct Pierre, si elle vouloit avoir un directeur outre son confesseur qu'elle en choisit un, qui à la conscience de la Theorie, eut la Pratique jointe, et qui s'exer-çast et addonnast actuellement au service, et à la conduite des ames au Tribunal de la Penitence : parce que pour sçavant que soit un homme, si cet usage lui manque, il ne peut estre qu'inepte et inhabile ; afin que je ne die mauvais, et dangereux Directeur, et aveugle en menant un autre, puisqu'il se mesle d'un mestier qu'il n'exerce pas, et dont quelquefois la Pratique est autant esloignée de la Theorie, que le Nort du Midy[3].

Les arguments sceptiques, parce qu'ils résistent au prestige de la théorisa-tion, ont permis la construction d'un espace intérieur à nul autre semblable. De la singularité des opinions, on passe à la singularité du moi, à l'as-somption de la croyance en première personne. Ce que Camus doit au scepticisme, ce n'est pas simplement une critique de la raison au bénéfice de la foi, c'est aussi et peut-être surtout une manière de traiter la grâce et la foi comme l'effectivité d'un événement.

---

1. *Ibid.*, p. 262.
2. *Direction à l'oraison mentale*, par Jean Pierre Camus, Paris, chez Claude Chappelet, 1617, p. 139-140.
3. *Le Directeur spirituel desinteressé*, selon l'esprit du B. François de Sales, par Jean Pierre Camus, et mis par chapitres, revu et corrigé de nouveau, Paris, chez Fiacre Dehors, 1632, chap. IV, p. 34.

Comment justifier l'écriture des romans dans une perspective éthique et religieuse ? Dans le *Dessert au Lecteur* qui suit le roman *La Pieuse Julie*[1], Camus dit que ses lecteurs pillent ses *Diversités* à pleines mains, font des moissons de sermons des *Homélies*, mais dévorent aussi ses *Romans* ou *Histoires dévotes* avant d'abandonner le pauvre livre à la merci de qui veut le prendre[2]. Car il faut reconnaître qu'il y a un désir et un besoin du récit, une nécessité du romanesque et des histoires. Il faut d'ailleurs distinguer les histoires générales et les histoires particulières : aux histoires vraies, ou vraisemblables, qui sont de « véritables narrés », on peut opposer l'extravagance des romans vains et fabuleux, creux, frivoles. Camus prend acte de ce désir et s'interroge sur la fonction d'une histoire vraisemblable, de récits censés avoir eu lieu, de personnages, d'événements qui seraient pris dans la vie réelle, dans le monde. Car le chrétien ne vit ni dans un monde enchanté, ni dans une piété abstraite. Camus fait la théorie de l'écriture du récit, de ses différents styles et de leur usage[3].

À la différence des Historiens qui doivent redorer des histoires trop connues, les artifices des romans de Camus sont justifiés par une narration qui porte sur des faits modernes. Les changements de nom et de circonstances ont une fonction pédagogique, l'exemple enveloppe une leçon morale, les artifices de l'auteur sont comme des ombres qui cachent un peu le soleil sans ôter sa lumière, comme un vêtement qui laisse deviner un sein ; l'ombrage est fait pour plaire et séduire.

Sans doute, quelques changements de nom, les déguisements apportés aux temps et aux lieux, les liaisons des histoires différentes et les événements insérés en passant altèrent-ils une histoire ; mais le vrai se perd-il dans le vraisemblable ? Les Historiens mêmes n'ont pas craint de donner la parole aux Capitaines et aux Rois dans un discours direct, ces harangues ne sont pas toujours conformes à la vérité des circonstances bien qu'elles soient vraisemblables.

Camus se serait volontiers, dit-il, employé à l'historiographie, mais son ministère dont il décrit les devoirs ne lui en laisse pas le loisir[4]. Après les prédications de l'hiver, et les visites générales du printemps, il prend une trêve commandée par les chaleurs de l'été : « Laissant à part les matieres de Doctrine qui demandent des recherches laborieuses et difficiles, il en tracera quelque Historique aux pièces de loisir qu'il pourra épargner dans les inévitables occupations de sa charge[5]. » Pour cela, il a cette commission de celui qu'il nomme le Saint de Dieu, François de Sales, et du Dieu des Saints et veut « courir en cette lice » autant qu'il pourra pour avancer le

1. *La pieuse Julie, Histoire parisienne*, Paris, Martin Lasnier, 1625, Dessert au lecteur, p. 501-582.
2. *Ibid.*, p. 569-570.
3. *Ibid.*, p. 574 *sq.*
4. *Agathonphile*, Paris, Chappelet, 1620, suivi de l'*Éloge des histoires dévotes*, p. 837-938.
5. *Ibid.*, p. 849.

règne de la vertu[1]. Il désirait depuis longtemps et avec une extrême passion de voir des esprits enivrés et comme ensorcelés par les histoires fabuleuses ou profanes, « desbusez ou pour le moins divertis par des Histoires devotes[2] ». Il explique par quels caractères, tenant pour la plupart au goût et à l'humeur de « ces malades d'esprit », agit cet attrait des romans et l'inefficace sur les esprits des livres de piété et des vies des Saints. « Nous ne voyons pas que cette lecture apporte tant d'utilité comme l'autre apporte de dommage. »

Pour suivre les préceptes de saint Paul et s'exercer à la piété, il faut sans doute se détourner des fables et généalogies ; mais les désirs des mondains sont dépravés et les tournent vers les fables. Il y aura donc bien une stratégie de l'édification, c'est pourquoi elle ne passe pas seulement par des sermons mais par des narrations. Camus ne craint pas de comparer les ouvrages de Salomon et les Évangiles mêmes à des romans : combien de choses fabuleuses pour un esprit plat, combien de vérités assaisonnées pour ne pas nuire aux faibles estomacs ! L'Écriture elle-même suit des règles de séduction, de discrétion, de charité. « Or, qu'est-ce que l'œuvre d'un Évangéliste, sinon de chasser les ombres [du] mensonge par des histoires sainctes et pieuses, telles que sont les Évangéliques [...] en publiant les merveilles de Dieu et en faisant connaître aux peuples ses inventions sacrées en la distribution de ses grâces. Ainsi s'accomplit le ministère de ceux qui ont reçu quelque talent pour escrire. » Camus se met en scène comme évêque, comme porte-parole de Dieu, et fait de son écriture romanesque un ministère sacré :

> Ceux qui savent mes occupations et le cours ordinaire de ma vie depuis que Dieu, par le caractère que je porte, a mis sa parole en ma bouche, sont tesmoins que je puis dire avec l'Apostre que je n'ay point fuy le travail pour pouvoir annoncer au peuple les conseils de Dieu, toute l'année et toute ma vie je suis bandé à cet exercice de la saincte parole[3].

La fonction édifiante des narrations repose plus encore sur les événements que sur les personnes. « La vérité des événements pieux assaisonnée selon le goust des personnes mondaines chassera les brouillards de ces vaines et sottes inventions dont les romans embrouillent les cerveaux du populaire. » Ce sont les événements en effet qui marquent l'ordre de la Providence aussi leur singularité est-elle plus édifiante que la singularité des personnes dont la vertu est exemplaire. Les événements sont des nœuds de relations, des situations et des circonstances particulières ; Camus ne cherche pas à produire une identification à des personnages et c'est ce qu'il explique à propos de sa pratique des pseudonymes :

---

1. *Jean-Pierre Camus, Trente nouvelles*, choisies et présentées par Jean Favret, Paris, Vrin, 1977, p. 50 *sq*. On trouvera dans *Les Événements singuliers* [1628] plusieurs pages de réflexion sur le genre des nouvelles écrites à l'époque.
2. *Éloge des histoires dévotes*, p. 846.
3. *Ibid.*, p. 847.

Il suffit que les noms de cette Histoire ne soient point sans quelque raison […].
Il me suffit que la chose soit couchée en sorte que ne pouvant estre cachée à
ceux qui la sçavent aussi bien que moy, elle soit assez voilée à ceux qui ne
doivent point en sçavoir davantage, mais se contenter de la connaissance de
l'événement et des enseignemens inserez dans les digressions[1].

Il s'agit donc de produire un texte ayant la singularité pour objet mais ce
n'est pas pour autant appeler l'identification aux personnages, même s'il y
a des personnages-titres. Il s'agit de donner les moyens de comprendre des
situations singulières et le personnage est comme la clef ou l'abrégé de ces
situations. Ce qui est « édifiant » est la compréhension et non pas l'identification. « Si la vertu consiste en l'action, on l'apprend bien mieux par la
Practique que par la Théorie[2]. »

Dans la variété des situations singulières, dans la description des
mœurs, est prise en compte une variété géographique, qui marque le déplacement et le dépaysement du sujet, mais aussi son commerce avec les
autres hommes et une dramatisation des passions et des effets des passions.
Contre le sérieux de l'imputation, Camus montre que toute l'épaisseur de
la contingence, de l'histoire, de l'aventure est quelque chose qu'il faut
prendre en compte dans la dévotion. Dans ces romans dévots de cape et
d'épée, on est dans l'expérience du dérèglement : les aventures profanes
fournissent l'occasion d'une représentation religieuse puissante aux prises
avec le monde réel et ses expériences. C'est bien une justification théorique
pour penser la fonction sujet.

Par exemple, nous lisons dans *Élise*[3] : « Voici une pièce tragique […].
Les supplices ne sont pas tant pour les méchants que pour les misérables
[…]. L'Amour et la Mort sont les deux principaux personnages de cette
scène… » Le romanesque est pensé comme du malheur immérité. Avec
la présence du sang, de la violence, il y a ici une visibilité de l'horreur. Il
explique sa stratégie en tête de ses *Événements singuliers*[4] : « Mon but est
(et c'est aussi la fin de toute bonne histoire) de retirer du mal et d'exciter
au bien, de donner une saincte horreur du vice, y adjoustant à tout propos
des traicts courts, mais pressans, comme autant d'aiguillons qui poussent
à bien faire et autant de mors qui retiennent de faire le mal. » Les aiguillons du désir que la littérature de l'époque, précieuse ou dévote, met en
scène rencontrent ici les aiguillons du bien qui subvertissent l'attrait des
premiers. C'est pourquoi on peut parler de stratégie à propos des composi-
tions de l'évêque du Belley, car le style du roman est utilisé délibérément à
la place des réfutations aussi bien qu'à la place des sermons :

---

1. *Dessert…*, p. 520.
2. *Les Tapisseries historiques*, Paris, Jean Branchu, 1644, Histoire XXVII, « L'énergie de
l'exemple », p. 220.
3. *Élise ou l'innocence coupable, Événement tragique de nostre temps*, Paris, Chappelet, 1621.
4. Cité dans *Esprit de Saint François de Sales*, t. I, p. IXC *sq.*

Or, pour terrasser tant de livres fabuleux, je n'entreprends pas mon combat de droit front, comme si je réfutais des hérésies. Car il n'est point de besoin de se mettre en peine de prouver l'obscurité des tenebres, ni de monstrer la fausseté de ces romans, bergeries, aventures, chevallerie et autres tels fatras, qui se confessent fabuleux en leurs préfaces, et dont la lecture pleine de caprice, de vers, de feintes, d'impossibilitez, d'absurditez, d'enchantemens, d'extravagance et pareilles bagatelles, fait assez connaître l'impertinence.
Camus peut dire : « Mon intention est d'édifier un chacun, et ne scandaliser personne. »

La *maxime générale* de tout cela est que « tout le fondement du Bien ou du Mal qui est au monde provient de Bien ou de Mal aymer, toute la Loy et tous les Prophètes ne preschent que la bonne Amour... », le nom d'Agathonphile lui-même, signifie cette recherche du véritable amour. « A la rectitude de cette Passion visent tous les livres de pieté [mais tout va] à ce but par divers chemins comme les lignes de la circonférence tendent toutes de tous les costez à l'unité du centre. C'est là que vise toute la science des Saincts, soit qu'elle se debite par exemples, soit qu'elle se debite par Preceptes. Et c'est à quoi je tends en cet ouvrage, par un sentier nouveau, incorporant les Preceptes dans l'Exemple, au lieu de garnir d'Exemples les Preceptes[1]. » Le lecteur est en quelque sorte pris au piège de ce qu'il aime, et la lecture sauve celui qui va aimer la dévotion malgré lui et peut-être sans le savoir.

Ce type d'efficace qui opère dans la conscience et peut-être sans elle, se trouve décrit, du point de vue de la théologie, dans deux ouvrages où les thèmes du déplacement, du centre et du décentrement, du rapport entre appropriation et désappropriation, sont particulièrement traités[2]. Le *Traité de la reformation intérieure* construit l'« Œconomie de l'Âme ». Cette description est caractérisée par le fait qu'elle emprunte tout un système de métaphores à la théorie des corps de sorte que c'est l'inanimé qui permet de comprendre l'animé. Le bénéfice de cette modélisation ou de cette métaphorisation est de faire passer la conscience au second plan, de réduire les prestiges de la réflexivité. Si l'on peut parler des ressorts et des rouages de cette horloge, c'est pour pouvoir traiter l'âme comme un dispositif : « J'ay besoin de quelques allegories ou similitudes pour faire cognoistre cette disposition interieure par des exterieures, et pour donner à entendre par des choses visibles et sensibles ce qui est invisible, et autrement presque imperceptible. » L'intériorité est un lieu qui se définit par différence avec une double extériorité : extériorité des modèles physiques qui permet de la figurer en restant sur un plan d'immanence – extériorité transcendante du

---

1. *Éloge des Histoires dévotes*, p. 892.
2. *Traité de la reformation intérieure selon l'esprit du B. François de Sales...*, Paris, Sebastien Huré, 1631 ; et *Théologie mystique*, Paris, Alliot, 1640. Voir aussi *Jean-Pierre Camus, La Théologie mystique*, précédée de « *une poétique des simples vertus* » par Daniel Vidal, Grenoble, Jérôme Millon, 2003.

créateur qui y a gravé « son image et sa ressemblance et imprimé la lumiere de son divin visage ». On retrouve encore dans ce texte la comparaison avec la médecine :

> Car tout de mesme que les Medecins, avant d'entreprendre la cure des corps humains, s'estudient fort à l'Anatomie, et en examinent par le menu la composition : si nous voulons reformer l'interieur, et remettre l'Ame detraquée de son devoir en sa droite assiette, il est necessaire que nous voyons bien clair dans tous ses ressorts, et que nous penetrions dans tous ses replis, ses destours et ses cachettes[1].

Mais la référence à la médecine n'est guère productive ; il s'agit de réformer le vivant et l'on n'anatomise que du mort : c'est sans doute pourquoi Camus préfère développer des modèles géométriques, physiques, mécaniques, cosmologiques et politiques. Ce texte traite à la fois de la pluralité des fonctions de l'âme et de la complexité de sa structure. Quand il s'agit de l'analyse fonctionnelle, Camus reprend le modèle d'une hiérarchie en organisant un système réglé de places avec la mise en œuvre d'un rapport du supérieur à l'inférieur. Cela lui permet de faire jouer des effets d'hégémonie et de subordination entre les facultés.

Bien qu'il dise préférer en ce domaine le discours des théologiens à celui des philosophes, il ne manque pas d'emprunter à ceux-ci et singulièrement à Aristote et à sa tradition, les âmes végétatives, sensitives et raisonnables. Quand il s'agit de la structure et non plus des fonctions, le problème devient celui de l'organisation de l'un et du multiple. Il s'agit de chercher dans l'âme, non plus la partie la plus élevée, mais le centre. Lieu d'intersection de la multiplicité ou de l'infinité des rayons, le centre est un point qui figure l'unité :

> Comme c'est le propre du centre de reünir en son poinct toutes les lignes qui l'environnent [...] la particuliere proprieté du centre de nostre Ame est de recueillir en soy d'une façon eminente les actions des puissances et mesmes celles des facultez sensitives, et de leur donner le mesme branle que le premier mobile le baille aux spheres qui luy sont inferieures.

Il y a chez Camus une référence fréquente à Archimède[2]. Dans l'*Essay sceptique*, il suffit d'un point fixe à « l'impie curiosité des nouveaux sectaires, nouveaux devoyes, vrais Archimedes » pour tout bouleverser (224r). Dans le *Traité de la Réformation*, c'est le centre de l'âme qui est « le poinct que désirait Archimede pour enlever toute la terre, car du poinct et de ce centre depend le mouvement de tout nostre Interieur[3] ». La réforme de l'âme est pensée en termes de déplacement, la mise en ordre n'est pas une mutation qualitative ; elle consiste à substituer à des mouvements

---

1. *Reformation...*, chap. 4, p. 22-28.
2. Peut-être l'a-t-il lu dans Plutarque, *Les Vies des hommes illustres...*, traduction d'Amyot, Paris, Vascosan, 1567, *Vie de Marcellus*, § XXI *sq*.
3. *Reformation...*, chap. 7, p. 37-38.

désordonnés l'efficacité d'une machine simple. En effet, le désordre de l'âme se pense en termes de « dissipation » et de « multiplicité », lorsque l'intérieur n'est pas unifié comme par le travail d'un dispositif (levier ou palan archimédien) s'appuyant sur un point fixe, chacun des éléments étant extérieur à tous les autres. La réforme a lieu lorsque « la multiplicité [n'a] plus la force de vous distraire, puisque vous rapporterez tout à cette unité comme les lignes se terminent en leur centre[1] ». Le processus de la réforme de l'âme comme refus des faux prestiges de la multiplicité consistera à articuler trois unités : l'unité de l'âme « reünissant toutes ses facultez et ses puissances en l'unité de son esprit » ; l'unité d'intention qui mobilise toutes les composantes de l'âme ; l'unité de l'objet vers lequel elles se dirigent qui est l'Un nécessaire c'est-à-dire Dieu[2]. Ce déplacement ou « transport » aboutit à une définition de la contemplation : « la conjonction de l'esprit de Dieu avec le nostre, et la liaison de l'unité humaine avec la divine, par un transport de nostre esprit en celuy de Dieu en l'acte de la pure et eminente contemplation[3] ».

Pour traiter de la contemplation, Camus s'appuiera, dans la *Théologie mystique*, sur l'œuvre de son ami et maître, saint François de Sales, dont il cite le livre VI du traité *De l'amour de Dieu* au début du discours III consacré à *L'oraison de quiétude*. Il y trouve trois déterminations de la théologie mystique : d'abord la distinction entre deux exercices de notre amour envers Dieu, l'un affectif (mélange sacré de notre esprit avec celui de Dieu qui nous fait plaire *en* Dieu), l'autre effectif (décision d'obéir pleinement à la volonté de Dieu et qui nous fait plaire *à* Dieu) ; ensuite le caractère indicible des mouvements de l'amour affectif qui est dit presque imperceptible à nos entendements puisqu'il s'agit d'une communication incommunicable entre Dieu et le moi ; puis la reconnaissance du caractère impuissant de la réflexivité qui n'est plus un miroir mais un labyrinthe, « attention insupportable de penser quelles sont nos pensées, considerer nos considerations, voir toutes nos veuës spirituelles, discerner que nous discernons, nous ressouvenir que nous nous ressouvenons ».

Dans ce déplacement amoureux et contemplatif, le sujet fait l'expérience qu'il n'est pas au principe de ses opérations et que l'oraison est un événement dont on ne peut faire le récit.

Pour faire la différence entre méditation et contemplation, saint François de Sales oppose le manger et le boire. La mastication, c'est le travail de la méditation, la boisson qui se fait sans peine ni résistance « avec plaisir et coulamment », c'est la contemplation ; « s'enyvrer, c'est contempler si souvent et si ardemment qu'on soit tout hors de soy-mesme pour estre tout en Dieu. Saincte et sacrée yvresse […] qui nous angelise et par manière de

---

1. *Ibid.*, chap. 9, p. 49.
2. *Ibid.*, chap. 10, p. 56.
3. *Ibid.*, chap. 11, p. 61.

dire divinise, qui nous met hors de nous […] en sorte que nous vivions plus en Dieu qu'en nous-mesmes[1] ».

Dans la *Théologie mystique*, Camus récuse tout ce qui a pu faire passer le mysticisme pour une pure et simple passivité. Le premier discours est nommé : « Pourfil de la théologie mystique ». Cela signifie qu'il n'y aura pas de discours accompli, épuisant la totalité de son objet. Tel un portraitiste, Camus choisit son point de vue comme dans la double immobilité du peintre et de son modèle : « notre petit pourfil ne montrera que le côté de l'activité, non de la passivité[2] ». Penser la passivité, c'est penser ce qui se fait « en nous sans nous[3] » comme une pure opération de Dieu à laquelle l'homme n'a d'autre part que d'être un pur réceptacle. On peut remarquer que cette expression : *en nous sans nous* se rencontre chez Malebranche et chez Fénelon dans un usage bien différent. Chez Malebranche[4], elle sert à désigner les « jugements naturels » dont dépendent nos sensations et qui sont tels que nous pourrions les faire si nous savions divinement l'optique et la géométrie. Chez Fénelon, dans une lettre au père Lami, bénédiction, intitulée « Sur la nature de la grâce[5] », l'expression désigne la grâce prévenante : « rien de tout ce qui est en nous sans nous ne nous détermine ». On voit donc que la même expression permet de qualifier des réalités bien différentes mais chez Camus comme chez Malebranche et Fénelon, elle désigne l'efficace, dans le sujet, d'une pure extériorité. Cependant, chez Malebranche et Fénelon, cela n'implique aucune critique et la réalité que cette notion exprime a une place essentielle mais non exclusive dans leur système.

Or Camus refuse de valoriser une contemplation passive car il lui manque l'acquiescement par la foi et la mise en œuvre des vertus théologales, foi, espérance et charité. La contemplation est bien un événement à propos duquel c'est l'opposition même de passif et d'actif qui est comme réduite. Ainsi, à propos de l'oraison de quiétude, il refuse de traiter la contemplation comme passivité « dans le sein de la Providence de Dieu sans nous mettre en peine de […] demander ni de […] désirer puisque ce sont des grâces gratuites[6] ». Lorsqu'il affirme Dieu comme centre de l'âme, il argumente immédiatement en définissant le repos en termes de centre de gravité, d'équilibre stable, effet de l'union de chaque puissance avec son objet[7]. Il va donc développer une théorie de la contemplation comme sommeil et comme silence. Mais ces deux termes ne signifient pas une

---

1. *Œuvres complètes de saint François de Sales*, t. IV, *Traité de l'amour de Dieu*, livre VI, chap. I, Paris, éd. Béthune, 1836, p. 260.
2. *Théologie mystique*, Discours I, § 1, p. 38.
3. *Ibid.*, Discours II, § 13, p. 81 et Discours IV, § 12, p. 145.
4. *Recherche de la vérité*, livre I, chap. 9, éd. J.-C. Bardout, Paris, Vrin, 2006, p. 190.
5. *Œuvres de Fénelon*, t. III, Versailles, impr. J. A. Lebel, 1820, p. 310.
6. *Théologie mystique*, Discours III, § 1, p. 209.
7. *Ibid.*, § 3, p. 111.

absence d'activité mais des actions indélibérées, imperceptibles, et, pourquoi ne pas le dire, inconscientes :

> Dans le sommeil, l'imagination et la mémoire ne laissent pas d'agir sans que leur action soit perceptible à celui qui dort – ainsi, quoique les facultés de celui qui contemple soient dans un puissant emploi et fortement attachées à leurs objets, il ne s'en avise pas néanmoins à cause de la véhémence de son application vers le sujet qui l'occupe[1].

De même, le « silence intérieur est plutôt une clameur, d'autant plus forte aux oreilles de Dieu qu'elle se forme du concert de toutes les facultés qui conspirent unanimement à sa louange[2] ». L'opposition entre actif et passif se trouve donc déplacée. Elle exprime des degrés de conscience et des champs d'attention. Ainsi le recueillement est actif quand nous reconnaissons plus notre opération que l'opération divine, et il est passif quand nous apercevons davantage l'opération de Dieu que la nôtre[3].

Dans la contemplation, le recueillement et l'extase, le sujet est au point culminant d'un rapport à l'autre que soi, si bien qu'il est comme l'effet de cet autre, de manière imprémeditée, imperceptible et inconsciente, mais cette expérience est indescriptible par celui qui ne l'a pas vécue, c'est donc une pratique sans théorie. Camus emprunte à Gerson l'opposition chez « les écrivains de la théologie mystique » de deux classes, les Ratiocinaux et les Expérimentés. Les Ratiocinaux sont ceux qui connaissent cette expérience par ouï-dire ou par la lecture d'autres auteurs à partir desquels ils raisonnent ; leur connaissance est sèche et froide. Ces Ratiocinaux ne font pas une science mais du romanesque puisqu'on peut les suspecter de parler « de pays, de choses qu'ils n'ont pas goustées ». En revanche, les Expérimentés ont une connaissance affectueuse et ardente « tirée non tant de la spéculation et de l'étude que de l'exercice et pratique fidèle de l'oraison[4] ».

On peut enfin remarquer que le terme de suspension qui intervenait dans l'*Essay sceptique* est un des termes qui permet de définir l'extase au même titre que « excès d'esprit, transport théorique, abstraction, mouvement anagogique, pendement intérieur, vol d'esprit, assaut spirituel, […] et ravissement[5] ». Ce n'est plus la suspension des jugements mais la cessation des fonctions des facultés de la partie inférieure de l'âme « tant des sens que des appétits sensitifs que de la fantaisie ».

Pour conclure, on dira que Camus n'est pas un sceptique chrétien mais que le scepticisme a travaillé la théorie du sujet et mis en place une anthropologie implicite de l'inconscient appuyée sur les concepts d'événement, de

---

1. *Ibid.*, § 7, p. 115.
2. *Ibid.*, § 10, p. 117.
3. *Ibid.*, Discours IV, § 17, p. 149.
4. *Ibid.*, Discours I, § 22, p. 59.
5. *Ibid.*, Discours VI, § 2 et 3, p. 178-179.

singularité, de première personne, de témoignage. Il a aussi déterminé une attitude parfaitement obscurantiste par rapport aux sciences qui étaient en train de se construire. On lui opposera volontiers « le bon père Mersenne » qui a écrit dans la préface de *La Vérité des sciences*, que le pyrrhonisme des libertins est dangereux parce qu'« ayant fait perdre le credit à la verité en ce qui est des sciences et des choses naturelles qui nous servent d'echelons pour monter à Dieu, ils [font] le mesme en ce qui est de la religion[1] ». Si les sciences sont des échelons qui mènent à Dieu, leur étude et perfectionnement resteront inaccomplis jusqu'à ce que nous soyons dans la lumière surnaturelle : mais on n'abandonne pas le naturel pour le surnaturel, c'est le surnaturel qui accomplira ce que le naturel ne pouvait pas accomplir. « Cette lumiere naturelle de l'esprit est perfectionnée, et mise en acte par le moyen de la meditation, de l'étude, de l'expérience, et des sciences, laquelle néantmoins ne sera jamais accomplie que quand nous jouirons de la gloire éternelle et que la lumiere surnaturelle portera le petit rayon de notre lumière naturelle jusques à la cognoissance de l'essence divine[2]. »

---

1. *La Vérité des sciences…*, Paris, Toussainct du Bray, 1625, Préface non paginée.
2. *Ibid.*, livre I, chap. xv, p. 193-194.

CHAPITRE IV

LE SUJET DANS LE DÉPLACEMENT DU SCEPTICISME
DE MONTAIGNE À LA MOTHE LE VAYER

Dans une lettre du 30 juin 1647, Guez de Balzac écrit de La Mothe Le Vayer : « Nous le considérons [...] comme le successeur de Montaigne et de Charron, voire mesme, s'il lui plaist, de Cardan, et de Vanini, la mémoire duquel est en bénédiction à Tholose[1]. » Cette désignation ne manque pas de malice puisqu'elle met sur le même plan scepticisme et libertinage. On notera d'autre part que Montaigne n'est cité que cinq fois, et de manière tout à fait allusive, dans l'œuvre de La Mothe Le Vayer[2]. Il existe en revanche chez ces deux auteurs de nombreuses références communes.

Il est arbitraire d'assimiler scepticisme et libertinage. On voit en effet se développer, face à l'émergence d'une nouvelle rationalité, des thèses qui argumentent, à nouveaux frais, la séparation de la raison et de la foi. Ainsi se développe une sceptique chrétienne dont La Mothe Le Vayer se fait bien souvent le défenseur. S'appuyant sur des références à saint Paul, il soutiendra la thèse selon laquelle il n'y a point de « façon de philosopher qui s'accommode avec nostre foy, et qui donne tant de repos à une ame Chrestienne, que fait nostrre chere Sceptique[3] ».

« Athées, déistes, libertins ». On trouve en 1565 chez le réformateur Pierre Viret, dans *L'Interim fait par dialogues*, un examen de la différence entre les *athéistes, épicuriens et libertins* et *les superstitieux, idolâtres et infirmes*. Pour ces derniers, la vraie connaissance de Dieu, « la semence de religion » est corrompue. Mais ils sont moins « éloignés du royaume de Dieu que ces moqueurs qui sont semblables à un tas de libertins[4],

---

1. Cité par Florence L. Wickelgren, *La Mothe Le Vayer, sa vie et son œuvre*, Paris, Droz, 1934, p. 39.
2. *Ibid.*, p. 66.
3. La Mothe Le Vayer, *Dialogues faicts à l'imitation des anciens*, [1632], éd. André Pessel, Paris, Fayard, 1988, p. 307.
4. À Genève, la résistance à Calvin s'était organisée en un « Parti des Libertins » qui obtint son exil provisoire en 1538.

desquels tout le monde est aujourd'hui rempli[1] ». Viret note ensuite
que ces athéistes peuvent se dissimuler sous les apparences de la fausse
religion :

> pource que l'honneur et le profit mondain [...] leur est trop plus cher que la
> gloire de Dieu et que leurs propres âmes et consciences, [...] ils contrefont les
> bons catholiques tant qu'ils peuvent et les vrais zélateurs de leur religion. Et par
> ainsi, ils ne sont en rien différens à ceux qui se moquent tout ouvertement de
> toute religion et qui se declarent manifestement atheistes ou libertins, sinon en
> ce qu'ils sont plus hypocrites, et encore plus grans moqueurs et de Dieu et des
> hommes que les autres, excepté qu'ils le sont plus couvertement[2].

Viret en vient ensuite aux déistes qui

> sont en telle authorité qu'ils ne craignent point de réprimende [...] ains peuvent
> vivre et parler comme il leur plaist de toutes religions et faire publique profes-
> sion du mespris d'icelles. Il y en a aucuns de ceux-ci qui pour ceste cause
> s'appellent deistes, voulans donner à entendre par cela qu'ils n'avoyent du tout
> point de Dieu, ains qu'ils ont bien opinion qu'il y en ait quelcun quel qu'il
> soit[3]...

Il leur reproche de s'appuyer sur les abus de la fausse religion pour mépriser la vraie.

De manière symétrique inverse, Mersenne, cinquante-neuf ans plus
tard, dans *L'Impiété des déistes* (1624) fera dire au Théologien : « il y a
long temps que j'ai ouï parler de cette secte [les déistes], mais asseures
vous qu'elle ne vient que d'un pur libertinage, lequel a pris pied en France,
lorsque les maudites hérésies de Calvin, Luther, et des autres hérétiques y
ont entré[4] ».

L'articulation génétique ou structurale entre scepticisme et libertinage a été souvent pratiquée pour des raisons polémiques. Donnons
deux exemples dans les années 1623-1625. Garasse dans *La Doctrine
curieuse*[5] attaque le « maudit » Lucilio Vanini qui a osé mettre en parallèle « sous l'ecorce d'une tierce personne », à propos de la création de
l'homme, le texte de la Genèse avec d'autres explications, dont celles
tirées de Cardan et de Pomponace : « Cet homme estoit un pernicieux
coquin, qui comme un philosophe pyrrhonien, revoquant toutes choses en
doute, et proposant pour le mensonge les meilleures raisons qu'il sçavoit,

---

1. Pierre Viret, *L'Interim fait par dialogues*, [1565], éd. Guy R. Mermier, New York, Peter
Lang, 1985, Troisième dialogue, p. 113.
2. *Ibid.*, p. 115.
3. *Ibid.*, p. 133.
4. Mersenne, *L'Impiété des Deistes, Athees, et Libertins de ce temps, combatüe, et renversee
de point en point par raisons tirees de la Philosophie, et de la Theologie. Ensemble la
refutation du Poëme des Deistes*, [1re Partie], Paris, chez Pierre Bilaine, 1624, p. 171.
5. Garasse, *La Doctrine curieuse des Beaux esprits de ce temps, ou prétendus tels : contenant
plusieurs maximes pernicieuses à la religion, à l'Estat et aux bonnes moeurs, combattue et
renversée*, Paris, S. Chappelet, 1623.

a tellement affoibly la verité, qu'il l'a rend aucunement ridicule par ces revirades venimeuses[1]. »

Dans le livre VII, Garasse examine la maxime des libertins selon laquelle même si l'on concède par convenance sociale l'existence de Dieu, il ne s'ensuit pas, qu'il y ait des créatures, qui soient purement intellectuelles, et séparées de la matière. Le scepticisme alimente cette opinion : « Cinquiesme proposition tres-sotte des libertins, il n'est pas asseuré que l'ame de l'homme soit immortelle : il y a certains esprits pyrrhoniens qui tiennent toutes choses indifferentes et sous un peut estre, car des plus claires choses, ils diront tousjours, que peut estre sont elles, peut estre non[2]... » Pendant le procès de Théophile de Viau, dirigé par le procureur général du roi, auquel Mersenne dédie la seconde partie de *L'Impiété des déistes*[3] en le félicitant de son zèle contre les libertins, la Sorbonne condamne[4] quatorze thèses anti-aristotéliciennes, atomistes et quasi matérialistes de Villon, Bitaud et de Clave[5].

Or Mersenne rédige en 1625 *La Vérité des sciences*. Trois personnages interviennent : l'Alchymiste, le Septique [*sic*], le Philosophe. Le Sceptique se félicite de la condamnation des thèses portant sur la critique du concept de forme et de son usage pour définir l'âme ; il dénonce le subterfuge des alchimistes qui n'ont excepté l'âme raisonnable « qu'à cause de la peur du supplice qu'on leur eût faict endurer comme à des Libertins et des Athees[6] ». De son côté, l'alchimiste dira des sceptiques qui n'ont pas l'esprit assez bon pour apprendre les sciences : « je les treuve semblables aus Libertins de ce siècle[7] ».

Entre Montaigne et La Mothe Le Vayer on voit se manifester un déplacement de l'argumentation sceptique. Chez Montaigne, elle est toujours liée à la question du sujet du savoir. Chez La Mothe Le Vayer, le scepticisme ne sert pas seulement à interroger la capacité du sujet, mais aussi à questionner un ordre du savoir : existe-t-il un savoir de la pluralité, de la diversité, du contingent et de l'instable ? Pour l'un et pour l'autre, il y a une critique de la globalité et de la téléologie. Le concept d'événement est partout présent. Mais chez l'un, il problématise l'unité d'une histoire

---

1. *Ibid.*, p. 651.

2. *Ibid.*, p. 876.

3. Mersenne, *L'Impiété des deistes, et des plus subtils Libertins découverte, et refutee par raisons de Theologie, et de Philosophie. Avec un poëme qui renverse le poëme du Deiste de point en point. Ensemble la refutation des Dialogues de Jordan Brun, dans lesquels il a voulu establir une infinité de mondes, et l'ame universelle de l'Univers. Avec plusieurs difficultez des Mathematiques qui sont expliquees dans cet œuvre*, Seconde partie, Paris, chez Pierre Billaine, 1624.

4. Didier Kahn, in *Revue d'histoire des sciences*, vol. 55, n° 2, 2002, « La condamnation des thèses d'Antoine de Villon et Étienne de Clave contre Aristote, Paracelse et les cabalistes », p. 143-193 *sq.*

5. Sur Étienne de Clave, voir *Corpus, revue de philosophie*, Dossier Etienne de Clave, n° 39, 2001.

6. Mersenne, *La Vérité des sciences, contre les septiques [sic] et pyrrhoniens*, p. 82-83.

7. *Ibid.*, p. 164.

du sujet, tandis que chez l'autre, il programme une investigation de type anthropologique sur les singularités.

On distinguera dans cette étude deux plans de différences : la position du sujet par rapport aux multiples types de diversité ; la réflexion sur l'équivalence des hypothèses. On ne reviendra pas sur l'écriture de soi telle que la pratique Montaigne. Elle s'inscrit dans une expérience de la contingence[1]. De l'ego de l'auteur à l'œuvre, les places s'échangent : « je n'ay pas plus faict mon livre que mon livre m'a faict, livre consubstantiel à son autheur, d'une occupation propre, membre de ma vie ; non d'une occupation et fin tierce et estrangere comme tous autres livres » (II, 18, 665). Les effets de rencontre sont décisifs. Écrire dans une bibliothèque, c'est pratiquer la citation comme appropriation de la pensée d'autrui : « je feuillette un livre [...] à pièces décousues, sans ordre et sans dessein » (III, 3, 828), mais dans ce même temps, l'auteur se construit. Le moi est un effet d'autre chose que soi, il se définit en termes de relations : « Il y a des naturels particuliers, retirez et internes. Ma forme essentielle est propre à la communication et à la production ; je suis tout au dehors et en evidence, nay à la societé et à l'amitié » (III, 3, 823).

On assiste donc à la dissociation entre le moi comme être et le moi comme fonction. La fonction sujet peut être définie en termes d'événements, comme une somme de lectures, de rencontres, d'amitiés : une histoire. C'est l'épreuve de la discontinuité temporelle. Corrélativement, ce sujet est à une place singulière. Et le livre des *Essais* s'adresse à un lecteur singulier. Cette singularité ne s'inscrit pas dans une détermination sociologique fixe où les places seraient définitives : examinant le caractère instable et mobile des croyances du vulgaire, Montaigne ajoute : « Nous sommes tous du vulgaire » (II, 12, 570 C).

Chez La Mothe Le Vayer, le statut et le contenu des textes sont toujours déterminés par la prise en considération de la nature du public auquel ils s'adressent. C'est assez dire qu'il n'y a pas de prétention à l'universel. Les deux textes à propos desquels se posera la question du libertinage de l'auteur, les *Dialogues* d'Orasius Tubero et *L'Hexameron rustique*, ne figurent d'ailleurs pas dans l'édition publiée à Dresde en 1756 chez Michel Groell et qui reprend l'édition de 1669 en quatorze volumes[2]. Ils étaient réservés à un usage amical et privé. Ce public de lettrés s'oppose à la grande foule. Dans l'actualité des luttes de la Fronde, dans le souvenir des guerres de Religion, la foule fait peur et ne se gouverne que par la peur. Spinoza dira : la foule est terrible quand elle est sans crainte[3]. Dans la *Lettre de l'Autheur*

---

1. Sur la contingence chez Montaigne, voir Philippe Desan, article « Fortuit », in *Dictionnaire de Michel de Montaigne*, Paris, H. Champion, 2004, p. 414-416.
2. La Mothe Le Vayer, *Œuvres*, Genève, Slatkine Reprints, reprise de l'édition de 1756 (Groell), 1970, 2 tomes.
3. Spinoza, *Éthique* IV, Prop. LIV, Scolie.

qui introduit les quatre premiers dialogues, La Mothe Le Vayer écrit à l'ami auquel il dédie le livre : « moquons nous des suffrages d'une sotte multitude, et dans le juste mespris d'un siecle ignorant et pervers, jouissons des vrais et solides contentements de nos entretiens privez[1] ».

La Mothe Le Vayer établit explicitement la liaison entre la liberté du style et la licence des pensées purement naturelles. Il met en avant le caprice, le pluriel des contenus, des effets de représentation, sans considérer l'unité d'une faculté de penser :

> Ma main est si généreuse ou si libertine qu'elle ne peut suivre que le seul caprice de mes fantaisies ; et cela avec une licence si indépendante et si affranchie qu'elle fait gloire de n'avoir autre visée, qu'une naïsve recherche des véritez ou vraisemblances naturelles, ny plus important objet que ma propre satisfaction, qui se trouve dans cet innocent entretien[2].

L'usage du terme *naturel* est fréquent. Il définit une spontanéité sans contrôle. Il sert à dénoncer l'illusion d'une maîtrise, ou l'hypothèse d'une faculté qui constituerait comme le point fixe à partir de quoi tout s'organise. On remarquera que le modèle perspectiviste, qui peut fournir la métaphore d'un agencement spatial pour rendre compte des effets de représentation, n'est pratiquement pas utilisé. Le sceptique est « à la promenade », il n'y a pas de point fixe, de lieu assigné. À la clôture de la bibliothèque se substitue l'inattendu d'un déplacement.

La prise en compte des conditions sociales d'expression condamne le naturel à une sorte de clandestinité. Dans le *Dialogue de la philosophie sceptique*, il écrit : « Voilà donc ce bon sens, ou ce bon esprit dont on se veut tant prévaloir, qui n'est plus d'usage que dans le désert et la solitude, puisque dans le cours et le traffic de la vie civile, il passe pour marchandise de contre-bande ou pour monnoye déffendue[3]... » Cette métaphore économique ruse avec la législation : « La liberté de mon stile mesprisant toute contrainte, et la licence de mes pensées purement naturelles, sont aujourd'huy des marchandises de contre-bande et qui ne doivent être exposées au public[4]. »

La Mothe Le Vayer utilise très souvent la forme du dialogue, ce qui implique la mise en scène d'une pluralité représentative de positions et identifiées par des pseudonymes dont on sait que les lecteurs n'avaient aucune peine à trouver la clef puisqu'ils étaient déterminés par des jeux de mots à partir de la traduction de leur nom. Cet usage des pseudonymes ne se justifie donc pas par une peur ou par une prudence. Leur fonction est de figurer des positions en quelque façon épurées dans un argumentaire. L'auteur s'efface dans l'espace dialogique qu'il a agencé. Il n'y a pas

---

1. La Mothe Le Vayer, *Dialogues faicts à l'imitation des anciens, op. cit.*, p. 12.
2. *Ibid.*, p. 15
3. *Ibid.*, p. 49.
4. *Ibid.*, p. 11.

de place pour une écriture de soi. On peut comparer cette mise en scène des singularités avec l'écriture à peu près contemporaine des nombreux romans de Jean-Pierre Camus : il s'agit moins de donner libre cours à un imaginaire que de figurer des effets de moralité dans des situations singulières.

Dans l'écriture sceptique, l'auteur est en quelque façon introuvable. En effet, c'est sa situation de maîtrise et de responsabilité qui est mise en question. C'est pourquoi, dans le texte *De la connoissance de soi-meme*, La Mothe Le Vayer suspecte d'inutilité l'inscription du temple de Delphes : connais-toi toi-même. « La condition de notre humanité ne souffre pas que nous devions nous en promettre davantage que de savoir reconnoitre avec franchise et ingénuité les titres de notre ignorance[1]. »

Dans la *XXIVᵉ Homilie académique*, « De la diversité », La Mothe Le Vayer considère la mutation perpétuelle des opérations de notre âme et de toutes ses fonctions : « la diversité ne lui est pas moins propre dans son abrégé, qu'elle l'est dans tout le reste de la nature ». Et cependant, comme immortelle, elle devrait, semble-t-il, participer de l'égalité, constance, et invariabilité de son Créateur[2]. Concernant les objets du savoir, tout l'argumentaire sceptique est repris, chez Montaigne comme chez La Mothe Le Vayer, aux modes d'Énésidème et en particulier au dernier, le dixième, qui est une réflexion sur la pluralité des mœurs et des coutumes.

Il semble que chez Montaigne il y a description de la différence et qu'elle se fait par rapport à un sujet qui est celui par qui et pour qui ce jeu est construit. On assiste à un double effet de mutation et de permutation. D'abord on recense une variété de variables instables qui se définissent comme des mises en œuvre différentes de fonctions invariantes. Les fonctions lois, règles d'usage, coutumes, opèrent selon une diversité qui correspond aux variétés des fables, des mythes et des doctrines. On peut mettre ces différences en regard les unes des autres et repérer un parallélisme entre les normes de la vie sociale et les dispositifs discursifs par lesquels on les apprend et on les met en œuvre.

Mais ensuite, chacun de ces termes peut jouer le rôle d'un autre terme. La variation porte maintenant sur les fonctions elles-mêmes. Une loi peut jouer le rôle de coutume, un mythe peut jouer le rôle de loi, etc. : il y a permutation des fonctions. Cela entraîne une impossibilité de déterminer la différence entre le naturel et l'artificiel, et de hiérarchiser ces formations culturelles disparates. Ce qui manque, c'est une norme fixe pour évaluer ces différences.

Faute de norme, il ne reste qu'une place qui est celle du sujet, face à cette variété. Pour définir les événements qui affectent le sujet, on peut

---

1. La Mothe Le Vayer, *De la connoissance de soi-meme*, in *Œuvres, op. cit.*, t. I, p. 687.
2. *Ibid.*, p. 665.

utiliser les deux termes de dilemme et de régression à l'infini qui ont en commun de marquer un embarras subjectif et une indécidabilité.

> Le dilemme est un argument composé de deux ou de plusieurs propositions, arrangées de façon qu'en accordant telles de ces propositions que vous voudrez, la conclusion sera toujours contre vous [...]. Un dilemme est un argument composé de deux parties, ou faces contraires, l'une et l'autre desquelles portent contre l'adversaire[1].

Une seule occurrence de dilemme apparaît dans l'« Apologie de Raimond Sebond » (II, 12, 521) à propos d'immortalité de l'âme ; mais la structure sinon le terme apparaît dans les arguments de Montaigne ; c'est une opération qui immobilise le sujet dans une sorte de saisissement devant un ordre qu'il ne maîtrise pas ; paradoxe, la suspension de jugement est une immobilisation, en tension avec la théorie sceptique de la mobilité ; on va utiliser cet embarras pour inscrire le sujet dans une histoire, dans une série de variations.

Montaigne utilise l'expression « mettre au rouet » dans le sens d'une régression à l'infini. Furetière dit : mettre dans l'embarras, déconcerter. L'« Apologie » met en œuvre le modèle de la régression à l'infini :

> Pour juger des apparences que nous recevons des subjets, il nous faudrait un instrument judicatoire ; pour vérifier cet instrument, il nous y faut de la demonstration ; pour vérifier la demonstration, un instrument : nous voilà au rouet. Puisque les sens ne peuvent arrester notre dispute, estans pleins eux-mesmes d'incertitude, il faut que ce soit la raison ; aucune raison ne s'establira sans une autre raison : nous voilà à reculons jusques à l'infiny (II, 12, 600).

Dans ce dispositif on voit Montaigne passer de la structure formelle de la preuve à quelque chose qui fonde la régression à l'infini : l'instabilité des objets et l'instabilité des sujets, une ontologie du fluide et du déplacement, sans aucune constante existence ni de notre être ni de l'être des objets, le jugeant et le jugé étant en continuels « mutation et branle ».

Le texte se termine par une métaphore : ce que c'est de vivre n'arrive jamais à la perfection d'être – le fœtus, l'enfant, le jouvenceau, le vieillard... À partir de la semence, du fruit sans forme, se constitue une réflexion sur la puissance informatrice de la vie, la question de l'individuation, le réendossement du problème espèce/individu. Qu'est-ce qu'être comme vivant ? On passe du terme introuvable, dans la régression, à une mutabilité dont le phénomène de la vie et du vieillissement fournissent un exemple. Entre la régression à l'infini et la mutation, on notera la désinvolture de Montaigne dans le passage d'un modèle à un autre modèle.

Qu'il s'agisse de la structure du dilemme ou de la régression à l'infini, on constate que la problématique de Montaigne est tout entière organisée par l'expérience des apories.

---

1. Article « Dilemme » de l'*Encyclopédie* de Diderot et D'Alembert.

Avec La Mothe Le Vayer, on passe de la constatation de la variété à la constitution d'un système de variations. Il faut prendre au sérieux la prégnance d'une structure énumérative qui n'est soumise à aucun principe d'organisation. Il s'agit de l'accumulation contingente de singularités qui n'ont en commun que d'appartenir à une collection dont l'unité est nominale. Les effets de totalisation sont purement additifs et laissent ouverte la possibilité d'intégrer des éléments imprévus. Si l'on peut parler d'un système de variations, c'en est le degré le plus faible, le plus indéterminé. Rien ne saurait être plus éloigné du modèle de rationalité galiléo-cartésien qui est celui de l'ordre des raisons. En fait, il s'inaugure ici une science de la description, étrangère à tout projet taxinomique. On pourrait croire que le critère est celui de l'exactitude ; mais l'on met sur le même plan le réel et l'imaginaire, et la véracité des témoins n'est jamais suspectée dans l'extraordinaire prolifération des références de tout ordre. Cela se vérifie par exemple dans le dialogue « Le banquet sceptique[1] » où toutes sortes de manières de faire l'amour sont décrites. On comprend vite que la fonction de cette vertigineuse énumération est de faire apparaître ce qui nous semble normal comme un simple cas particulier.

Ces énumérations ont aussi pour fonction de manifester comme une crise de la causalité. La subordination des causes nous conduit « insensiblement et par une suite nécessaire à un premier Moteur immobile » que nous identifions à Dieu. Ce texte de la *XXVIᵉ Homilie académique* « De la religion », le définit comme un inassignable, un inconnaissable qui nous fait sortir du registre naturel. La sceptique chrétienne exclut les fonctions explicatives du recours au divin. Et nous sommes renvoyés à la paix spirituelle, « n'y ayant que les Vérités révélées qui nous puissent donner le repos de conscience, d'où dépend notre bonheur temporel et spirituel[2] ».

Le seul savoir sera une anthropologie naissante : « Les itinéraires nous donnent une ample connaissance, et vous savez que je ne méprise pas le divertissement des livres de Voiages, que je tiens pour être les Romans du Philosophe[3]... » Dans la prise en compte de la relativité, liée à cette étude des singularités, La Mothe Le Vayer vient de noter auparavant que « de puissantes considérations » ont obligé les Jésuites de se vêtir, à la Chine, et en Orient, en suivant la mode du pays.

Il faut généraliser la représentation du déplacement du sujet du savoir. Il fera naître un pluriel de philosophies, un pluriel de sciences. C'est une résistance décisive à l'idée d'universel.

Il y a grande apparence que si nous donnions à notre esprit des mouvements concentriques à l'univers pour parler avec Bacon, et que nous lui fissions faire

---

1. La Mothe Le Vayer, *Le Banquet sceptique*, in *Dialogues faicts à l'imitation des anciens*, *op. cit.*, p. 95 *sq.*
2. La Mothe Le Vayer, *XXVIᵉ Homilie académique*, in *Œuvres, op. cit.*, t. I, p. 674.
3. La Mothe Le Vayer, *IXᵉ Homilie académique*, in *Œuvres, op. cit.*, t. I, p. 604.

des révolutions entières autour du Monde, sans nous arrêter aux moindres de ses parties, nous penserions de la Nature bien autrement que nous ne faisons. Et peut-être donnerions-nous dans le sentiment de Campanella que la seule découverte du Nouveau Monde nous devrait obliger à une nouvelle philosophie, *novi Orbis inventioni novam deberi philosophiam*[1].

Le sujet est ainsi pris dans des systèmes multiples et localement définis. C'est pourquoi on reconnaîtra chez La Mothe Le Vayer un usage du diallèle.

Le diallèle est un argument des sceptiques ou pyrrhoniens, et le plus formidable de tous ceux qu'ils employent contre les Dogmatiques : c'est ainsi qu'en a jugé M. Bayle, si versé lui-même dans toutes les ruses du scepticisme. Il consistait à faire voir que la plupart des raisonnements reçus dans les sciences, sont des cercles vicieux qui prouvent une chose obscure et incertaine, par une autre également obscure et incertaine, et ensuite cette seconde par la première [...] si deux choses sont telles que je ne puisse connaître la première que par la seconde ni la seconde que par la première, il est impossible que je connaisse avec aucune certitude ni la première ni la seconde[2].

Dans le cas du dilemme, le logement des thèses est dans le sujet et produit en lui ces variations et ces alternances qui affectent son identité. Dans le cas du diallèle, le sujet est lui-même logé dans un cercle.

Nous lisons dans le dialogue *De l'ignorance louable*[3], qu'on ne peut imputer aux sceptiques de n'admettre aucun *criterium* ou aucun instrument pour juger de la vérité des choses : « Notre grand precepteur [Sextus] establit deux sortes de *criterium*, l'un qui juge en dernier ressort, et pose une certitude aux choses de sa connaissance, lequel à la vérité nous rejetons comme un imposteur ; l'autre qui s'accommode aux vraisemblances sans rien déterminer, appelé τὸ φαινόμενον, ce qui nous apparaît, qui est le *criterium* de la Sceptique ». Ainsi le sceptique use-t-il de plusieurs actions plutôt que d'autres, respectant les lois et les coutumes établies au pays où il vit, ce qui devrait interdire à ses calomniateurs de le considérer comme perturbateur du public. Et ainsi nous opposons-nous « aux violentes affirmations des Dogmatiques ». C'est ce qui justifie « qu'au lieu du vray, nous luy substituons le vray-semblable, au lieu d'un *criterium* certain et arrogant, nous nous contentons de l'apparent, au lieu des signes judicatoires et infaillibles, nous nous servons de ceux qui nous admonestent doucement ». Il faut relire, à propos de la critique des démonstrations par les Sceptiques,

le septiesme livre contre les professeurs des disciplines, pour monstrer que la démonstration de laquelle nous usons en disant qu'il n'y en a point d'infaillible,

---

1. La Mothe Le Vayer, *Doute sceptique si l'étude des Belles-Lettres est préférable à toute autre occupation*, in *Œuvres, op. cit.*, t. II, p. 314-315.
2. Article « Diallèle » de l'*Encyclopédie* de Diderot et D'Alembert, écrit par Formey.
3. La Mothe Le Vayer, *De l'ignorance louable*, in *Dialogues faicts à l'imitation des anciens, op. cit.*, p. 242-243.

peut bien estendre sa force sur elle-mesme, et se procurer la mesme mort qu'elle donne aux autres. Si ce n'est que nous voulions prendre cette demonstration pour une probabilité seulement, de façon que nous ne demonstrions pas tant, que nous rendions vraysemblable qu'il n'y a point de véritable demonstration[1].

On peut remarquer que les théories du vraisemblable commencent par prendre appui sur le 10e mode. On choisit un système de mœurs plutôt qu'un autre par convenance ; transposition immédiate de l'ordre théorique dans l'ordre du comportement. Ce qu'on a considéré comme le conformisme des libertins prend appui sur une autorité forte (Naudé) représentée dans le dialogue par Télamon. Naudé est celui qui fait lire Tacite pour y apprendre la configuration de situations singulières comme ce qui norme les comportements politiques. Cette « douceur » sceptique suppose que le sujet soit soumis à des causes inaperçues, à des dispositifs discursifs qui opèrent en quelque sorte « en douce ». Cette anthropologie de l'insensible ne sera pas sans produire des effets chez Pascal et François de Sales.

La réflexion sur la pluralité des hypothèses nous permet de distinguer entre le scepticisme égologique de Montaigne et le projet d'une nouvelle théorisation anthropologique chez La Mothe Le Vayer. Notons d'abord que la réflexion sur la pluralité des hypothèses astronomiques ne s'inscrit pas seulement dans la tradition sceptique puisqu'elle trouve sa place dans la pensée scolastique elle-même. À son origine, se trouve le projet platonicien bien connu de sauver les apparences : « Quels sont les mouvements circulaires et parfaitement réguliers qu'il convient de prendre pour hypothèses, afin que l'on puisse sauver les apparences présentées par les astres errants[2]. » Ce texte de Simplicius tiré de ses commentaires sur le *De Coelo* d'Aristote marque bien le sens de la constitution de modèles géométriques pour la représentation des mouvements relatifs des astres. L'astronome n'a pas à s'interroger sur la nature ou les causes de ces phénomènes. Ce savoir par la cause appartient au physicien, au métaphysicien. Cela implique la pluralité des ordres de savoir, et par conséquent, la détermination de méthodes différentes. Cela entraîne nécessairement la réflexion sur la différence entre mouvements apparents et mouvements réels, sur la compatibilité entre observation et construction, avec, en définitive, la question de l'abstraction ou de l'idéalité des concepts géométriques. Cela implique aussi la pluralité des types de certitude. Ainsi, dans la *Somme théologique* de saint Thomas, lit-on :

> La raison qu'on apporte pour expliquer une chose donnée peut jouer un double rôle. Il peut se faire qu'elle en établisse démonstrativement la cause cachée : ainsi en philosophie de la Nature (*scientia naturalis*) on prouve efficacement pourquoi le mouvement a une vitesse uniforme. Mais il arrive aussi que la raison qu'on donne ne prouve pas efficacement que telle est la cause cachée

---

1. *Ibid.*, p. 243.
2. Pierre Duhem, *Le Système du monde*, Paris, Hermann, 1913, t. I, p. 103.

que l'on cherche mais, une cause étant supposée, elle montre que les effets qui, par hypothèse, en découlent s'accordent bien avec elle. Ainsi, en Astronomie, on donne comme raison (des phénomènes observés) la théorie des excentriques et des épicycles, étant donné que ce qui apparaît aux sens des mouvements des astres est respecté par cette hypothèse ; ce n'est pourtant pas une preuve décisive (que telle est la vraie cause de ces phénomènes) car il n'est pas dit qu'une autre hypothèse ne les respecterait pas aussi[1].

Le développement de la nouvelle astronomie rend urgent le recours à cette théorie. Il est théologiquement prudent d'en représenter les énoncés comme des hypothèses commodes. C'est ce qu'on trouvera en 1543 dans la *Lettre au lecteur* attribuée à A. Osiander qui accompagne la publication par Copernic du *De revolutionibus*[2] ; c'est ce qu'on trouvera également dans la *Lettre de Bellarmin à Foscarini* du 12 avril 1615 à propos de Galilée : « En supposant le mouvement de la terre et l'immobilité du soleil, on sauve mieux les apparences, cela n'offre aucun danger et cela suffit aux mathématiciens[3]. »

Dans l'« Apologie de Raimond Sebond » (II, 12, 536-537), Montaigne généralise une thèse fictionniste. Là où la tradition scolastique permettait d'opposer des types de savoir, il dit de la philosophie qu'elle n'est qu'une poésie sophistiquée. Puis il construit le registre des artifices que l'on forge pour des motifs esthétiques ou épistémiques. Pour les femmes, dents d'« yvoire » de substitution, maquillage, et prothèses pour s'embellir « d'une beauté fauce et empruntée » ; pour le droit, « fictions legitimes sur lesquelles il fonde la verité de sa justice ». La science en général « nous donne en payement et en presupposition les choses qu'elle-mesme nous aprend être inventées » (II, 12, 537). L'exemple qu'il prend est celui des hypothèses astronomiques (epicycles, excentriques, concentriques) qui servent à l'explication « du bransle de ses estoilles » (*ibid.*). Pour la philosophie : « elle nous présente non pas ce qui est ou ce qu'elle croit, mais ce qu'elle forge ayant plus d'apparence et de gentillesse » (*ibid.*). Reprenant le dispositif analogique qui permet d'articuler microcosme et macrocosme, il montre que les théories du corps et de l'âme ont été l'objet d'entreprises semblables : « pour accommoder les mouvemens qu'ils voyent en l'homme, les diverses functions et facultez que nous sentons en nous, en combien de parties ont-ils divisé nostre ame ? » (*ibid.*). Accommoder les mouvements, c'est bien sauver les apparences. Mais il faut réfléchir sur la prégnance du modèle esthétique. Les femmes en effet ne sont pas dupes de leurs propres artifices. Tout se passe comme si l'on assistait à la généralisation d'un modèle que l'on trouve chez Platon (*Gorgias*, 465b)

1. Thomas d'Aquin, *Somme théologique*, trad. A. M. Roguet, Paris, Cerf, 1994, Partie I, Question 32.
2. Copernic, *Des révolutions des orbes célestes*, trad. Alexandre Koyré, Paris, Blanchard, 1970, p. 28.
3. Cité par Pierre Duhem, *La Théorie physique*, Paris, Vrin, 1989, p. 59.

lorsque la cosmétique se substitue à la gymnastique. On pourrait dire aussi que la commodité et la fécondité des hypothèses ne sont pas sans prendre appui sur quelque chose comme un pouvoir de séduction, celui d'un ordre inventé, c'est-à-dire médiat, en remplacement de l'impossible immédiateté d'un ordre naturel. Il est décisif de remarquer que « sauver les apparences » est une fonction qui s'applique à l'ensemble du dispositif représentatif et explicatif, qu'il en est même un principe d'homogénéisation.

Les prétendues évidences de la conscience de soi ne sont pas épargnées. À la jeune fille milésienne qui conseillait à Thalès de « regarder plustost à soy qu'au ciel », Montaigne oppose la thèse selon laquelle, même pour le plus proche, tout regard est en quelque façon astronomique : « nostre condition porte que la cognoissance de ce que nous avons entre mains est aussi esloignée de nous, et aussi bien au dessus des nues, que celle des astres » (II, 12, 538). Un peu plus loin dans l'« Apologie », Montaigne revient sur la pluralité des hypothèses astronomiques à propos de ce que l'on pourrait nommer la mise en retrait du moi face à « cette aisance que les bons esprits ont de rendre ce qu'ils veulent vray-semblable, et qu'il n'est rien si estrange à quoy ils n'entreprennent de donner assez de couleur, pour tromper une simplicité pareille à la mienne, cela montre evidemment la foiblesse de leur preuve » (II, 12, 570). Copernic est opposé à Cléanthe et Montaigne lui reconnaît qu'il a si bien fondé sa doctrine qu'il s'en sert « tres-regléement à toutes les consequences Astronomiques » (*ibid.*). Mais qu'importe lequel nous choisissons ! et Montaigne évoque la possibilité d'une tierce doctrine qui pourrait paraître d'ici mille ans. On comprend donc que l'équivalence des hypothèses est un dispositif qui, par un effet de généralisation à l'ensemble des objets du savoir, sert à définir une méthode sceptique incluant une réflexion sur le statut du sujet du savoir.

Chez La Mothe Le Vayer, la référence à Copernic a un tout autre sens : elle fournit le modèle d'une phénoménalisation des faits religieux et moraux. Dans le *Dialogue sur le subjet de la divinité*, l'auteur cite Bacon dans ses *Essais moraux* :

> L'atheïsme (dit le Chancelier Bacon dans ses Essais moraux Anglois) laisse à l'homme le sens, la philosophie, la pieté naturelle, les loix, la reputation, et tout ce qui peut servir de guide à la vertu, mais la superstition destruit toutes ces choses et s'erige une tyrannie absolüe dans l'entendement des hommes. C'est pourquoi l'atheïsme ne troubla jamais les Estats […] et je vois (adjouste-t'il) que les temps inclinez à l'atheïsme, comme le temps d'Auguste Cesar, et le nostre propre en quelques contrées, ont esté temps civils et le sont encores[1].

Il s'agit là d'une analyse strictement politique et fonctionnelle de ce qu'on pourrait nommer les effets de l'idéologie. On remarquera seulement la malice de La Mothe Le Vayer qui ajoute au texte de Bacon une expression

---

1. La Mothe Le Vayer, *Dialogue sur le subjet de la divinité*, in *Dialogues faicts à l'imitation des anciens, op. cit.*, p. 339.

qui ne s'y trouve pas : et le nostre propre en quelques contrées. Ce rajout laisse indéterminée la localisation de ces contrées et pose peut-être la question de savoir si, à l'époque de la rédaction des dialogues, le royaume de France en fait partie.

Or, dans la suite immédiate du texte cité, Bacon fait état d'un renversement de l'ordre normal : « le peuple est le maître de la superstition et, dans la superstition, les raisons s'adaptent à la pratique (arguments are fitted to practice in a reversed order)[1] ». Puis Bacon reprend une analogie qui aurait été mise en place par certains prélats au concile de Trente : les scolastiques ressemblent aux astronomes qui imaginaient des excentriques, des épicycles et des mécaniques similaires de cercles pour sauvegarder les phénomènes, tout en sachant fort bien qu'ils n'existaient pas. De même, ils avaient imaginé une quantité d'axiomes compliqués et subtils pour sauvegarder la pratique de l'Église (« to save the practice of the Church »).

Les hypothèses astronomiques et les subtilités scolastiques échappent à toute évaluation en termes de vérité. Elles sont analysées uniquement en fonction de leur utilité. On sait que Bacon récusait la géométrisation astronomique. L'astronomie offre à l'entendement humain une victime qui ressemble fort à celle que Prométhée offrit à Jupiter. Il lui présenta, au lieu d'un bœuf véritable, une peau de bœuf bourrée de paille, de feuilles, et d'osier :

> C'est ainsi que l'Astronomie présente l'extérieur des phénomènes célestes (c'est-à-dire le nombre des astres, leur situation, leur mouvement, leur période) comme la peau du ciel, belle, disposée en système ingénieux ; mais il manque les entrailles (c'est-à-dire les raisons de la Physique) desquelles (en y ajoutant les hypothèses astronomiques) naisse une théorie, qui ne se contente pas de satisfaire aux phénomènes (les fictions ingénieuses de ce genre ne manquent pas) mais qui présente la substance, le mouvement, et l'influence des corps célestes dans la mesure où ils sont réels[2].

C'est moins la question de la validité de telle ou telle hypothèse que la dénonciation du caractère fictif et superficiel de la théorie astronomique, incapable de rendre compte physiquement de son objet. Pour les prélats qu'il cite, la scolastique serait donc une manière d'occuper les esprits. La mise en œuvre des principes, axiomes et théorèmes fonctionnerait comme une sorte d'exercice spirituel. Il s'agit là d'un véritable renversement plutôt que de sauver les apparences, par cette fonction pratique, politique, idéologique de la rationalité.

---

1. Francis Bacon, *Essais*, « La superstition » (XVII), in *The Works of Francis Bacon*, éd. Spedding, Londres, Ellis and Heath, 1857-1874, t. VI, p. 416. Voir aussi Bacon, *Essais*, introd. et trad. Maurice Castelain, Paris, Aubier-Montaigne, 1979, p. 89 *sq*.
2. Francis Bacon, *De dignitate et augmentis scientiarum*, livre III, chap. IV (Spedding, t. I, p. 552), ma traduction.

On trouve en effet, dans l'*Histoire du concile de Trente*[1], le relevé d'un antagonisme portant sur ce qu'avait enseigné et pratiqué le cardinal Cajétan : de ne pas rejeter les sens nouveaux, à condition qu'ils conviennent au texte, et qu'ils ne soient contraires ni à d'autres passages de l'Écriture ni à la doctrine de la foi, quand bien même le torrent des docteurs donnerait dans un autre sens. Les uns acceptaient cette position, il n'y avait pas de raison de priver les modernes de la liberté dont avaient joui les anciens : « il falloit attirer les hommes à la lecture des Livres sacrés par les charmes mêmes de trouver quelque chose de nouveau[2] ». Les autres s'appuyaient sur la prise en compte historique : « il falloit en ce temps tenir en bride les esprits qui étaient sans frein et qu'autrement on ne verroit aucune fin aux contestations[3] ».

Les scolastiques ayant décidé qu'il n'y avait plus besoin de nouveaux commentaires, « s'appercevant que les hommes avaient du penchant pour la dispute, ils avoient jugé qu'il valoit mieux les occuper à l'examen des raisonnemens et des opinions d'Aristote, pour les entretenir par le respect de l'Ecriture, qui s'affaiblit par les disputes et par la manière trop familière avec laquelle on traite[4] ». Il semble bien que ce soit à cette seconde position que Bacon ait pensé dans la construction de l'analogie entre hypothèse astronomique et dispute scolastique.

La Mothe Le Vayer, dans le *Dialogue sur le subjet de la divinité*, ne pouvait ignorer l'analogie construite par Bacon. Or il va faire un tout autre usage de cette réflexion sur les hypothèses. Là où Bacon ne voyait qu'une fonction pratique, il va généraliser le concept d'apparence et mettre en quelque façon à plat les positions théologiques, l'écart entre le surnaturel et le naturel, les processus de déification, les fonctions de pouvoir et de législation, etc.

Le dialogue s'ouvre sur la méfiance envers les violences de la multitude, « l'épidémie spirituelle [est] beaucoup plus dangereuse que [la corporelle][5] ». Aux questions d'Orontes s'inquiétant de savoir si la Sceptique n'était pas contraire à la Théologie chrétienne, Orasius répond en montrant que tout au contraire, le Décalogue de la sceptique est une excellente introduction au christianisme, en ce qu'il enseigne à opposer la recherche de l'évidence et l'adhésion de la volonté[6]. Saint Paul et saint Thomas ont distingué ce qui est utile au salut et ce qui ne l'est pas : la critique de notre prétendue science est donc « une heureuse préparation évangélique

1. Paolo Sarpi, *Histoire du concile de Trente* [1619], trad. Pierre-François Courayer [1736], éd. Marie Viallon et Bernard Dompnier, Paris, H. Champion, 2002.
2. *Ibid.*, p. 294.
3. *Ibid.*
4. *Ibid.*
5. La Mothe Le Vayer, *Dialogue sur le subjet de la divinité*, in *Dialogues faicts à l'imitation des anciens, op. cit.*, p. 303.
6. *Ibid.*, p. 306.

[...] ; une ingénue reconnaissance de notre ignorance nous rendra dignes des grâces du ciel[1] ». Et Orasius de renchérir sur la sacro-sainte religion. Orontes, rassuré, lui demande alors, dans le silence et le secret de son cabinet, de lui communiquer ses réflexions sur la multiplicité des religions. On quitte l'apologétique. Le style d'argumentation devient celui de la mise en parallèle.

Après avoir réaffirmé la disproportion de l'homme à Dieu, et qu'il n'y a pas d'objet plus convenable à l'homme que Dieu, La Mothe Le Vayer examine successivement plusieurs difficultés dans le conflit entre les sectateurs de Dieu et les athées, et à l'intérieur de chaque débat, il juxtapose des exemples tirés des anciens et des modernes. Il examine ainsi, successivement, et toujours dans la balance des exemples, les Indes occidentales et les Indes orientales, l'Afrique et la Chine, les systèmes théologiques, en présentant alternativement l'argument des pieux et l'argument des athées.

S'agit-il de la reconnaissance de la divinité à partir du spectacle de la nature, les athées récusent ce prétendu consentement universel. S'agit-il des preuves de l'existence de Dieu, dans un protocole qui se transmet d'Aristote à saint Thomas ? Les athées éludent tous ces arguments « par les règles d'une exacte logique[2] » et malgré les différences entre les Épicuriens et les autres, conviennent tous que les Législateurs se sont servis de la religion pour contenir le peuple et ont déifié les choses utiles à la vie. On citera tous ceux qui font des hommes les auteurs des dieux[3]. Cette imposture divine ne fut jamais impunie ; La Mothe Le Vayer cite en parallèle la convocation de Stilpon devant les Aréopagites et la convocation de Pomponacce devant l'Inquisition[4]. S'agit-il de savoir, dans l'hypothèse où les dieux existent, s'ils sont chargés aussi du mouvement de la machine du monde et de la sanction morale des actes ? À quoi les athées répondent qu'il vaut mieux les nier que de les charger de besognes indignes. Ne s'occupent-ils que des choses célestes et générales, sans avoir le soin des individuelles ? Mais les détails ne font-ils pas partie du tout, l'exemple des marionnettes n'est-il pas la preuve d'une économie de l'abrégé[5] ? Les « ratiocinations » des grands philosophes qui se sont donné liberté de déclamer contre ce prétendu gouvernement divin n'ont pas été moins vicieuses : car *Jupiter optimus maximus* n'est ni irréprochable dans ses œuvres ni tout-puissant. Ainsi, les rites et les prières sont-ils inutiles, tandis que les méchants prospèrent : « c'est ainsi que les Religions sont malmenées par ceux qui ont

---

1. *Ibid.*, p. 312-313.
2. *Ibid.*, p. 318.
3. *Ibid.*, p. 319-320.
4. *Ibid.*, p. 322.
5. *Ibid.*, p. 325.

bien reconnu des dieux, mais à la manière d'Epicure, ne se mêlant point de nos affaires[1] ».

On vient de passer de la théologie chrétienne à la théologie païenne qui vont se trouver en parallèle : « Dans ce grand Océan du nombre prodigieux des religions humaines, seule la foy peut servir de boussole[2]. » Et, une fois de plus, La Mothe Le Vayer soustrait la révélation chrétienne au système de variation. Il met alors dans la bouche des irréligieux un parallèle entre l'astronomie et la morale : d'un côté, les cercles de Ptolémée sont supposés « pour rendre raison des phainomenes ou apparences celestes[3] » ; de l'autre, ce que nous apprenons des dieux et des religions n'est que ce que les hommes les plus habiles ont conçu de plus raisonnable « pour expliquer les phainomenes des moeurs, des actions, des pensées des pauvres mortels afin de leur donner de certaines règles de vivre[4] ». On a ainsi deux arguments : l'un fait un parallèle entre l'astronome et le législateur ; mais en vertu de ce parallèle, si on admet l'hypothèse d'un nouvel astronome plus ingénieux (par exemple Copernic après Ptolémée), il faut admettre l'hypothèse d'un nouveau législateur et d'une nouvelle religion.

Une autre variation est introduite avec la question du conflit entre les religions, chacun prétendant posséder la vraie : conflit entre les peuples, conflit entre les dieux. À ce conflit s'oppose l'hypothèse d'une indifférence : « comme cette Marcellina Carpocratienne dont parle Saint Augustin, qui encensait en mesme temps et avec mesme devotion [les images] de Jesus-Christ, de Saint Paul, d'Homère, et de Pythagore [...]. Hadrien feit bastir un temple à Jupiter joignant celuy de Salomon[5] ». À cette alternative dans les rapports de force, il reste à opposer ceux dont le culte, sous des noms différents, est celui de la droite raison.

Dans cette variation générale sans privilège, les questions théoriques comme l'immortalité de l'âme et les questions pratiques des cérémonies et de toutes les extravagances des cultes, y compris les inquisitions et les tortures[6] sont énumérées sur la même ligne. Par quoi Dieu devient à peu près tout et n'importe quoi, des astres au serpent, aux éléments mêmes, voire au diable. La Mothe Le Vayer a beau jeu de faire dire aux athées que par ces apothéoses si contraires à l'éternité divine, les hommes sont plus anciens que les dieux.

Une fois de plus, la grâce divine est invoquée : c'est elle qui nous rend clairvoyants. L'Océan des religions est devenu à la fin du texte, l'Océan des connaissances. Dans cette Odyssée (qui ne se souvient que les

---

1. *Ibid.*, p. 329-330.
2. *Ibid.*, p. 330.
3. *Ibid.*
4. *Ibid.*, p. 331.
5. *Ibid.*, p. 333.
6. *Ibid.*, p. 337.

néoplatoniciens y avaient vu une figure des destinées de l'âme ?), Orontes choisit la figure de Psyché pour dire l'imposture de vouloir pénétrer les secrets de la religion. La fable elle-même, qui a pour auteur Apulée, le maître des métamorphoses, joue contre l'intention explicite d'une apologie de la foi. Et que penser de ce jeu permanent entre des thèses contraires, lorsque Orasius concluant sur l'apologie de l'aporie, déclare : « [...] vostre Psyché m'a faict reconnoistre que vous avez de l'inclination, et vous plaisez à la fable aussi bien que moy, qui la fais aller du pair avec les plus constantes veritez, et les plus resoluës opinions des pauvres mortels[1] » ?

C'est ici la mise en place d'un argumentaire où il ne s'agit ni de mettre en balance des hypothèses contradictoires pour légitimer la position sceptique du sujet (Montaigne) ni de les réduire à des fictions utiles (Bacon). L'agencement de la diversité des positions théologiques, des manifestations des cultes, des systèmes de pensée et de pouvoir constitue une machine qui, récusant toute prédication axiologique, détermine la possibilité d'une science anthropologique. C'est sans doute ce déplacement du scepticisme qui permettra à La Mothe Le Vayer de traiter de questions telles que : « *En quoi la piete des François differe de celle des Espagnols dans une profession de même religion*[2] » où se mêlent les considérations politiques et théologiques.

S'il faut chercher un héritage à ces positions « libertines », au siècle dit des Lumières, il est vraisemblable qu'on les trouvera plutôt du côté d'une science des mœurs que du côté de considérations éthico-politiques.

---

1. *Ibid.*, p. 351.
2. La Mothe le Vayer, *En quoi la piete des François differe de celle des Espagnols dans une profession de même religion*, in *Œuvres, op. cit.*, t. II, p. 108.

CHAPITRE V

LE SUJET DANS SON HISTOIRE,
LE PRINCE DANS LA MACHINE POLITIQUE : GABRIEL NAUDÉ

Naudé reprend à Tacite l'image d'un historien qui est « dans » la situation, dans la machine de l'histoire. *La Bibliographie politique* nous dit, à propos de Tacite[1] : « Il est assis comme le premier et l'empereur au lieu le plus éminent, voire même, il s'est placé comme dans une machine d'où avec l'étonnement de tous les doctes, il démêle et résout les difficultés de la politique.» L'expression : « au lieu le plus éminent» est corrigée : « comme dans une machine» ; de la perspective à l'insertion, il s'agit de s'interroger sur cette place du sujet impliqué à la fois comme spectateur et comme acteur dans une situation.

Naudé ne fait pas porter son attention sur l'instrument ou le dispositif d'optique qui serait requis pour voir l'histoire, comme les lentilles des physiciens scrutent la nature, il interroge la place d'où les acteurs voient la scène, en fonction de leur rôle. La scène de l'histoire se regarde de l'intérieur, le dispositif n'est pas instrument pour faire voir. La question ici posée est celle de la place du sujet dans son histoire, celle du lieu qu'il occupe pour se voir dans cette histoire. En même temps, par cette thèse d'un sujet dans son histoire, Naudé relègue au dernier rang des livres d'histoire les livres des origines et des généalogies[2], ceux qui prétendent nous dire d'où nous venons, et il se place à longue distance de tout système de signes qui prétendrait définir l'originaire ; mieux, dans cette démarche, le mythe de l'origine se dissout. On passe ainsi de la question du discours sur l'origine à la question de l'origine du discours : les commencements de toutes les monarchies ont été supercheries et inventions[3]. « Le mélange des choses divines et humaines ne rend pas plus augustes les origines des cités[4]. »

---

1. *La Bibliographie politique du sieur Naudé, contenant les livres et la méthode nécessaire à étudier la politique*, traduit du latin par Challine, 1637, p. 154. Naudé s'adresse à Gaffarel : « vous m'avez demandé les noms ou plutôt l'économie de ceux que j'estime être utiles au dessein que vous avez d'étudier comme il faut et avec méthode la science politique » (p. 4).
2. *La Bibliographie politique*, p. 157.
3. *Ibid.*
4. « *Ut nimirum miscendo humana divinis, primordia urbium angustiora faciant* », *Syntagma de studio liberali*, p. 76 (je traduis). Le même thème est repris dans l'*Apologie pour*

Un triple effet de résistance se marque dans cette problématisation.
– c'est d'abord la résistance du local contre l'universel ; d'un point de vue épistémique, c'est la référence à Charron, à la diversité des esprits et à la « diverse assiette du monde » qui est ici explicitement mise en œuvre[1]. Avec la théorie des climats et des tempéraments, la notion astrologique d'influence est critiquée dans son équivoque, reprise et rationalisée pour construire une anthropologie[2] ;
– d'un point de vue éthico-politique, c'est la résistance du privé contre le public : le sujet ne se découvre pas, ne se livre pas : le lieu d'où il agit est un lieu privé. Mais le privé n'est pas le subjectif, et le sujet n'est pas l'homme comme tel. Ce sujet est singulier et héroïque[3] ;
– enfin, un effet de résistance « métaphysique » qui privilégie la réalité de l'apparence contre l'être vrai. En travaillant à décrire des effets de sens[4], Naudé montre que l'apparence peut être effet ou obstacle : il y a une réalité de l'imaginaire ou de l'apparence. D'où l'intérêt d'une réflexion sur la magie et sur ses effets « décalés » : il y a une causalité de l'apparence. Dans le parallèle entre le secret de la nature et le secret de l'histoire, le secret de la nature est à découvrir, le secret de l'histoire est à préserver. Il y a un usage du secret. Et par exemple, si la Saint-Barthélemy avait été un coup d'État réussi, on n'en parlerait plus[5].

La thèse de Naudé est donc que le sujet et ses savoirs ne se comprennent qu'enveloppés dans un tissu de rapports sociaux. Il aura le projet constant

les grands personnages faussement soupçonnés de magie, 1625 (p. 49) pour interroger la méthode de Tite-Live et la conjecture selon laquelle les plus fins et rusés législateurs auraient su persuader leurs peuples qu'ils étaient l'organe de quelque Déité : « datur haec venia antiquitati, ut miscendo humana divinis primordia urbium angustiora faciat ».

1. De la sagesse, livre I, chap. 42 et 43. Naudé estime Charron plus sage que Socrate. « Le premier, avec une méthode tout à fait admirable et avec une grande doctrine et un grand jugement, a réduit en art les préceptes de la sagesse même. Il est vrai que son livre nous donne tout à la fois Aristote, Sénèque, et Plutarque ; et qu'il contient en soi quelque chose de plus divin, qu'avant lui n'ont eu tous les anciens et tous les modernes », p. 15-17.
2. La référence à « Huarto » (Juan Huarte, Examen de ingenios para las ciencias, 1575) est explicite chez Naudé, par exemple p. 79 de l'Advis pour dresser une bibliothèque, 1627. Mais il lui reproche aussi un esprit moutonnier et lui préfère Scipion de Clairmont et surtout « Le tableau des esprits de Jean Barclay » (Bibliographie politique, p. 137). C'est moins la variété des esprits qui l'intéresse que « l'art de conjecturer l'humeur et les secrètes affections et passions de l'esprit de qui que ce soit » (ibid., p. 132).
3. L'histoire de ce concept d'héroïsme passe, par exemple, par Giordano Bruno, Les Fureurs héroïques (trad. Paul-Henri Michel, Les Belles-Lettres, 1954) et par Balthazar Gracian, Le Héros (trad. J. de Courbeville, rééd. Champ Libre, 1973). Le thème du génie politique suppose une réévaluation du désir sous toutes ses formes et en particulier celle du désir de dominer.
4. Cette prise en compte de l'opposition du sens et de la vérité est aussi un thème constant du Traité théologico-politique (en particulier chap. VII). À la différence de Spinoza, Naudé articule ici l'art de conjecturer et l'art d'interpréter. Il y a un privilège épistémique du sens sur la vérité. Le problème est posé dans la quatrième partie de la Logique de Port-Royal à partir des raisons de croire (chap. XII à XV).
5. Considérations politiques sur les coups d'État, précédé de : Pour une théorie baroque de l'action politique, par Louis Marin, Paris, 1988, p. 120-123.

d'une herméneutique de ces rapports. On assiste pour cela à la construction d'un modèle paradoxal : un héroïsme non ostentatoire, qui ne se laisse pas voir sur la place publique. Que le héros soit l'homme d'État, le Conseiller ou l'Historien, cela se manifeste par l'usage constant de l'expression de *bona mens*.

Il se trouve, et René Pintard le signale[1], que l'expression « *bona mens* » est employée, à la même époque que Descartes, par d'autres auteurs et en particulier par Naudé. On s'est souvent demandé, à propos de l'usage de ce terme de *bona mens* chez Descartes, s'il ne fallait pas y voir l'occasion de s'interroger sur l'insistance d'une référence à l'Antiquité, puisque le terme est chez Sénèque[2]. Étienne Gilson voit dans la traduction de bon sens par *bona mens* chez Étienne de Courcelles un gallicisme, et dans la traduction de sagesse par bon sens[3] un latinisme. Une lettre à Élisabeth confirme ce qu'on lit dans Baillet, que Descartes eut le projet d'un « *Studium bonae mentis*[4] ». L'expression est traduite : étude du bon sens ou art de bien comprendre : ce sont des « considérations sur le désir que nous avons de savoir, sur les sciences, sur les dispositions de l'esprit pour apprendre, sur l'ordre qu'on doit garder pour acquérir la sagesse, c'est-à-dire la science avec la vertu, en joignant les fonctions de la volonté avec celles de l'entendement. Son dessein était de se frayer un chemin tout nouveau... ».

Dans Baillet encore[5], une autre référence à *Studium bonae mentis* distingue trois sortes de sciences : les « cardinales », « déduites des principes les plus simples et les plus connus parmi le commun des hommes » ; les « expérimentales » dont les principes ne sont pas clairs ou certains pour toutes sortes de personnes, mais seulement pour celles qui les ont apprises par leurs expériences et leurs observations, quoiqu'elles fussent connues par quelques-uns de « manière démonstrative » ; les libérales, « celles qui outre la connaissance de la vérité, demandent une facilité d'esprit ou du moins une habitude acquise par l'exercice, telles que sont la Politique, la Médecine Pratique, la Musique, la Rhétorique, la Poétique et beaucoup d'autres qu'on peut comprendre par le nom d'Arts libéraux mais qui n'ont

1. René Pintard, *Le Libertinage érudit dans la première moitié du XVIIᵉ siècle*, nouvelle édition augmentée..., Genève-Paris, Slatkine, 1983.
2. Voici les références données par Naudé : Cicéron, *Tusculanes*, V, 67 ; Sénèque, à *Lucilius*, 53, 10, et *De vita beata*, XII, 1.
3. « Votre Altesse peut tirer cette consolation générale des disgrâces de la fortune qu'elles ont peut-être beaucoup contribué à lui faire cultiver son esprit au point qu'elle a fait ; c'est un bien qu'elle doit estimer plus qu'un Empire. Les grandes prospérités éblouissent et enivrent souvent de telle sorte qu'elles possèdent plutôt ceux qui les ont qu'elles ne sont possédées par eux ; et bien que cela n'arrive pas aux esprits de la trempe du vôtre, elles leur fournissent toujours moins d'occasions de s'exercer que ne font les adversités. Et je crois que comme il n'y a aucun bien au monde excepté le bon sens qu'on puisse absolument nommer bien, il n'y a aussi aucun mal dont on ne puisse tirer quelque avantage, ayant le bon sens », À Élisabeth, juin 1645, A.-T., IV, p. 237.
4. Adrien Baillet, *La Vie de M. Descartes*, Olms, 1972, t. II, p. 406 et p. 479.
5. *Ibid.*, t. II, p. 479.

en elles de vérité indubitable que celle qu'elles empruntent aux principes des autres sciences ». Ces indications se complètent par la distinction des études d'imagination, relatives à la méditation et à la vraie mathématique, et des études d'entendement, relatives à la contemplation et à la vraie philosophie, à quoi se rapportent les sciences cardinales, originales : pour en savoir plus, il faut attendre la publication des « traités imparfaits » que sont les *Regulae* et le *Studium bonae mentis*.

Le 16 octobre 1639[1], Descartes écrit à Mersenne à propos du livre *De la vérité* de Herbert de Cherbury :

> L'auteur prend pour règle de ses vérités le consentement universel ; pour moi, je n'ai pour règle des miennes que la lumière naturelle, ce qui convient bien en quelque chose : car tous les hommes ayant une même lumière naturelle, ils semblent devoir tous avoir les mêmes notions ; mais il est très différent en ce qu'il n'y a presque personne qui se serve bien de cette lumière, d'où vient que plusieurs (par exemple ceux que nous connaissons) peuvent consentir à une même erreur, et il y a une quantité de choses qui peuvent être connues par la lumière naturelle, auxquelles jamais personne n'a encore fait de réflexion.

La Règle I déclare que la fin des études est la direction de l'esprit : « *Studiorum finis esse debet ingenii directio ad solida et vera de iis omnibus quae occurunt proferanda judicia* ». Le bien juger, la *bona mens*, « *haec universalis sapientia* », a pour corrélat l'objet quelconque.

Il faut noter ici un déplacement d'objectif par rapport à l'esprit universel qu'avait caractérisé Charron : « Le vrai moyen d'obtenir et se maintenir en cette belle liberté de jugement et qui sera encore une autre belle leçon et disposition à la sagesse, c'est d'avoir un esprit universel, jetant sa vue et considération sur tout l'univers[2]... » L'écart entre la *bona mens* de Descartes et l'*ingenium* de Charron est ici entre l'objet quelconque, corrélat d'une lumière naturelle universelle et la considération du tout, corrélat d'une liberté d'esprit à l'exemple de la pluralité des esprits. À distance des déterminations d'un consentement universel, et par opposition aux thèses cartésiennes de la lumière naturelle, les énoncés de Charron travaillent sur la différence entre les hommes. Et il y a plusieurs classes de différences. À cet égard, Charron est bien le maître de Naudé.

La première différence, l'influence du ciel, du soleil, de l'air, du climat, du terroir, est comme une reprise et une rationalisation de la notion astrologique d'influence. Et ainsi, aux septentrionaux, le sens commun, la force, l'art et la manufacture ; aux moyens, le discours et le raisonnement, la justice, la prudence ; aux méridionaux, l'intellect, la finesse, la science du vrai et du faux[3].

---

1. A.-T., II, 597.
2. Charron, *De la sagesse*, 1601-1604, t. II, 2. Rééd. B. de Negroni, Paris, Fayard, 1986.
3. *Ibid.*, chap. 42.

La seconde différence traite du naturel et de l'acquis et distingue trois classes d'esprits[1] : les esprits faibles, de basse capacité, nés pour servir et obéir ; les esprits moyens, de médiocre jugement qui font profession de suffisance et de science ; ne regardent pas plus loin que là où ils se trouvent, « pensant que ce que l'on croit en leur village est la vraie touche de vérité » ; ces gens sont de l'école et du ressort d'Aristote ; enfin les esprits vifs et clairs, en petit nombre, silencieux et qui sont « de l'école et du ressort de Platon ». Naudé consacre une partie de sa bibliographie politique à l'étude des auteurs qui ont fait la théorie de ces différences.

Il résulte de ces considérations que la lumière naturelle est rare. Et même, comme le dit La Mothe Le Vayer, il se pourrait que l'esprit fût un aveuglé-né. Dans un *Petit traité sceptique sur cette commune façon de parler : n'avoir pas le sens commun*[2], il écrit :

> Ah, que les plus superbes d'entre nous avouent franchement que l'esprit humain est un vrai aveugle-né, autant de fois qu'il leur restera quelque ingénuité. Tant s'en faut que ce soit le fait de notre humanité de reconnaître cette vérité, qu'étant bien loin au-dessus de notre nature, il la faut tenir pour le propre de Dieu seul. C'est pourquoi je ne doute point que nous ne soyons bien plus ridicules aux essences divines dans la plupart de nos actions que les singes ne le sont à notre égard de tout ce qu'ils font lorsqu'ils tâchent de nous imiter... Cette raison que nous nommons divine qui nous rend si glorieux et avec laquelle nous prétendons de pouvoir discerner le vrai du faux est un jouet à toutes mains, que le mensonge manie comme il veut et dont il s'aide aussi bien et souvent avec plus de grâce que ne fait la vérité. Nous croyons que notre entendement possède cette belle raison comme une épouse légitime, et c'est une courtisane effrontée qui, voilée du masque d'apparence, s'abandonne honteusement à toute sorte de partis. Avec la petite lumière qu'elle nous fournit, nous croyons être clairvoyants partout[3].

Cette critique implicite de l'innéisme nous engage à travailler sur un modèle échangiste de la raison et de la vérité. Les savoirs sont sur le marché. Dans ce commerce où l'esprit se constitue, on trouve désappropriation et dérision de l'universel.

Cette réflexion sur l'ombre et la résistance à la lumière naturelle se traduit d'abord dans le thème économique de la courtisane, du dérisoire, de la singerie. La dérision est de mettre l'universel à l'encan, de faire circuler la vérité comme une marchandise, d'appliquer le modèle du marché à la rationalité. De Shakespeare à Sade et à Marx, cette dramatisation de la vérité, comme puissance vénale, témoigne avec violence de l'enjeu des discussions sur le fondement et l'origine du savoir.

---

1. *Ibid.*, chap. 43.
2. *Petit traité sceptique sur cette commune façon de parler : n'avoir pas le sens commun*, rééd. Slatkine des *Œuvres* de la Mothe Le Vayer (édition de 1757), t. II, p. 262.
3. Voir Naudé, *Bibliographie politique*, p. 77 et 78. On verra plus loin la division du *Syntagma de studio liberali*.

Naudé n'est du reste pas inattentif aux questions économiques. La *Bibliographie* fait une place à Émery de La Croix, et à son *Nouveau Cynée* et, dans la partie consacrée aux « confédérations, alliances, ligues et amitiés », à la forme des communications en même temps qu'à leur teneur. Plus que l'étude des livres, importe ici « la communication journalière avec ceux qui sont expérimentés en telles choses » ; Naudé cite les « relations, journaux, navigations des Hollandais et des Espagnols », textes des empiriques, « les livres de l'histoire naturelle des choses étrangères », textes des théoriques, et enfin « les mines, métaux, pierres, monnoies, poids, mesures et surtout, dit-il, les tarifs » qui importent au plus haut point au Politique pour interpréter les intérêts des Princes et des peuples et les raisons des conflits.

L'économie du savoir est un thème lié au thème sceptique de la balance et de la pesée des raisons. La Mothe Le Vayer ira jusqu'à l'articuler à la figure de l'âne de Buridan[1].

> Le sceptique n'étant pas ennemi de la raillerie ni fâché qu'on lui reproche son anerie, souffrira bien que je le compare ici à l'âne de Buridan dont parle un de nos proverbes, lequel mis entre deux bottes de foin ne savait sur laquelle se ruer. Car il lui en arrive de même dans l'égalité des raisons qu'il voit et examine sans prévention, son esprit demeurant en un tel équilibre qu'il ne penche pas plus d'un côté que de l'autre. Et c'est ainsi qu'il s'acquiert par habitude cette aphasie et cette heureuse suspension qui le porte au dernier point de la félicité[2].

La réflexion sur l'ombre et la résistance à la lumière naturelle se traduit aussi dans le thème théologique des ténèbres[3] et nous conduit à la détermination d'une raison autre, travaillée par Montaigne pour introduire les motifs de croire des chrétiens : « C'est aux chrétiens une occasion de croire, que de rencontrer une chose incroyable. Elle est d'autant plus selon raison qu'elle est contre l'humaine raison. Si elle était selon raison, ce ne serait plus miracle ; et si elle était selon quelque exemple, ce ne serait plus chose singulière[4]. » Et de citer conjointement, en opposant savoir et croire, saint

---

1. Il y a une histoire de l'*asinitas* dont on pourrait évoquer des « moments » : avec Apulée, avec Minucius Felix que cite Naudé dans la *Bibliographie*, avec la *Dispute de l'Âne* d'Anselme Turmeda (trad. A. Llinarès, Vrin), avec la philosophie politique de Machiavel et l'Âne d'or ; et surtout avec Giordano Bruno et *La Cabale du cheval Pégase* (traduit, présenté et annoté par Bertrand Levergeois, Michel de Maule éd. 1992, p. XV *sq.*). L'ignorance et la folie même sont des figures de la vérité et de la sagesse ; et à cet égard, Socrate qui loue l'ignorance et la simplicité fait l'âne, ce que suggère Montaigne. La Mothe Le Vayer, lui, explicite la référence à l'âne de Buridan par rapport à l'égalité des raisons du sceptique. Voir aussi son *Dialogue sur les rares et éminentes qualitez des Asnes de ce temps*, dans *Dialogues faicts à l'imitation des anciens*, rééd. Fayard, 1988.
2. *Petit Traité sceptique…*, *op. cit.*, t. II, p. 272.
3. Voir *Correspondance de Martin de Barcos, abbé de Saint Cyran*, éditée et présentée par Lucien Goldmann, Paris, PUF, 1956, p. 373 : « Dieu a voulu édifier les hommes par l'escriture en la rendant obscure en quelques endroits et claire en d'autres : ce qu'il y a de clair sert pour nourrir les âmes, et ce qu'il y a d'obscur sert pour les humilier et les exercer, selon les Pères. » Voir aussi Henri Basnage de Beauval, la *Tolérance des religions*, 1684.
4. *Essais*, II, 12, 478.

Augustin « *Melius scitur deus nesciendo* » (*De Ordine*, II, 16), et Tacite
« *sanctius est ac reverentius de actis deorum credere quam scire* » (*De
moribus germanorum*, XXXIV). Montaigne cite encore l'Écriture : « Dieu
a fait l'homme semblable à l'ombre ; de laquelle qui jugera quand, par
l'éloignement de la lumière, elle sera évanouie ? » C'est la sentence de la
librairie, tirée de l'Ecclésiaste : « *Fecit Deus hominem similem umbrae de
qua post solis occasum quis judicabit ?* ». Il cite encore Sophocle (*Ajax*,
124) et Stobée (*De superbia*) : « Car je vois que tous, tant que nous sommes,
nous ne sommes rien de plus que des fantômes et une ombre légère.» La
comparution des auteurs antiques à l'appui des thèses chrétiennes produit
un effet d'intégration mais il n'est pas déterminé que ce soit dans l'Église.
Il est tout aussi possible que ce soit l'Église qui soit intégrée dans une
histoire autre. Dans cette procédure, Naudé suit Montaigne sans peut-être
suivre Juste Lipse[1].

Cette réflexion sur l'ombre tient en échec la lumière « naturelle »
comme la révélation et soustrait le bon sens à tout mode de donation ou de
transmission. Il faut le façonner soi-même. « *Bona mens nec emitur nec
commodatur*[2].» Dans une étude pour fabriquer un homme de bon sens, le
sujet a à se reconnaître comme l'héritier des prescripteurs et descripteurs
du local plutôt que des grands métaphysiciens. C'est pourquoi l'histoire est essentielle dans la détermination du bon sens, à la fois comme
son objet et comme condition de sa constitution. Descartes écrivait au
contraire : « Nous ne deviendrons jamais philosophes si nous avons lu
tous les raisonnements de Platon et d'Aristote et que nous sommes incapables de porter un jugement assuré sur les sujets qu'on nous propose ;
dans ce cas, ce ne sont pas des sciences que nous aurions acquises mais de
l'histoire[3]. » Les *Essais* de Montaigne (III, I) opposent prudence et bonté,
industrie et nature, bon sens et bonheur. C'est l'idée d'une pratique des
autres et de soi, d'un sujet engagé dans ses pratiques plutôt que défini par
l'opération de facultés. Dans cette famille de pensée, Montaigne peint le
passage plus que l'être ou la substance, Spinoza décrit des changements
d'état, Naudé s'applique à la construction du bon sens et à la formation
du sujet. C'est le *Syntagma de studio liberali* de 1633 qui construit la
bona mens selon cinq directions.

1. Il y a un héroïsme du sujet, héroïsme sans ostentation. « La lumière
de la vérité ne se diffuse pas partout également, elle requiert de grands
esprits (*magnas mentes*) qui possèdent pleinement une particule céleste. »

---

1. Voir les travaux de J. Lagrée, *Juste Lipse, la restauration du stoïcisme*, Paris, Vrin, 1994.
   Sur la question des anciens et des modernes, il s'agit de repérer des fonctions : Montaigne
   est « un » Sénèque moderne, Vivès « un » Plutarque moderne.
2. Sénèque, lettre 39. La formule est reprise maintes fois, par exemple dans les *Considérations* :
   bona enim mens nec emitur nec comparatur.
3. *Règles pour la direction de l'esprit*, III, A.-T. X, p. 367.

La nature ne nous a pas assez favorisés pour nous donner une balance capable de peser la vérité, mais ces esprits « sont libres, ils ont l'habitude du bon sens, ils ont le bénéfice de juger droitement et sagement des choses singulières[1] ». L'héroïque est ici référence à l'exemplarité. La liberté se manifeste dans une normativité singulière. Liberté et bon sens sont ainsi les caractères du héros mais au titre de la singularité. Remarquons au passage que l'humanité héroïque est chez les libertins le corrélat d'une double mise en question : celle de la place de l'homme dans la création (ou dans la nature) : celle de l'essentialité de sa détermination ; l'inégalité entre les hommes[2] qui en résulte creuse le fossé entre un Archimède et le lourdaud de paysan, mais réduit l'opposition de l'homme et de l'animalité, et questionne justement l'unité de chacune de ces déterminations ; c'est un des chefs constants d'accusation à l'endroit des sceptiques, comme on le voit par exemple chez Garasse[3]. Mais revenons au héros : il serait intéressant de voir comment Balthazar Gracian en reprendra plus tard les principaux caractères :

> Se rendre impénétrable sur l'étendue de sa capacité. Le premier trait d'habileté dans un grand homme est de bien connaître son propre fonds afin d'en ménager l'usage avec une sorte d'économie. Cette connaissance préliminaire est la seule règle certaine sur laquelle il peut et il doit après cela mesurer l'exercice de son mérite. C'est un art insigne de savoir d'abord saisir l'estime des hommes, et de ne se montrer jamais à eux tout entier[4].

2. Rien n'est stable dans ce monde : « Toutes choses sont soumises à des vicissitudes et à une succession, les arts, les règnes, les sciences, les sectes, les cieux mêmes, les terres et la mer. La seule loi éternelle est que rien n'est constant et perpétuel[5]. » Cette sensibilité est celle des ruines et de la destruction. Les ruines envahies par une végétation parasite donnent d'ailleurs, on le verra, à méditer sur la production de l'irrationnel par la raison elle-même. Dans cette instabilité générale, le héros se définit par sa place, une place singulière. La tâche du héros, c'est de constituer du stable. La stabilité même est héroïque, le héros est enthousiasme de soi

---

1. *Syntagma*, p. 72 (je traduis). L'opposition de la pesée de la vérité et de son évidence est un thème constant dans la pensée sceptique. Voir par exemple Bayle, *Pensées diverses sur la comète*, chap. XLVIII, Nizet, t. I, p. 135 : « Il ne faut pas conter les voix, il faut les peser. »
2. D'où une interprétation peut-être anachronique de « l'élitisme » des libertins.
3. François Garasse (1585-1631). *Doctrine curieuse des beaux esprits de ce temps, ou prétendus tels, contenant plusieurs maximes contraires à l'État, à la religion et aux bonnes mœurs, combattue et renversée par le Père Garasse, de la Compagnie de Jésus*, Paris, 1623. Sur le rôle de Garasse dans la dénonciation des déistes et le procès de Théophile de Viau, on consultera en particulier Frédéric Lachèvre, *Le Libertinage au XVIIᵉ siècle*, 5 vol. ; et Antoine Adam, *Théophile de Viau et la libre pensée française en 1620*, Genève, Droz, 1935.
4. Balthazar Gracian, *Le Héros*, trad. citée. Il faut remarquer que Montesquieu caractérise la morale de la monarchie par les mêmes règles (*Esprit des lois*, livre I, 2, De l'éducation dans les monarchies).
5. *Syntagma* p. 73 (je traduis).

en situation. Dans le contexte des théoriciens de la perspective et de la représentation, on ne saurait cependant identifier la problématique du héros à celle du point fixe. « Quel que soit l'ordre de la nature et des lois de l'univers, il faut les lier ensemble par une méditation assidue, pour nous tenir plutôt aux pensées par lesquelles notre esprit (*mens*) est constitué comme au centre du monde et regarde toutes choses rouler (*volvi*) autour de soi en étant toujours stable, toujours dans son droit (*sui juris*) et sans aucune crainte. » Le sujet n'est pas un centre mais « comme » en un centre, il est stable mais il n'est pas centre de perspective, soustrait au mouvement, sa liberté est d'être sans crainte et non pas sans dépendance. On peut opposer la constance et la fermeté de ce sujet singulier, sa générosité pourrait-on dire, à l'universalité d'un regard qui embrasse *uno intuitu* le savoir et ses chaînes démonstratives[1].

Mais peut-être la théorie cartésienne de la générosité[2], dans la mesure où elle n'est pas une réplique du *cogito*[3], est-elle aussi une reprise de ces arguments. La générosité est pour Descartes la clef de toutes les autres vertus.

> Ainsi je crois que la vraie générosité qui fait qu'un homme s'estime au plus haut point qu'il se puisse légitimement estimer consiste seulement partie en ce qu'il connait qu'il n'y a rien qui véritablement lui appartienne que cette libre disposition de ses volontés, ni pourquoi il doive être loué ou blâmé sinon pour ce qu'il en use bien ou mal, et partie en ce qu'il sent en soi-même une ferme et constante résolution d'en bien user, c'est-à-dire de ne manquer jamais de volonté pour entreprendre et exécuter toutes les choses qu'il jugera être les meilleures ; ce qui est suivre parfaitement la vertu[4].

Cette estime de soi et cet amour de soi ne s'inscrivent pas exactement dans la détermination théologique de l'humilité. Peut-être faut-il même y reconnaître une pointe polémique chez Descartes.

3. L'acquisition du bon sens va ainsi de pair avec la mise en question du registre de l'originaire et du fondement. Les origines sont fallacieuses, l'originaire est infidèle à ce qu'il dit de lui-même, l'interpréter est le rôle du héros. Le bon sens sera un art de conjecturer auquel la *Bibliographie politique* fait une large place. On verra que Naudé écrit un véritable discours de la méthode qui contient les règles de la critique historique dans l'*Apologie pour les grands hommes faussement accusés de magie*. Il est remarquable que le vocabulaire de « l'ordre et de la méthode » exprime à

---

1. Trad. citée. Il faudrait distinguer le problème de la stabilité du problème de la perspective. La pesée égale n'est pas le regard souverain. Il y a toute une histoire, au XVIIᵉ siècle, de ces deux métaphores.

2. Descartes, *Passions de l'âme*, art. 153.

3. Voir André Pessel, « Descartes et la passion de générosité », in *Le Partage des passions*, sous la direction de E. Tassin et P. Vermeren, Paris, Éd. Répliques contemporaines, art édition, 1992.

4. *Passions de l'âme*, article 161.

la fois le projet cartésien d'un fondement des sciences et de la déduction et le projet naudéen d'un art de conjecturer et d'une mise en question des fondements de la connaissance. L'expression revient à plusieurs reprises dans la *Bibliographie politique*[1].

L'acquisition du bon sens nous est « secrètement signifiée par les premiers sages sous l'image d'un Protée polymorphe ». Ni un, ni immédiat, ni universel, le bon sens se déforme, se transforme, se forme. *L'Apologie* se donnera ainsi pour objet la construction et la fonction de l'irrationnel. Lire pour interpréter et démystifier, ou écrire pour déjouer les censeurs, il y a dans les deux démarches une prise en compte des résistances. Contre le monopole de l'histoire providentielle, l'histoire des temps anciens a une fonction théorique et politique, elle introduit ou réintroduit une rationalité de l'histoire sans philosophie de l'histoire ; elle pose aussi le problème inverse, le problème du plutarquisme : comment une singularité peut-elle être exemplaire ?

4. L'ordre de la nature fait produire à toutes choses « des sécrétions, des excroissances » : Naudé applique ce modèle organiciste aux sciences et aux arts, cette production naturelle du savoir enveloppe aussi la production de l'irrationnel par la rationalité :

> À mon avis, personne n'a suffisamment remarqué que l'ordre de la nature fait produire à toutes choses des excroissances et des sécrétions, ce qui purge les végétaux, les minéraux, les corps des animaux et des hommes [d'où les vieilles mythologies]. C'est encore plus vrai dans les sciences et les arts : après s'en être tenus longtemps à des objets utiles et essentiels, sans faire de mélange, les hommes se sont précipités dans l'inepte et le ridicule, bien que cela ne dépende pas tant des arts eux-mêmes que de la nature de notre tempérament et de notre esprit (*ingenii mentisque*) qui a la vigueur du feu et, descendu dans une prison terrestre, retient la nature des deux éléments[2].

Et Naudé d'énumérer les « songes creux et les arts imaginaires » qu'ont sécrétés la grammaire, la rhétorique, la dialectique, la musique, la physique, la médecine, sans compter la théologie, dont les « appendices » tiennent plus de l'imagination et de la croyance que de la raison et de la démonstration : « c'est pourquoi nous les avons comparées, avec leurs labyrinthes, à des ordures et à des excréments ».

Loin de chercher le fondement de la raison, ou une méta-raison, Naudé interroge les moments où un autre de la raison, organiquement et fonctionnellement lié à elle, naît d'elle. Et d'ailleurs il utilise à ce propos le terme « avorter[3] ».

---

1. Par exemple p. 12 à propos du plan de la science politique ; p. 56 à propos de la méthode de Bodin ; p. 117 à propos de la solidité du jugement de Charles Paschal. Voir aussi l'*Advis pour dresser une bibliothèque présenté à M. le Président de Mesmes*, nouvelle édition, 1644, p. 19.
2. *Syntagma* (je traduis).
3. Le terme « *abortivi* » est p. 73 ; plus loin (p. 73-74) c'est l'idée même du sacrifice des

L'épistémologie de Naudé s'articule donc à la fois à la détermination sociale de la science (le public), au modèle vitaliste de l'excroissance et à la démesure théorique : la raison fabrique l'irrationnel. Il y a donc des sciences « majeures » qui sont comme la « matrice » des sciences illusoires.

Mais en outre, les sciences sont elles-mêmes fragiles, il y a en elles une apparence et la réalité de cet élément formel est forte, particulièrement aux yeux du public, dont l'admiration traite de même science et non science. Mersenne s'interroge sur une admiration qui méconnaît la rationalité et dénonce les savants comme Magiciens tout en encensant les Astrologues et les Alchymistes comme savants[1].

Il y a magie dès qu'on cache l'efficace réelle du pouvoir, dès que se dérobent les mécanismes de production des choses : secret dans les choses ou dans les intentions qui appelle l'interprétation et le décryptage. L'histoire de la raison produit tout naturellement la magie comme effet de sens dans la pensée du réel. Le sens est un effet de plus, qu'on n'attendait pas, ou qui se produit à la place de ce qu'on attendait. La construction des machines artificielles est ainsi une magie naturelle : parce que l'esprit humain imite la nature, le public de la science le vit comme une magie, produits inaccoutumés d'un artifice humain.

On a ainsi comme la description d'un processus de genèse de l'irrationnel. Descartes rêvait de faire une mathématique des miracles[2] mais il faut distinguer entre la maîtrise de Descartes qui implique un modèle technique et une herméneutique des raisons de croire, liée chez Naudé à une production vitale.

5. Le cinquième thème convoque encore une fois l'idée que la *bona mens* est moins une donnée universelle de l'humain, ce dont il est doté, qu'un remède : à l'écart d'une perspective de fondation ou de fondement, il s'agit de guérir le sujet, de revenir à des conditions moins précaires de pensée et de constitution du savoir. En même temps que ce registre thérapeutique[3] est convoquée une vigilance experte qui ne se réduit pas, du reste, à la curiosité érudite. La référence érudite n'est pas, chez Naudé, recherche de la clôture ou de la systématicité du savoir dans un encyclopédisme mais mise en évidence de familles d'esprits ou d'écrivains. La

---

parties génitales qui est évoquée. Le terme est aussi dans l'*Apologie*, p. 99 à propos de l'imputation de magie aux « grands et doctes auteurs » dont on ne saurait croire qu'ils aient perdu leur temps à produire « ces fruicts abortifs et supposés ».

1. Dans *L'Impiété des déistes*, en 1624, dans *La Vérité des sciences*, en 1625 (rééd. Olms), dans *Les Préludes de l'harmonie universelle*, 1634 (dans *Questions inouyes*, rééd. A. Pessel, Paris, Fayard), Mersenne analyse l'usage ambigu qui peut être fait des mathématiques par les Alchymistes et par l'Astrologie judiciaire. Voir Naudé, *Apologie pour les grands personnages faussement soupçonnés de magie*, chap. II, p. 22-23.

2. Descartes, à *** septembre 1629, A.-T., I, 21.

3. Voir Lorenzo Bianchi, *Rinascimento e libertinismo, Studi su Gabriel Naudé*, Naples, Bibliopolis, 1996, en particulier le chapitre V sur la médecine avec les références à Guy Patin.

Bibliografia politica, par exemple, ne cherche pas à être exhaustive, elle est résolument sélective, diversifiant des pratiques de pensée, instituant des protocoles d'analyse politique[1]. Car, dans l'opposition de la bibliothèque et de l'encyclopédie, la bibliothèque[2], ensemble jamais clos, répond à une norme publique, relève d'une structure politique.

Être dans l'histoire n'est pas être dans une place forte. On ne tire pas tout de son propre fonds. Il faut tester, mesurer les biens, les marchandises. L'impératif est : « constitue-toi comme juge et arbitre ». La réticence à tout modèle de systématicité vient de cette exigence : il ne s'agit pas de soumettre les énoncés à des conditions de compatibilité, il s'agit au contraire de composer un système avec les bribes des autres, il s'agit de reconnaître et de trier. Diderot, plus tard, dans l'article « éclectisme » de l'*Encyclopédie*, déterminera également le bon sens comme un effet : le philosophe n'est pas celui qui sème mais celui qui récolte et qui crible.

On fait ici l'expérience d'un regard formé par ce qu'il voit, dans un système de déplacements : suivre et accompagner pour savoir voir et savoir dire. On n'y fera pas l'expérience du meilleur régime politique, on s'en tiendra à l'anatomie du politique. Car nous sommes dans de l'instable. Voici donc à l'œuvre un mode de subjectivité qui a partie liée avec le scepticisme. Un sujet qui accepterait d'être effet d'autre, qui penserait sa propre opacité, s'émanciperait de la problématique de la *causa sui* et du fondement du savoir.

Ainsi la *bona mens* n'est-elle pas chez Naudé une faculté de juger ayant pour corrélat le vrai, mais un art d'interpréter et de produire des signes, dont le corrélat est le sens. *L'Apologie* le pense à travers les fausses imputations de magie, les *Considérations* le pensent à partir des techniques de l'illusion. La théorie de l'apparence qui s'y construit désigne une anthropologie, l'homme est inventeur de signes dont l'efficace est locale.

Naudé cite[3] un livre de Scipion de Clairmont, imprimé cinq ans auparavant à Venise, *De conietantis cujusque moribus et latentibus animi affectibus*, c'est-à-dire, dit-il,

> l'art de conjecturer l'humeur et les secrètes affections et passions de l'esprit de qui que ce soit. Cette doctrine en ce qu'elle est nécessaire au Politique consiste principalement en trois choses, lesquelles doivent être soigneusement recherchées, savoir à connaître les moeurs et les inclinations des peuples, la nature et les complexions des hommes particuliers ; et la signification des gestes et des

---

1. L'éloge de Tacite le divinise : « De sorte que si autrefois, les jeunes hommes qui voulaient étudier en droit civil, avaient accoutumé d'apprendre par coeur la loi des Douze Tables, comme un fondement nécessaire à leur instruction ; pourquoi les Politiques qui sont pour tenir le Timon des États, ne graveraient-ils pas dans leur mémoire, les écrits de cet incomparable auteur, d'où en toutes occasions, ils peuvent tirer des exemples, et des oracles pour bien et heureusement gouverner les républiques », *Bibliographie politique*, p. 154.
2. Voir Robert Damien, *Bibliothèque et État*, Paris, PUF, 1995. Voir aussi Tullio Gregory, « *Theophrastus redivivus* ». *Erudizione e ateismo nel Seicento*, Naples, Morano, 1979.
3. *Bibliographie politique*, p. 132-133.

actions qui quelquefois, ne plus ne moins que la langue, découvrent, au dire de Polybe, les plus secrètes pensées de l'âme. La connaissance de toutes ces choses, selon l'opinion de Cardan, se peut assurément et promptement acquérir des discours ordinaires et des proverbes communs qui sont à toute heure en la bouche du peuple touchant le naturel des nations, voire même de chacun en particulier. […] je voudrais de tout mon coeur, ajoute-t-il, qu'il eût pris envie à quelqu'un de faire un Traité de la Physiognomie qui ne fût composé que de ces proverbes-là tout seuls[1].

Et c'est à ce propos qu'il cite le Tableau des esprits de Jean Barclay, auteur à qui, dit-il, « je ne préfère aucun autre, non pas même des anciens Romains[2] ». Plutôt que la sagesse populaire, et plutôt que l'esprit d'un peuple, c'est l'opinion publique qui est évoquée. Et la table des matières de la *Bibliographie politique* fera une part à ce type d'ouvrages.

Cette liaison de l'histoire et du secret va donner lieu à une méthode critique.

Naudé, dans l'*Apologie*, dénonce ceux qui n'interrogent pas l'autorité de l'historien, critique ceux qui veulent faire passer Pline, Albert le Grand, Vincent de Beauvais, Cardan, et quelques autres de non moindre conséquence pour « fabuleux secrétaires de la nature. Ils reconnaissent mal, à mon jugement, l'obligation que nous devons avoir aux observations de ces grands personnages ». Il définit donc, à partir de là, deux histoires et deux groupes de mauvais historiens. « Mensonge des charlatans, rêverie des alchymistes, sottise des magiciens, énigme des cabalistes, combinaison des lullistes », et « semblables folies de certains propriétaires et ramasseurs de secrets » n'apportent « rien de plus solide à l'histoire naturelle » que tous ces vieux et mauvais monuments d'Oleus, de Saxo Grammaticus, de Turpin, de Neubrigensis, Merlin, Naucler, Freculphe, Sigebert, Paulus Venetius et une infinité d'autres, « à la politique et civile ». « Car dans leurs histoires, ayant pris plus de peine à ramasser ce qui était épars çà et là, qu'à balancer l'autorité des auteurs dont ils empruntaient leurs mémoires, ils n'ont pas seulement donné source à une Iliade d'histoires chimériques et ridicules, mais ils ont de plus, mis en vogue par ce moyen, celles qui étaient encore plus fausses, les rapportant comme très certaines et assurées[3]. »

Suit une réflexion sur la génération de la fable qui se déroule selon cinq chefs.

1. D'abord :

pour nous délivrer de toutes ces absurdités, il ne faut que considérer l'ordre de ceux qui écrivent ces belles imaginations et remonter des uns aux autres jusqu'à ce qu'on ait reconnu le premier auteur et peut-être l'unique de ceux qui nous

---

1. *Ibid.*, p. 133.
2. *Ibid.*, p. 137.
3. *Apologie pour les grands personnages faussement soupçonnez de magie*, 1625, p. 15 *sq.*

les ont données ; comme par exemple, il est très constant que tous nos vieux romans ont pris leur origine des chroniques de l'évêque Turpin ; le conte de la papesse Jeanne d'un Marianus Scotus, la salutation de Trajan d'un Jean Lévite et l'opinion que Virgile était magicien du moine Helinandus.

Il y a une chronologie de la transmission dans l'invention.

2. Il faut considérer ensuite la condition de l'auteur, « le parti qu'il suivait, et le temps auquel il écrivait ». L'historien a une place et une position dans une situation, l'auteur est impliqué dans son récit comme acteur. C'est encore une fois la question du sens du récit qui l'emporte sur la question de la vérité.

3. La raison en est que « l'on a beaucoup plus d'assurance à ceux qui ont vu et mené les affaires qu'à des Moines et à des particuliers, à des hommes relevés et sublimes qu'à des simples et des ignorants ». Tous les acteurs ne sont pas des témoins significatifs, il faut distinguer entre les acteurs, ceux qui ont le pouvoir avec la sagesse.

4. Reste à caractériser la fonction idéologique de l'histoire :

Considérons encore que tous les historiens, excepté ceux qui sont parfaitement héroïques, ne nous représentent jamais les choses pures mais les inclinent et les masquent selon le visage qu'ils leur veulent faire prendre et pour donner crédit à leur jugement, et y attirer les autres, prêtent de ce côté à la matière, l'allongeant et l'amplifiant, la biaisant et la déguisant, suivant qu'ils le jugent à propos. Ainsi nous voyons que les Gentils et les idolâtres ont dit beaucoup de choses contre les nouveaux Chrétiens, parce qu'ils les avaient en haine ; que de même les partisans et quelques Empereurs ont dit mille vilénies contre les Papes ; que les Anglais décrivent la pucelle d'Orléans comme une Sorcière et comme une Magicienne et que les hérétiques de ce temps maintiennent une infinité de fables contre l'honneur des souverains Pontifes et de l'Église[1].

Mais il ne suffit pas de démasquer pour caractériser une fonction, encore faut-il juger de l'occasion et de l'intérêt du leurre, ce qui constituait le secret.

5. La conséquence de ces différents points est la conflictualité de toutes les histoires. « Leurs auteurs se sont entrebattus à qui emporterait le prix de forger davantage de mensonge. » Cette ironie ne renvoie pas à une problématique de la rectification, ni même au portrait de l'historien idéal, encore qu'elle pose les conditions de la formation du personnage.

Ces règles de la méthode historique déterminent en même temps le travail de l'auteur et le travail sur l'auteur :

On peut juger par toutes ces conditions requises à la censure des historiens, qu'elles ne peuvent être légitimement mises en pratique par des esprits stupides et grossiers que l'Onocéphale animal, qui ne bouge d'une place, nous représentait dans les lettres mystérieuses des Égyptiens. Je m'explique et je dis que ces conditions ne peuvent être pratiquées par ceux qui ne sont jamais sortis des

---

1. *Ibid.*, p. 18.

bornes de leur patrie, qui ne lisent aucune histoire, qui ne savent pas ce que l'on fait ailleurs et qui sont tellement rudes et ignorants que s'ils entendent nommer quelque grand personnage, ils croient le plus souvent qu'on leur parle de quelque monstre d'Afrique ou du Nouveau Monde. Tel est le génie de ceux qui n'ont rien à contredire ni à opposer : ils ne font pas difficulté de croire et de trancher résolument[1]...

Le début de l'*Apologie* énonçait « les préceptes que l'on peut donner en général pour former et polir le jugement ». Car le jugement de l'historien est bien l'effet de la lecture. On verra comment on pourrait opposer ici à une lumière naturelle exercée aux mathématiques, un bon sens formé par les lettres. « Le premier de ces préceptes est de s'occuper souvent à la lecture des meilleurs auteurs qui ont le plus excellé dans la Philosophie, dans l'histoire, etc. Comme Sénèque, Quintillien, Plutarque, Charron, Montaigne, Vivès, Thucydide, Tacite, Guicciardin, Commines et Sleidan. » Naudé cite encore « les discours politiques bien raisonnés, et tous ceux qui ont eu beaucoup de nouvelles conceptions, tels que Cardan et le chancelier d'Angleterre Bacon de Verulam en tous leurs livres ». Et il ajoute ; « Il faut encore avoir la connaissance de la Dialectique pour pouvoir avec plus de promptitude et de facilité distinguer le vrai d'avec le faux, le simple du composé, le nécessaire du contingent et nous ouvrir ainsi le chemin à la connaissance des sciences les plus utiles et à la pratique des affaires du monde la plus universelle et la plus générale qu'il se pourra faire[2] ».

Dans la triangulation de la *bona mens*, du savant et du grand public, on est ainsi amené à interroger la magie comme métaphore du politique : traiter la nature comme un sujet introduit au parallèle des *arcana naturae* et des *arcana imperii*. Les coups d'État sont l'art des apparences qui répond à la demande du public. D'où la nécessité d'une méthode critique chez l'historien qui déjoue l'illusion. Car la magie est demande de l'ignorant, elle n'est pas primitive, elle croît avec le progrès de la science. Descartes même le reconnaît : « Il y a une partie dans les mathématiques que je nomme la science des miracles, puisqu'elle enseigne, à propos de l'air et de la lumière, qu'on peut faire voir par son moyen toutes les mêmes illusions, qu'on dit que les magiciens font paraître par l'aide des démons[3]. » Le cinquième chapitre de l'*Apologie* est intitulé : « Que les mathématiques ont fait soupçonner de magie plusieurs de ceux qui les ont pratiquées ». Dans sa demande de prestiges, dans sa peur d'être leurré, le peuple dénonce les mathématiciens. En face d'eux, praticiens d'un savoir faux qui se donne pour vrai, les magiciens appartiennent à la catégorie des faux-monnayeurs.

Nous voyons tous les jours par expérience que comme les faux-monnayeurs ont l'industrie de coucher quelques feuilles d'or et d'argent sur de méchantes

---

1. *Ibid.*, p. 14.
2. *Ibid.*, p. 7-8.
3. Descartes, Lettre à *** septembre 1629, A.-T. I, p. 21.

pièces, pour les faire passer comme bonnes et vallables, ainsi la plupart de ceux qui, à cause de la vanité de leur doctrine, ne seraient jamais recherchés de personne, sont contraints de changer de face, de se déguiser, et de prendre le titre, les hérétiques, par exemple, de théologiens, les souffleurs, de chymistes, les charlatans, de médecins, les sophistes, de philosophes, les enchanteurs, de mathématiciens.

Ce qui a causé partout et principalement dans les sciences, une telle confusion, qu'il est très difficile, pour ne pas dire impossible, de pouvoir discerner ceux qui en font véritablement profession et qui cherchent à s'éclairer l'esprit par elles, d'avec les ignorants et les téméraires qui se mêlent de les exercer ; mais qui au contraire les ont obscurcies par une infinité de fraudes et de superstitions et les ont par ce moyen rendues si suspectes que ceux même qui les ont cultivées le plus religieusement ne l'ont pu faire avec l'entière approbation et avec la satisfaction de chacun. C'est là véritablement une des causes que plusieurs esprits très savants et très subtils ont donné sujet à leurs ennemis de les diffamer comme magiciens[1].

Naudé distingue quatre sortes de magie : l'homme étant la pièce la plus hardie de toute la nature, il y a d'abord une magie divine du Créateur. Elle se manifeste dans la grâce spéciale de Dieu tout-puissant, dans la prophétie, le miracle, le don des langues. Il y a une magie théurgique qui demande l'aide d'un ange et une magie goétique qui demande l'aide d'un démon. Il y a enfin une magie naturelle qui n'est rien d'autre qu'une physique pratique comme la physique est une magie contemplative, ce qui permet de citer « le docte Verulam » : *naturalem philosophiam a veritate speculationum ad magnitudinem operum revocare nititur*. Et sur le dénombrement des parties de cette philosophie naturelle, c'est à Avicenne que Naudé fait appel[2]. Les opérations surnaturelles interviennent comme relation historique, les opérations naturelles comme exemples de mécanique.

Il note ainsi que c'est à partir des quatre mathématiques (arithmétique, géométrie, musique, astronomie) que le jésuite Pererius[3] « a pris sujet de faire deux sortes de magie, l'une qui dépend absolument de la physique et de ses parties, et qui par le moyen des qualités occultes et manifestes de toutes choses, produit souvent des effets étranges et du tout admirables [...]. L'autre magie naturelle est celle qui, suivant les préceptes des mathématiques compose les machines artificielles ». Et Naudé énumère les applications de la première : la poule d'or de Sennert, l'onguent magnétique de Goclin, la lampe et le chevalier invulnérable de Burgrave, la poudre idéique de Quercetan, l'or fulminant de Beguin, l'arbre végétal des chymistes, « et bien de pareils miracles de la nature que tous ces auteurs disent avoir vus et expérimentés » ; suivent les applications de la seconde :

1. *Apologie*, p. 74 *sq.*
2. *Ibid.*, p. 26 et 43.
3. Benedictus Pereyra, 1535-1610. *S. J. Benedicti Pererii adversus fallaces et superstitiosas artes, id est, de magia, de observatione somniorum et de divinatione astrologica, libri tres*, Lugduni, 1592.

la sphère d'Archimède, les automates de Dédale, les trépieds de Vulcaïn, les hydrauliques de Boèce, le pigeon d'Archyte, l'industrieuse mouche de fer[1] présentée à l'empereur Charles V par Jean de Montroyal « et plusieurs autres effets de l'industrie de l'esprit humain, imitant adroitement la Nature ».

Ainsi les esprits peu subtils ont été si fort étonnés de cette industrie, que, ne pouvant découvrir les ressorts que l'on s'efforçait de leur cacher, ils ont attribué l'artifice de ces machines ingénieuses à l'opération des Démons, plutôt qu'à l'habileté des hommes.

Leurs sciences, leurs instruments, leur tête d'airain, leurs horologes, et tout le reste de leurs subtilités, ont tellement étonné la populace, qu'au lieu de rapporter à leur vraie cause et à la pratique des mécaniques, ces effets si singuliers ; pour avoir plutôt fait, elle les a renvoyés à une magie diabolique telle que plusieurs se persuadent avoir eu plus de vogue, il y a cinq ou six cents ans, qu'elle n'en a aujourd'hui. Ils sont même persuadés qu'il y en avait des écoles publiques en Espagne[2]...

Naudé évoque l'anglais Daniel Moralus qui, en 1190,

après avoir demeuré longtemps en Barbarie, pour les apprendre, fut persuadé de se transporter à Tolède, comme au lieu du monde où les mathématiques étaient le mieux enseignées [lieu qui devint encore plus célèbre...] quand Alphonse X qui régnait en Castille l'an 1262, se rendit tellement fauteur et partisan de ces disciplines, qu'il donna plus de quatre cents mille écus de récompense à quelques Arabes, en reconnaissance de ce qu'il s'était servi de leur travail et de leur industrie pour dresser ses tables astronomiques [...]. Au reste, comme cette Astrologie judiciaire est, pour ainsi dire, l'enfant supposé de l'Astronomie[3], le vulgaire a confondu par abus les Astrologues sous le nom de Mathématiciens[4].

D'où la fausse image des mathématiciens devenus odieux comme magiciens. Pour montrer l'antiquité de cette confusion, Naudé cite Aulu-Gelle (I, 9) : « *vulgus autem quos gentilio vocabulo Chaldeos dicere opportet, Mathematicos dicit* » et Juvénal (satire 14) : « *Nota mathematicis genesis tua* ».

Il ne s'agit dans ces deux passages, ni d'Arithmétique, ni de Géométrie, ni de Musique, ni d'Astronomie, sciences que l'on comprend chez les gens de lettres sous le nom de mathématiques et approuvées universellement d'un chacun. Il ne s'agit que de l'Astrologie judiciaire, laquelle est fort à propos condamnée

---

1. *Apolopie*, p. 76-78. Naudé cite, à propos de la mouche de fer, Du Bartas au Sixième jour de la Première semaine (*La Sepmaine ou création du Monde...*, 1585). Sur ce poète, voir Albert-Marie Schmidt, *La Poésie scientifique en France au Seizième siècle*, Paris, Albin Michel, 1938.
2. *Ibid.*, p. 79-80. Naudé évoque les « cavernes » qui sont proches de la ville à Tolède et Salamanque, écoles publiques vestiges de cette magie diabolique : « Tout ce que l'on dit de cette magie enseignée à Tolède, se doit expliquer des mathématiques ».
3. Mersenne prendra la peine dans ses *Préludes de l'harmonie universelle, questions curieuses utiles aux Prédicateurs, aux Théologiens, aux Astrologues, aux Medecins et aux Philosophes* de démonter comme une machine toute l'argumentation des Astrologues.
4. *Ibid.*, p. 55.

par l'Église, non point comme suspecte de magie, mais comme celle *quae stellis eaque geruntur in terra consecrat* qui nous rend captifs des destinées et combat directement toute sorte de religions[1].

Naudé occupe une place à part parmi les « libertins ». La théorie d'un sujet historique et héroïque à la fois constitue une critique oblique d'une métaphysique théologienne. Sans pratiquer la réduction ni la dérision du divin comme d'autres déistes, il en étudie l'économie et la politique. Il nous donne la leçon, historienne, d'un bon sens héroïque. Car faire valoir la lumière de l'histoire est en un sens un acte singulier, qui requiert un homme exceptionnel, à la fois homme de décision et interprète, auteur et acteur.

On pourrait conclure comme on a commencé, en situant ce bon sens de l'homme d'exception dans une variation sur le concept de bon sens. Cette fois, ce n'est plus à Descartes mais aux poètes qu'il faudrait faire appel. On pourrait citer les poèmes de Théophile de Viau ou de Vallée des Barreaux : pour l'un, le bon sens s'altère dans les vicissitudes de l'âge, pour l'autre, il est malédiction dans la jouissance. On voit ainsi se déployer les avatars du bon sens et après l'esquisse de sa formation, les figures de sa dénaturation. Laissons donc parler Théophile de Viau :

> Notre désir changeant suit la course de l'âge ;
> Tel est grave et pesant qui fut jadis volage,
> Et sa masse caduque esclave du repos,
> N'aime plus qu'à rêver, hait le joyeux propos.
> Une sale vieillesse, en déplaisir confite
> Qui toujours se chagrine et toujours se dépite
> Voit tout à contrecoeur et ses membres cassés
> Se rongeant de regret de ses plaisirs passés,
> Veut traîner notre enfance à la fin de sa vie,
> De notre sang bouillant veut étouffer l'envie.
> Un vieux père rêveur, aux nerfs tout refroidis,
> Sans plus se souvenir quel il était jadis,
> Alors que l'impuissance éteint sa convoitise,
> Veut que notre bon sens révère sa sottise,
> Que le sang généreux étouffe sa vigueur,
> Et qu'un esprit bien né se plaise à la rigueur[2]...

---

1. L'édition de 1712 traduit : « non point comme suspecte de magie, mais comme une science vaine et chimérique... qui par la témérité qu'elle a à vouloir s'égaler à la Providence, en fouillant dans l'avenir, combat directement la religion », p. 85.
2. Satyre Première, cité par Antoine Adam, *Théophile de Viau et la libre pensée française en 1620*, p. 58. Voir *René Descartes et Martin Schoock, La querelle d'Utrecht*, textes établis, traduits et annotés par Theodor Verbeeck, préface de J.-L. Marion, les impressions nouvelles, 1988.

À l'éloge de la générosité chez Théophile de Viau, nous voyons succéder le pessimisme de Jacques Vallée des Barreaux :

D'un sommeil éternel la mort sera suivie
J'entre dans le néant quand je sors de la vie,
ô déplorable état de ma condition
Je renonce au bon sens, je hais l'intelligence.
D'autant plus que l'esprit s'élève en connaissance
Mieux voit-il le sujet de son affliction[1].

---

1. *Recueil de quelques pièces nouvelles et galantes, tant en vers qu'en prose*, Cologne, 1667. L'attribution en est douteuse, voir A. Adam, p. 194. Ami de Théophile de Viau, Jacques Vallée des Barreaux vécut jusqu'en 1673. Il rendit visite à Descartes en Hollande en 1641.

CHAPITRE VI

LA PLACE DE L'AUTEUR DANS LA DÉFENSE D'UNE RELIGION : CHARRON FACE À DUPLESSIS-MORNAY

Dans les années 1590, Charron participe à la controverse sur les marques de la vraie religion. Nous tenterons de caractériser la nature de son opposition aux protestants et de repérer la différence entre le texte des *Trois Veritez* et celui de la *Sagesse*. Nous nous appuierons sur quelques textes dans les éditions suivantes :

– *Traicté de l'Église, auquel sont disputées les principalles questions, qui ont este meuës sur ce poinct en nostre temps*, par Philippes de Mornay, Seigneur du Plessis Marlyn, gentilhomme François, imprimé à Londres par Thomas Vautrollier, 1578.

– *De la verité de la religion chrétienne, contre les Athees, Epicuriens, Paiens, Juifs, Mahumédistes, et autres infideles,* par Philippes du Mornay, sieur du Plessis-Marly, reveu par l'autheur, avec une table très ample des principales Matières qui y sont contenues, à Paris chez Claude Micard, 1585 (la première édition est à Anvers, chez Plantin, 1581).

– *Response pour le Traité de l'Église escrit par Philippe de Mornay Sieur du Plessis, aux objections proposées en un livre nouvellement mis en lumiere intitulé Les trois veritez*, l'Autheur duquel maintient que de toutes les parts, qui sont en la Chrestienté, la Romaine prétendue Catholique est la seule vraye Église. Seconde édition enrichie d'un ample indice des matières principales, outre celui des chapitres, par Gabriel Cartier, 1595. (Ouvrage anonyme dont une autre édition sous le titre *Response à un livre nouvellement mis en lumiere intitulé Les trois veritez*, […] à La Rochelle, H. Haultin, 1594, est cataloguée à la BnF, avec la mention : « attribuée dubitativement à Daniel Tilenus, par le catalogue du British Museum ».)

– *Traicté des vrayes, essencielles et visibles marques de la vraye Église Catholique*, par Théodore de Bèze, à La Rochelle, par Hierosme Haultin, 1592 [l'auteur mentionne une version de douze ans antérieure dont celle-ci serait la traduction f. 22v].

– *Les trois veritez*, dernière édition, reveuë, corrigée et de beaucoup augmentée, par M. Pierre Le Charron, Parisien. À Paris, chez Jacques Villery, 1635. [La première édition est à Bordeaux, S. Millanges, 1593, la seconde (*ibidem*), en 1595], in *Pierre Charron*. *Œuvres*, Genève, Slatkine reprints, 2 vol., 1970, tome II.

– *Discours chrestiens*, *ibid.*, t. II.

– *De la Sagesse*, par Pierre Charron, rééd. Barbara de Negroni (texte des éditions de 1601 et 1604), Paris, Fayard, 1986.

Le biographe de Charron, Gabriel Michel de La Rochemaillet, explique dans son *Éloge* comment Charron prit part à cette polémique.

> Les troubles derniers ayants retenu le sieur Charron en la ville de Bordeaux depuis l'an 1589, jusques en l'année 1593. Il dressa son Livre des trois veritez, qu'il fit imprimer en l'an 1594 sans y mettre son nom, qui fut receu fort plausiblement de tous les sçavans hommes, et sur l'édition de Bordaux, on l'imprima deux ou trois fois en cette ville, et depuis à Bruxelles en Flandres, sous le nom de Benoist Vaillant, Advocat de saincte Foy, nom inventé à plaisir, parce qu'on voit que par l'autheur de ce livre en la troisiesme Verité la cause de la saincte foy est fort bien plaidée et deffendue contre le petit traicté de l'Église, auparavant composé par le Sieur Duplessis-Mornay, la publication de ce livre le fit cognoistre à Messire Antoine d'Ebrard de Saint Sulpice, Evesque et Comte de Caors, [qui sans connaître Charron] fit imprimer pour la seconde fois son livre à Bordeaux, en l'an 1595, y mettant son nom et l'augmenta d'une réplique contre sa response qui avait été imprimée à La Rochelle, faicte à sa troisiesme Verité [1].

Nous lisons dans l'*Histoire de la ville de La Rochelle* :

> En 1594, un ministre de La Rochelle prit la plume à dessein de réfuter un ouvrage polémique du fameux Pierre Charron ; celui-ci avait donné un traité considérable intitulé *Les trois vérités*. La troisième vérité, ou la troisième partie de ce traité avait pour objet la prétendue réforme ; et l'auteur y prouvait que de toutes les parties qui sont en la chrétienté, la catholique romaine est la meilleure. Bayle avoue qu'il y a dans cet écrit beaucoup de méthode. La défense de la prétendue réforme donnée par un pasteur Rochellois parut sous ce titre : *Réponse à un livre nouvellement mis en lumière, intitulé les trois vérités*, à La Rochelle, chez Jerosme Haultin, 1594 [2].

Dans la seconde édition des *Trois veritez* (1595), Charron critique point par point tous les éléments de cette *Réponse* et précise son opposition à Philippe Duplessis-Mornay et à Théodore de Bèze.

Ce débat se situe à deux niveaux : explicitement dans l'identification des marques et l'analyse de leurs différences ; mais aussi de manière plus

---

1. *L'Éloge* est au t. I du reprint Slatkine, f. e2v.
2. [Louis-Étienne d'Arcère], *Histoire de la ville de La Rochelle*, par M. Arcère, de l'Oratoire, de l'Académie royale des Belles-Lettres de cette ville, La Rochelle, René Jacob Desbordes, 1757, avec privilège et approbation du Roy, t. II, liv. 5, p. 112. D'Arcère note en marge : Ministre anonyme.

implicite, dans une réflexion sur le concept de marque où se joue l'opposition entre théologie et anthropologie.

**

Duplessis-Mornay dédicace le *Traicté de l'Église* à Henri IV, au prince Chrétien, pour qu'il voie « quel doibt estre le droict estat de l'Église de Dieu, quel il est à présent soubz la tyrannie du pape en l'Église Romaine, et conséquemment, quel honneur Dieu vous fait en nostre temps, vous eslisant entre tant de grandz princes, pour la délivrer de telle servitude ». Ce grand œuvre pour lequel Dieu a pourvu le souverain de toutes les qualités, rencontrera la résistance des puissances de l'Antéchrist, mais la victoire est à la fin pour la chrétienté. Au lecteur, l'auteur présente son traité « non point comme jà ayant trouvé la vérité, mais comme la cherchant » car le prix de la victoire n'est pas la gloire du monde mais le salut du peuple.

Duplessis-Mornay commence par considérer trois « Périodes » dans l'histoire. Il reviendra sur cette périodisation dans la *Verité de la religion chrétienne*.

La périodisation met en œuvre l'opposition entre l'Église visible et l'Église invisible.

« Nous remettrons à Dieu, scrutateur des cœurs, la connaissance de l'Église invisible et nous nous contenterons de cercher en sa Parole la visible en laquelle ceux se doivent retirer en ce siècle qui veulent estre recueilliz avec l'invisible au siècle à venir [...]. L'Église visible se considère proprement en ceux qui combattent en terre non pour le nom de Christ seulement, mais bien souvent sous son nom à fausses marques et enseignes » (p. 2-3).

L'Église visible a eu trois périodes principales (p. 5-6). L'une, sans loi, encore que l'homme sentant sa corruption par le premier péché, ait cherché la loi en lui-même, au dire de quelques anciens qui ont supposé une loi naturelle non écrite avant Moïse[1]. La seconde période fut sous la loi, lorsqu'il s'habitua si bien au mal qu'il en fit sa seconde nature : « Et lors, pour luy monstrer son péché, la loy fut donnée comme un miroir auquel il peut considérer sa souilleure, et combien il estoit loing de ce qu'il présumait afin de recourir au lavement » (p. 6). Mais l'Église ne fut alors visible qu'en un peuple, le peuple d'Israël. La troisième période, sous la grâce, est le remède promis à nos premiers parents par la venue de Jésus-Christ. Elle est catholique ou universelle, car il n'y a plus dès lors, dit saint Paul, ni juif ni Grec, ni nation privilégiée : « tout le monde est l'Aire, le Champ,

---

1. On peut citer par exemple Tertullien : « *Denique ante legem Moysis scriptam in tabulis lapideis, legem fuisse contendo non scriptam quae naturaliter intelligebatur, et a patribus custodiebatur* », *Adversus Judoeos*, II, 7.

et l'héritage du Seigneur » (p. 8). Cette Église universelle comprend sous elle toutes les églises particulières, recueillies en diverses parties du monde : occidentale, grecque, latine, de Corinthe, de Galatie, d'Éphèse, de Rome, de Carthage, toutes parties de l'Église catholique universelle. « Or l'Église visible est au monde et le monde est immonde » (p. 9). Aussi est-il impossible qu'elle ne se rouille et se corrompe, étant composée d'hommes corruptibles. L'Écriture parle d'elle selon ce qu'elle doit être plus que selon ce qu'elle est en réalité.

Comme Dieu a daigné être Père en Jésus-Christ, son fils notre Seigneur, l'Église fut honorée et reconnue pour mère. Corporellement assemblés en l'Église et spirituellement incorporés, les bons et les méchants sont mêlés en l'Église visible : nous remettrons donc à Dieu la connaissance de l'Église invisible en laquelle ne sont que les bons. La doctrine est également parée de beaux titres, mais elle a souvent négligé la voix de l'Époux et s'est fait des lois à son plaisir : « elle a paillardé soubz tout arbre fueillu qu'ilz appellent ses Princes... » (p. 11). Et Duplessis-Mornay d'énumérer les infidélités des églises et en particulier de la secte de Mahomet. Il y reviendra à la fin du chapitre pour rappeler la débauche de l'Église de Samarie ou d'Israël, qui ne conservait de la loi que le titre et élevait ses enfants dans l'idolâtrie (p. 22). Ce sera pour faire un parallèle avec la corruption de l'Église chrétienne (p. 24).

Il faudra distinguer les parties pures et les parties impures de l'Église visible et leurs marques. De ces Églises particulières, « comme de membres et parties d'un même corps, les unes sont pures, les autres impures », plus ou moins saines ou malades. « Celles qui sont pures et saines, nous les appelons Églises orthodoxes, droictes, consentantes à la vraye doctrine qui est le nom que la plupart des anciens leur attribuent. Les autres, nous les appelons Églises errantes, Hérétiques, ou Schismatiques, selon qu'elles errent en la foy ou en la charité, à l'endroict de Christ ou à l'endroict de son Église, ou même en l'un et en l'autre, chacune toutesfois en son degré » (p. 14)[1]. Elles sont Églises comme un homme menteur ou lépreux reste cependant un homme.

Ainsi le mot de catholique ne peut-il désigner une Église particulière et ne sert-il qu'à distinguer l'Église chrétienne de la judaïque. Mais dans la dispute contre les novatiens, donatistes et autres transférant toute l'Église à eux, les anciens prirent cette façon de parler et appelèrent catholique l'Église orthodoxe.

---

1. « SCHISME, HÉRÉSIE. Dans le langage de l'Église catholique romaine, il y a schisme quand, ne se séparant pas sur des points essentiels de doctrine, on se sépare de la communion avec l'Église et de l'autorité du Saint-Siège ; il y a hérésie, quand on se sépare de l'Église sur des points considérables : les Grecs sont schismatiques, les protestants sont hérétiques. L'hérésie entraîne le schisme ; mais le schisme n'entraîne pas l'hérésie » (Littré). C'est la religion dominante qui peut énoncer une telle détermination.

Quelles sont donc les vraies marques de cette Église pure ? La pure Église et la vraie mère est celle qui nous enfante par le baptême, nous régénère et nourrit par la parole, nous unit à Christ et entre nous par la Cène. En l'Église de Juda et d'Israël, la circoncision tenait lieu du baptême, de la Pâque et de la Cène, la parole demeurant la nourriture ordinaire des enfants de Dieu. Et pourtant nous voyons que cette parole et ces marques durent toujours être rappelées, que Josué, Josias, Esdras durent rappeler au peuple la loi et l'Alliance pour redresser l'Église après les périodes de dispersion (p. 17). Le baptême et la Cène sont donc la première marque, qui s'inscrit dans le corps du chrétien.

La seconde marque de la vérité est l'obéissance à la parole du Christ « qui ne nous a point donné d'autre marque pour connaître son Epouse ». Cette voix retentit en ses écritures, il l'a prononcée par la bouche de ses prophètes et apôtres.

« Adjoustons encore une tierce marque, encore qu'elle ne soit substantielle mais extérieure, à sçavoir la légitime vocation des Pasteurs et Ministres de l'Église, qui ont l'administration des précédentes. Car puisqu'il est question de prescher, soit par la parole, soit par les sacremens qui nous sont comme une parole palpable, et que pour prescher, il faut estre envoyé, il est très nécessaire que l'Église de Dieu ait un ordre pour envoyer les Pasteurs » (p. 19).

La marque de l'orthodoxie sera que la parole et les sacrements soient purement et légitimement administrés. Mais les Églises non orthodoxes et impures ne sont pas si aisées à définir car la fausseté est toujours plurielle. Il faut encore distinguer le membre malade du corps malade et celui-ci de la maladie. Les Églises hérétiques ne laissent pas d'être encore Églises de Christ, quoiqu'elles ne le soient plus lorsque Christ n'est plus reconnu comme Sauveur et Médiateur, comme si on tranchait le gosier et qu'on sépare la tête du corps (p. 22).

Ainsi, une seule marque ne suffit pas, il les faut toutes ensemble.

Il semble que la stratégie de Duplessis-Mornay consiste à se défendre de l'accusation de schisme et à porter contre l'Église catholique l'accusation d'hérésie. La séparation ne fait pas le schismatique[1]. Les Apôtres ne furent pas schismatiques encore qu'ils se séparassent des scribes et des Pharisiens : les Schismatiques furent « les Sacrificateurs et Scribes, qui les mettoyent à mort quand ils se soubmettoyent de vérifier la venue du Christ au milieu de l'Église. Et prouverons en son lieu, que le mesme est advenu en nostre temps à l'endroict de ceux qui ont voulu vérifier l'Antéchrist en

---

1. Charron fera une théorie de la double contrariété en opposant la pluralité des schismes, contraires entre eux, et leur unité, du fait de leur commune contrariété par rapport à l'église catholique. « Nonobstant leurs contrarietez elles [les églises schismatiques] s'accordent toutes en ce qu'est de contrarier, guerroyer, et détruire si elles peuvent, ladite Catholique Romaine... », *Les trois veritez*, p. 133.

plein concile » (p. 27). Toute la loi n'était donnée que pour nous faire sentir notre péché et l'Église latine nous a fait judaïser par-dessus les juifs, nous promettant le salut de par nous-mêmes (p. 25). Cette Église est au premier degré hérétique et impure. S'il faut encore distinguer entre les auteurs d'un schisme et ceux qui les suivent, le châtiment des auteurs sera impitoyable et servira de leçon, pour les ramener dans le droit chemin, à ceux qui, pour n'avoir fait que suivre ces faux pasteurs, n'en sont pas moins coupables. Mais le bon Prince distingue entre l'ambition des chefs de faction et la simplicité du pauvre peuple (p. 28).

« Nous conclurons donq, que les marques de la pure Église sont Foy et charité, la Parole et les sacremens purement et légitimement administrez. Les marques des Églises impures [sont] quand elles y défaillent en partie, ou quand elles y sont impures, ce qui toutefois advient ordinairement ensemble » (p. 29). Toute religion ayant sa doctrine et ses signes visibles, Duplessis-Mornay rappelle une fois de plus que « la doctrine est au vieux et nouveau testament et les sacrements au baptesme et à la Cène ». Il reste à montrer que les marques des adversaires sont « communes aux Églises pures et impures ». Il faut donc analyser cette confusion pour connaître la source de la défaillance.

Le raisonnement de Duplessis-Mornay est que si les adversaires demandent des marques extérieures comme l'ancienneté, la multitude, la succession des lieux et des personnes, les miracles et les révélations : c'est qu'ils veulent nous faire croire que la pure Église ne se connaît point par la pure administration de la Parole et des sacrements : c'est donc en réalité qu'ils ne sont pas convaincus d'avoir les marques essentielles de la pure Église orthodoxe.

Le recours au critère de l'ancienneté, pour l'Église moderne, ne peut se justifier car sa généralisation supposerait le recours à la tradition juive et non chrétienne, ou païenne et non juive. Les « vraies » marques invoquées par l'Église romaine sont toujours des marques singulières, relatives à une place, et non universalisables. Cette critique d'une prétendue universalité est le principal argument dans ce débat.

L'argument contre la multitude repose sur une sorte de tri ou d'élection : Dieu choisit le plus petit peuple, Israël, puis choisit la moindre de ses parties, les chrétiens : car le nombre est plutôt une présomption du faux que du vrai (p. 35). Le nombre des vrais chrétiens ne cesse de diminuer sous les empereurs romains. L'unité de la multitude ne peut pas non plus être un critère puisque l'Afrique et l'Asie pratiquent un christianisme sans le pape.

Le lieu lui-même a varié. Où est l'Église ? L'Église est-elle une ville, enfermée en ses murs, ou une cité, union de citoyens vivant sous mêmes lois ? Après la chute de Jérusalem, et puisque les papes ont bien quitté Avignon pour Rome, où sera le temple du Seigneur, « maintenant que tous les Climatz du monde sont egalement son Temple » (p. 39) ? La succession des personnes « n'est pas moins frivole ». Mais bien que dans les états ou républiques, les magistrats succèdent aux magistrats, par filiation ou par élection,

s'il est question de réformer l'estat selon les loix, nul n'est si mal advisé que d'user de ces arguments, [...] la république n'a que faire de reformation [...]. Et les mêmes jurisconsultes qui sont deux especes de Tyrans, les uns sans tiltre et les autres d'exercice, les uns injustes usurpateurs et les autres injustes gouverneurs, nous font aussi deux espèces de Papes Tyrannisans l'Église, les uns qu'ils appellent *intrusos*, qui s'y sont fourrés illégitimement, les autres, *abutentes*, abusant de leur authorité, montrant par là que ce qui advient en la succession des Magistratz en la Republique, peut advenir en la succession de Prelatz en l'Église (p. 40).

Duplessis-Mornay utilise la distinction classique entre tyran d'usurpation et tyran d'exercice. On passe de la vérité des marques à la légitimité d'un pouvoir.

La succession des personnes, qu'elle soit d'évêque à évêque ou de pasteur à pasteur, « sans la succession de doctrine ne faict rien ». Et il ne suffit pas d'invoquer la sagesse divine pour être pénétré de l'Esprit Saint. « C'est en vain que la plume est taillée et qu'il y a scribe [...]. De fait cette sagesse successive et héréditaire crucifia le Christ et rejetta son salut comme aussi icelle mesme mais prétendue seulement, adore l'Antechrist, et heberge sa perdition » (p. 41). Car que répondraient aujourd'hui ces allégueurs de succession à toutes les Églises grecques et orientales, aux Églises reformées d'Angleterre, Danemark, Suède, Allemagne ? Il faut encore prendre garde à la destination des arguments, selon qu'ils défendent la doctrine en face de tels hérétiques ou de tels autres. Et Duplessis-Mornay s'attache très soigneusement à déchiffrer en ce sens les arguments de saint Augustin. « S'adressait-il aux Manichéens ? Il leur allègue les miracles, l'Antiquité... S'adressait-il aux Donatistes, Arriens, Pélagiens ? Il dispute par les Écritures » (p. 42).

Duplessis-Mornay conclut : la vraie marque de l'église n'est ni succession du lieu, ni succession de personnes mais succession de doctrine (p. 43). C'est la doctrine qui permet d'examiner les miracles, car les diables et les faux Christ peuvent bien en faire : ils ne seront pas faux « en effet mais en leur fin » parce qu'ils tendront à fausseté et à confirmer le siège de l'Antéchrist. Duplessis-Mornay dit qu'il y a des marques qui ont besoin elles-mêmes d'être éprouvées et approuvées par une autre marque, à savoir la doctrine. On verra comment Charron argumente contre cette thèse. L'objet du chapitre IV du *Traicté de l'Église* sera de montrer que l'Écriture sainte est la touche infaillible pour éprouver la pureté de la doctrine, car il faut des juges pour éprouver les marques.

L'analogie entre l'église et la société se poursuit. Au tribunal, nous avons avocats et juges. Mais qui sera ici Juge ? Ce n'est point à l'homme

de juger du service de Dieu, car il n'y a pas de proportion de l'un à l'autre :
« c'est pourquoi Dieu mesme a voulu estre l'Unique Legislateur de son
peuple » (p. 50). Mais les hommes ont substitué à Sa loi des cérémonies
de leur invention. L'Église romaine a usurpé le rôle du juge divin. Or Dieu
nous a parlé par son fils « qui est sa parole essentielle » et il a pu nous dire
tout ce qui est nécessaire au salut. Mais comment cette parole a-t-elle été
recueillie et transmise ? Duplessis fait une analogie avec la rédaction d'un
acte juridique :

> Les Apostres l'ont reçue par sa bouche pour la publier partout, et en ont este
> vrays et fideles Ambassadeurs. Et, après ce mesme esprit par lequel ils ont
> presché, la leur a dictée pour la laisser à la postérité, tellement que nous l'avons
> enregistrée par quatre Notaires jurez du sainct Esprit, et expliquée en plusieurs
> Epistres des Apostres. Finalement, ces registres du Royaume celeste, ont été
> collationnez par le commun soing des Églises qui en estoyent gardiennes,
> lesquelles ont tesmoigné que cette Parole estoit procedee d'eux, et y ont apposé
> leur seing : Et afin que nulles escritures ne s'y peussent esgaler, et pour oster
> aussi le fondement des hérétiques qui allegoyent partout et à tous propos les
> traditions des Apostres, les Églises les rédigèrent en un livre, qu'ils ont appelé
> Canon et règle, et ces écritures canoniques. Voilà donq qu'en l'Église chré-
> tienne, nous avons comme soubs la Loy, une regle pour juger le droict d'avec
> le tortu, une esquierre pour dresser nostre bastiment, un compas pour conduire
> nostre barque, une Loy pour juger nos differens, un Dieu en sa parole pour
> terminer les procès qui naissent entre les Églises (p. 54).

Duplessis-Mornay s'appuie essentiellement sur saint Augustin pour autoriser, si l'on peut dire, cet accès direct à Dieu par l'Écriture.

Car si la doctrine a pu se constituer selon une unité, il a fallu que les
différents conciles énoncent des règles de cohérence, et que la doctrine
commune soit inspirée par l'Esprit Saint. L'établissement du texte engage
ainsi une histoire qui implique le pluriel des différentes Églises dans le
recours à l'Écriture comme marque de la vraie Église. Et c'est aussi la
réponse à l'argument des Romains, que les réformés prennent l'esprit individuel pour l'Esprit Saint. L'histoire de la vérité est à la fois une histoire
humaine et une histoire divine. Ses énigmes ne sont donc ni ignorance ni
malice (p. 64). Et ainsi, l'Église ne pourra être juge de l'Écriture (comme
le prétendent les papistes) mais bien l'Écriture juge de l'Église (p. 70). Car
aucune Église ne peut confisquer l'Écriture Sainte.

Il ne se peut donc trouver aucun juge des controverses de ce temps
que l'Écriture Sainte, ce qui signifie que chacun est, par elle, juge[1]. Ainsi
la réflexion sur l'histoire de l'Église, et sur la périodisation introduite par
Duplessis-Mornay, montre-t-elle que l'Église « visible » peut errer, que

---

1. Sur les rapports entre l'Écriture et l'Église, Charron écrira : « Nous voulons tous les deux
ensemble, comme le Juge et la loy, et ne les voulons point séparer : et eux ne veulent
que l'Escriture, veulent la loy et point de Juge, mais eux-mesmes veulent estre des juges,
manier et entendre la loy à leur plaisir, se couvrant de ce mot, qu'ils ont le saint Esprit »,
Les trois veritez, p. 193.

l'évêque de Rome « n'est point chef de l'Église visible universelle de droict divin », ni même de l'Église visible universelle de droit humain, et qu'il a usurpé cette puissance. Cette usurpation qui ne s'avoue pas comme telle fait de lui l'Antéchrist, et des catholiques romains, des Schismatiques. Et, *a contrario*, les « Ministres des Églises Réformées ont légitime vocation pour redresser et réformer l'Église ». Le douzième et dernier chapitre est une récapitulation qui fait apparaître la solidarité des différents arguments « afin que les Rois étant bien obéis de leurs peuples et les peuples bien commandés de leurs Rois, nous puissions voir en nostre aage un seul Jesus Christ, reconnu des peuples et des Rois, Roy des Roys et Seigneur des Seigneurs, et en son Église, seul Médiateur, Sauveur et Legislateur. Amen » (p. 277).

Dans la *Response pour le Traité de l'Église*, le défenseur de Philippe de Mornay déclare que celui-ci a ébranlé les fondements de la nouvelle Babylone et que toute la cohorte de l'Antéchrist n'a pu en relever les ruines ; « ils » ont surtout tâché de se servir du masque de l'Église comme de la tête de Méduse, mais leurs arguments sont vains et tels que « filets d'araignée ». L'auteur de la *Response*, en examinant la première édition de la *Troisième veritez*, reprend les arguments de Bèze et de Duplessis-Mornay pour traiter des « marques et qualitez requises au Juge qui soit propre pour déterminer les marques de la religion » ; ainsi, ce n'est pas le Pape, mais l'Écriture qui est le dernier et souverain juge de la religion ; or, l'autorisation et réception de l'Écriture ne dépendent pas de l'Église seule mais du témoignage du Saint Esprit car l'Écriture doit être interprétée par elle-même ; et l'Église visible sur laquelle s'appuient les catholiques romains, est sujette à faillir ; l'Antiquité qu'allèguent les papistes n'est pas une marque, les marques de ceux de l'Église réformée sont seules propres à faire reconnaître la véritable Église. Les huit marques des adversaires de la Réforme sont récusées les unes après les autres : que l'antiquité n'est poinct vraye et certaine marque de la vraye Église ; fausseté de la seconde marque, la multitude, etc. ; fausseté de la troisième marque, durée toujours visible et publique ; absurdité de la quatrième marque, le nom de Catholique et Romaine ; examen de la cinquième marque de l'Église, Unité et Union ; ambiguïté de la sixième et septième marque de la vraye Église, Saincteté… ; examen de la huitième marque, succession double de personnes et de doctrine (extrait de la *Table du titre des chapitres*).

Dans cette démarche, le défenseur ne donne pas de définition des marques comme si le terme ne faisait pas problème en lui-même. Il se contente de faire une sorte de relevé des arguments tels qu'ils apparaissent dans l'espace public de la polémique ; il s'agit moins d'un approfondissement que d'une sorte de pédagogie par la division de chaque thèse, ce qui n'exclut pas les effets de redondance. C'est à ce texte que répondra point par point Charron dans la troisième partie de la seconde édition des *Trois veritez*.

Dans l'Épître dédicatoire de *La Vérité de la religion chrétienne*, Duplessis-Mornay s'adresse à nouveau au Roy Henri de Navarre :

> Pour présenter ce livre à V.M. j'ay deux causes principales, l'une que Dieu vous a fait naistre non seulement Chrétien mais Prince Chrétien, auquel appartient de sçavoir et pour soy et pour autruy, que c'est de la Religion Chrestienne... ce n'est pas la fantasie d'un homme mais la Loy et vérité de Dieu qui fait les Roys et les Royaumes qui vous faict homme et par dessus les hommes... l'autre est que Dieu m'ayant appelé auprès de V.M. et (comme il m'a fait espérer) pour vous faire service en cest œuvre insigne qu'il prépare en nos jours pour sa gloire, et auquel il vous a mis au cœur d'employer votre personne sans y espargner votre vie : la raison veut que les fruicts et de mon labeur et de mon loisir soyent vostres, comme le champ est vostre, sans qu'il soit en ma puissance d'en disposer ailleurs.

Le titre de Duplessis-Mornay : *De la vérité de la religion chrétienne* en témoigne : c'est l'affirmation de la vraie religion contre les athées et épicuriens d'abord, puis l'affirmation de la différence des chrétiens avec les juifs, les mahométans, et autres infidèles. Ce qui donne lieu aussi à une comparaison des religions qui « débattent entre elles » (p. 69). Il y a en effet d'abord un consensus de l'humanité entière sur l'existence de Dieu, argument invoqué par les Stoïciens et renouvelé par le stoïcisme chrétien[1] bien qu'il rencontre la mise en question de cette universalité chez les sceptiques ; ensuite il y a un débat des religions sur la première place, qui est une domination politique. Mais la préséance politique, qui est de fait, joue aussi comme une justification, le droit de la vérité, qui se veut d'ordre théorique.

Une préface déclare en général l'utilité, voire la nécessité d'un livre, mais ici le titre suffit. On y voit deux constantes dans la démarche de Duplessis-Mornay. L'une est d'accorder la religion chrétienne avec la sagesse humaine et l'ancienne philosophie. L'autre est de chercher des méthodes différentes pour s'adresser aux athées et aux païens[2].

De manière analogue, les critiques l'ont souligné, entre les deux discours de Duplessis-Mornay, celui de la conviction religieuse, ou doctrinale, et celui qui accompagne sa pratique diplomatique et politique, il y a moins convergence que parallélisme : le discours politique est celui de la concorde entre les églises et il déploie son habileté diplomatique entre le roi et les assemblées des réformés. En revanche, sur le plan théologique, il

---

1. Voir J. Lagrée, *Juste Lipse. La Restauration du stoïcisme*, Paris, Vrin, 1994.
2. Son discours s'appuie sur une érudition considérable et on a pu montrer que le recours à la « raison » se fondait sur « les notions communes » transmises par la philosophie des Stoïciens dans un contexte où il fallait combattre le pyrrhonisme hérité de l'averroïsme padouan tout autant que la séparation de la raison et de la foi : voir Olivier Fatio, « La vérité menacée. L'apologétique de Philippe Duplessis-Mornay », *in* Michel Grandjean, Bernard Roussel (dir.), *Coexister dans l'intolérance*, Genève, Labor et Fides, 1998, p. 253-264.

est intransigeant et « quelques mois après la signature de l'édit de Nantes, il relance activement la polémique religieuse par la publication successive du *Traité de l'Eucharistie* et de la seconde édition du *Traité de l'Église*[1] ». Dans la *Préface au lecteur*, Duplessis-Mornay définit une stratégie argumentative qui peut opérer entre trois positions : les chrétiens, les juifs, les gentils.

Dans l'explicite de sa profession de foi, chacun des camps exhibe et met en œuvre des principes si radicalement différents qu'il semble, à première vue, que la raison ne puisse aucunement opérer entre eux. Faut-il se contenter de relever des différences inconciliables sur le plan théorique, irréconciliables sur le plan pratique et politique ? Pour donner des armes à la raison dans le domaine de l'apologétique, Duplessis-Mornay va soutenir deux thèses : du point de vue de leur contenu, il existe des principes de rang différent et du point de vue des sujets où ils opèrent, il existe des degrés de conscience dans l'effet de ces opérations. Les chrétiens ont pour principe l'Évangile, les juifs l'Ancien Testament, les gentils l'existence du Dieu des païens et de Démons. Le stratagème consiste à faire reconnaître une corrélation entre les deux rangs de principes (si l'on peut dire les primitifs et les dérivés) pensée sur le modèle géométrique proposition/corollaire, sur le modèle technologique outil/application. Dans les deux cas, il s'agit d'un ordre génétique entre des énoncés ou des usages. Du côté de la subjectivité, cet ordre est inaperçu. Il faut donc, comme dans la démonstration ou l'apprentissage technique, apprendre à celui qui est inconscient de ces principes de second rang tout ce qu'il peut tirer des principes de premier rang communs aux deux partis. Cette pédagogie manifeste par une explicitation qui se fait par degrés l'efficace d'un ordre méconnu : « [...] il peut rester d'autres Principes communs aux uns et aux autres, et selon ces Principes, on peut utilement disputer avec eux, et bien souvent par ces Principes communs, prouver et vérifier les siens propres [...]. De là que s'ensuyvra il raisonnablement sinon la preuve du Principe qui est en débat par les Principes dont on est d'accord » (*Préface* non paginée).

Ainsi Duplessis-Mornay sollicite-t-il les modèles de la boussole et de la géométrie, mettant même entre eux une analogie :

> Celuy qui nota que l'Aimant montroit le nort, ne sceut pas à l'instant que par iceluy on pourroit circuir le monde, encore qu'il fust capable de l'apprendre. Ne plus ne moins certes, que le Mathematicien par ce principe, *qui de choses esgales oste choses esgales, laisse le reste esgal* [Euclide, liv. I, prop. 45] : et peu de propositions qu'un enfant apprend en se jouant, nous conduit doucement et sans que nous pensions monter, jusques à la proposition Pythagorique tant celebre, et de si grand'pratique, *qu'au triangle, le costé qui soustient l'angle droit, donne un quarré esgal aux deux autres* : ce qui de prime face semble impossible, et par degrez se trouve nécessaire (*Préface*).

1. Nicolas Fornerod, « L'édit de Nantes et le problème de la coexistence confessionnelle dans la pensée de Philippe Duplessis-Mornay », *ibid.*, p. 225-252.

Surtout, ce texte nous montre un savoir qui n'apparaît pas « du premier coup », la tâche du chrétien est de le porter à la conscience en mettant au jour un processus de développement de ce qui est enveloppé. Cet ordre de production du vrai se superpose à la successivité de l'histoire, la fécondité mathématique, logique, technique figure le christianisme comme vérité accomplie de ce qui était déjà impliqué, à leur insu, dans les principes des juifs et des païens.

Duplessis-Mornay établit un rapport rationnel entre histoire, nature, théologie. La doctrine chrétienne fait la synthèse entre l'histoire et la nature :

> Le philosophe ne pensait qu'à la nature, l'historien qu'à son écriture. Et des deux, nous avons tiré la Divinité de Christ, et la vérité de nos écritures [...]. Bref nous avons pour objet de nostre foy l'Autheur de la Nature et le Principe des Principes. Les règles donc et les principes de la nature qu'il a faite, ne luy peuvent estre contraires. Et iceluy est aussi la raison et la vérité mêmes. [...] Tant s'en fault que ce qui est vray et raisonnable en la Nature soit, ou puisse estre faux en la Théologie, qui certes n'est pas, à proprement parler, contre la Nature, mais contre la corruption et outre la vraye Nature (*ibid.*).

Tout autre sera l'attitude de Duplessis-Mornay envers les sceptiques et les « libertins » qui réduisent la pluralité des religions à la pluralité des mœurs : « Quelques-uns veulent faire entendre que religion est une observation de certaines cérémonies en chacun pays, et par ainsi, ce qui sera sainct ici sera prophane ailleurs, ce qui sera sacré en un pays sera sacrilege en l'autre. Ils en font en somme comme des Loix du Coustumier qui ne passent point le ruisseau du Baillage » (p. 340). Mais, dans ces conditions, y aurait-il science ou art qui soit plus vain ? Quelles que soient les « diversitez » de la médecine ou de la jurisprudence, elles sont cependant « ramenées sous une équité ou raison ». Il peut y avoir des vérités historiques, locales, des sciences qui prennent l'homme pour objet. Mais quand il s'agit de la religion qui est le moyen du salut, il y a une exigence universelle d'unité : la religion ne peut être au pluriel. L'universalité du problème du salut conduit à l'unicité de la vraie religion : « Il est nécessaire d'avoir des marques certaines et infaillibles pour discerner la vraye [religion] qui est la droicte regle de servir Dieu et réconcilier et réunir l'homme à lui pour son salut » (p. 342).

Dans la diversité des religions, il y en aura d'impies et de méchantes. Car si tout était bon, que resterait-il de bon ? Si la religion ne règle pas seulement les corps, les biens, les passions mais aussi l'esprit et l'entendement de l'homme, si la piété est le but des vertus, si une certaine piété fait la vertu :

> faut-il pas [que ce but] soit fixe et immuable ? [...] Il faut une règle pour discerner [les religions] ; et de faict, il est tellement imprimé en la nature, qu'il n'y a qu'une Religion, comme il n'y a qu'un Dieu : que l'homme endurera plustost

comme il se voit tous les jours, le changement d'un air temperé en très-chaud ou très-froid : de la liberté en servitude : de justice en tyrannie, que la moindre mutation au faict de la Religion : comme certes, s'il n'estoit pas si naturel à l'homme d'aymer sa patrie, d'estre libre, d'estre à son aise, que d'avoir une certaine religion qui le conduise à salut (p. 341-342).

La question de la vraie religion est posée de manière décisive par rapport à ce désir universel de salut. On peut donc en inférer que la violence des guerres de Religion est comme un signe de l'universalité de ce désir.

La vraie religion est pensée comme un chemin vers le salut. C'est ainsi que Duplessis-Mornay va examiner ses marques : « Seule est la vraye Religion, et digne de ce nom, qui a Dieu pour son but, sa parole pour service, un moyen ordonné de lui pour l'appaiser envers nous, et en aucune n'y a salut qu'en celle-là » (p. 347). Ces trois éléments détermineront les trois marques de la vraie religion.

La marque n'est pas signe de reconnaissance mais expression de la nature des choses c'est-à-dire ici de la religion : on le voit à propos de la distinction entre charité et piété. « La vraie marque du feu n'est pas chaleur, car autres choses sont chaudes que le feu : mais c'est bien une vertu qui y est si conjoincte, que sitost qu'on a dit : il y a du feu, la conclusion s'ensuit, il y a donc de la chaleur : mais non au contraire. Et la charité aussi n'est pas la vraye Religion, mais c'est une vertu qui l'accompagne si nécessairement, qu'on ne sçauroit dire, il y a de la religion en cest homme là qu'il ne s'ensuive incontinent, il y a donc de la charité » (p. 348).

Nous voyons à l'œuvre une théologie du salut dont dépend la théologie de la charité. La charité elle-même concerne la « police » des relations humaines, et notre auteur fait jouer la différence entre *religieux* et *religion*, comme la différence entre *vertu* (propriété) et *marque* (essence) : « charité n'est pas la marque pour discerner la vraye religion mais plutost pour cognoitre le vray religieux [...]. Charité n'est qu'une réverbération de la pieté ou amour de Dieu sur le prochain » (p. 348). Comment aurons-nous cette charité si la piété ne la précède ? Il construit ainsi un système analogique : le feu est à la chaleur ce que la piété (nature de la vraie religion avec ses trois marques) est à la charité et ce que la marque est à la vertu.

Contre cette définition de la marque, Charron construira explicitement la différence de la marque et de l'essence.

L'énumération des trois marques de la vraie religion entre dans la réponse aux objections des autres religions et montre, une fois de plus, que les autres n'ont pas *toutes* ces marques.

La première marque est que le vrai Dieu était adoré en Israël, tandis que les Gentils n'adoraient que des hommes divinisés, « des hommes consacrez à la postérité » car les dieux antiques sont « des créatures, hommes ou démons, attirés dans les statues » (p. 362). Ce dont témoigne saint Augustin autant que la littérature païenne.

La seconde marque est « qu'en Israël estoit la parole de Dieu pour règle de son service » : il faut servir Dieu sans pouvoir le connaître car « il n'appartient qu'à Dieu d'estre métaphysicien » (p. 345). La loi du peuple hébreu était celle de Dieu, le service de Dieu est fondé en sa parole, révélée par lui.

Tandis que les philosophes nous proposent diverses voies (abstinence, vertu morale, science) pour parvenir au souverain bien, « en la religion, nous cerchons la vraye vie », une parole divine donatrice de vie (p. 347).

La troisième marque est que le moyen ordonné de Dieu pour le salut du genre humain a été révélé de tout temps au peuple d'Israël qui ne l'a pas reconnu. La venue du médiateur ou Messie a été promise et accomplie : c'est la solution des objections des juifs (p. 519).

À la fin du chapitre xx, Duplessis-Mornay conclut : « Que comme il n'y a qu'un Dieu, ainsi n'y en peut-il avoir qu'une vraye [religion] c'est-à-dire suffisante à salut. Que les marques infaillibles pour la discerner sont trois ; Que elle serve le vray Dieu, Qu'elle le serve selon sa parole, Qu'elle luy réconcilie l'homme qui la suit : Et voyons conséquemment de tant qu'il y en a en l'univers, quelle est celle seule qui a ces marques » (p. 349).

Ces déterminations des marques insistent davantage encore sur le fait qu'il est « naturel à l'homme, voire de sa propre forme et essence d'avoir une Religion » (p. 335), et l'auteur cite Aristote pour dire que « l'invocation de Dieu est une propriété naturelle de l'homme, sans laquelle il ne peut estre homme » (p. 336). Les hommes qui vivent dans les bois peuvent se passer de lois, de magistrats, mais non pas de religion. Cette nécessité logique conduit l'auteur à dire que « les philosophes ont été les premiers Théologiens » (p. 334).

***

Théodore de Bèze, dans une situation où, dit-il, « la religion est le seul prétexte de ces malheureuses guerres civiles », présente au roi Henri IV, dans la préface de son *Traicté des vrayes, essentielles et visibles marques de la vraye Église catholique*[1], un ouvrage où il analyse les sources du trouble qui sont au nombre de deux, la « police ecclésiastique » (les règles de fonctionnement de l'institution) et la doctrine. Sans s'attarder sur les

---

1. Paru chez Hierosme Haultin, 1592. Il s'agit de la reprise d'un texte ancien : « il y a douze ans aussi que pour servir en cela mesme à l'Église du Seigneur, selon ma petite mesure, j'en dressay ce petit traicté à la solicitation d'un grand personnage de Poulongne maintenant décédé et qui avait été à demi détraqué : auquel je loue Dieu qu'il ne fut pas inutile comme il m'a témoigné par lettres de sa main, condamnant ce qu'il en avait senti et écrit auparavant en une epistre publiée aucunement contre moi par certains calomniateurs. Or ce qui me meut maintenant, Sire, à remettre en lumière ce traicté traduict en vostre langue et diligemment reveu par moi a este que voyant ce tems plein de diverses opinions j'ai pensé que ceste matière ne saurait estre trop éclaircie... », Au Roy, f. 22v.

calomnies, sans présomption envers son propre rôle, et si, en effet « le Seigneur fait paraître qu'il a choisi [le roi Henri IV] comme un nouveau David », il faut, ce que nul ne peut refuser de reconnaître, pour rechercher la paix, distinguer entre les articles fondamentaux de la foi et d'autres qui peuvent être soumis à dispute. Le recours au roi manifeste ici la soumission des protestants à l'autorité civile : ils ne sont pas des rebelles, ni envers l'Église, ni envers le roi ; leur appel à des assemblées, conciles, synodes ne se fait que sous le contrôle du monarque et ne change pas la détermination chrétienne de la monarchie.

Au cours de l'ouvrage, de Bèze cite, pour reconnaître leur autorité, les conciles et les synodes, et marque avec insistance la recherche d'une unité de l'Église qui ne soit pas un « meslinge » ni la domination d'une partie sur le tout[1] car la recherche de la vérité est recherche d'un équilibre et d'une conciliation. Le mélange des religions n'étant pas recevable, ni devant Dieu ni devant les hommes, il faudra donc un programme qui recueille les points d'accord, qui prenne acte aussi des choses indifférentes et pour cela, il faudra « s'apprivoiser les uns les autres » (f. 13r). L'expression est remarquable et Leibniz reprendra peut-être l'idée d'un tel modèle de négociation et même de la négociation comme modèle d'argumentation en douceur, travaillant sur « les petites variations » des thèses en présence[2]. De Bèze va proposer « un concile national français mais dressé et formé sur le vrai patron des conciles vraiment chrétiens ». Ces points étant démontrés, on pourra distinguer entre « errer par ignorance » et « résister à la vérité par opiniâtreté » (p. 52).

De Bèze n'en manifeste pas moins une grande vigilance envers les schismatiques et hérétiques, jouant aussi des analogies entre les anciens et les modernes : évoquant les pharisiens et les saducéens dans l'ancien Israël, les donatistes et le débat avec saint Augustin, les Samaritains et « leur religion mêlée » (p. 61), les hérétiques renouvelés « de notre temps en Pologne » (p. 93). Ce jeu d'analogies relativise la position de l'Église romaine en l'inscrivant dans une histoire des conflits dont l'enjeu est celui de la domination. La recherche des « vraies marques de la religion » aura pour fonction de suspecter la politique d'accusation et d'exclusion que conduit l'Église romaine : elle revendique le privilège de s'appeler Église parce qu'elle veut le pouvoir.

La première recherche porte donc sur la définition de l'Église liée à deux marques, la succession [des évêques] et l'ordination [des ministres] :

---

1. À la fin du *Traité*, il récuse aussi les « Moyenneurs » sans les identifier : ce sont les artisans de la politique de concorde. Voir M. Turchetti : « Concorde ou tolérance ? Les Moyenneurs à la veille des guerres de religion en France », *Revue de théologie et de philosophie*, vol. 118, n° 3, 1986, p. 255-267.

2. *Œuvres de Leibniz*, éd. Foucher de Careil, Paris, 1859, « Projet de M. Leibniz pour finir les querelles de religion », tome I, p. 469 : « On désire que je traite à fond la question importante des marques de la vraye Église. »

tandis que les Pères n'ont jamais dissocié la succession des personnes et la continuité de doctrine, l'unité de l'Église romaine n'est qu'une succession de personnes.

« Il faudrait nécessairement être résolu de ce qu'on doit entendre par ce nom d'Église... [or] ils n'entendent autre chose par ce nom d'Église qu'un nombre d'évêques qu'ils nomment par leur nom depuis le temps des Apôtres et nous disons au contraire que cette succession qui n'est autre chose qu'un nombre de personnes ayant succédé les unes autres n'est ni la vraie Église ni sa marque essentielle et nécessaire » (p. 2-3).

L'Église romaine défend une succession sacerdotale continue, et de Bèze montre qu'elle est discontinue. La question de la succession des personnes dans une histoire de la papauté passe à l'inessentiel. Continue ou discontinue, elle ne fonctionne pas comme une marque de la vraie église, ce qui compte est la continuité du dogme. De Bèze s'appuie sur l'exemple d'Israël pour monter que les discontinuités dans l'histoire des Hébreux n'ont pas invalidé la permanence des commandements divins. À cette discontinuité, et qu'en outre les évêques soient sages ou non, les Romains répliquent que les « vices des personnes ne dérogent en rien à la dignité et authorité du Siège ». Mais à supposer même que les évêques fussent tous sages, « s'ensuit-il que l'évêque de Rome soit le chef universel de l'Église chrétienne universelle et que tous ceux qui y adhèrent soient le corps mystique de Jésus-Christ ? » (p. 8). Car qu'en serait-il de l'Église de Thessalonique ? Faut-il que l'Église ait deux têtes ?

La critique de la marque de la succession se poursuit ainsi en opposant, contre Rome, la continuation de la doctrine à la succession des personnes.

« Le différend qui est entre eux et nous n'est que sur ces deux points à savoir de l'interprétation de l'Écriture, et si les écrits des Prophètes et Apôtres contiennent tout ce qu'il nous faut croire à salut, il s'ensuit que nos parties, quant au premier point, abusent ouvertement de l'exemple des Pères, se voulans servir contre nous de l'argument de la succession : et quant à l'autre, je dis qu'ils nous mettent eux-memes les armes au poing pour les réfuter » (p. 17).

Les saints ont du reste reconnu l'Église sans la marque de succession car, au temps de Jésus-Christ, ils n'auraient pu le faire sans ramener le judaïsme. Mais l'enjeu était dans une collusion des papes avec les empereurs, ils voulaient devenir « seigneurs de Rome » (p. 12). Du reste, Jésus-Christ a parlé de saint Pierre et non de la ville de Rome. Il n'y a jamais eu, pour de Bèze, « aucun chef ministériel universel en l'Église, aucun dans les livres du Vieux Testament, aucun en l'Église pure primitive. Il ne faut pas confondre "l'Apostolat et la Seigneurie" » (p. 21-22)[1].

---

1. Th. de Bèze cite saint Bernard parlant à Eugène, un de ses moines devenu pape.

Et par conséquent, « cette succession personnelle n'est pas une marque essentielle ».

L'autre marque est l'ordination, « l'administration de ce saint ministère est une marque vrayment essentielle de la vraie Église » (p. 25). Il faut distinguer entre la vocation ordinaire légitime liée aux anciens canons, et la vocation extraordinaire ou prophétie qui n'a jamais été en la puissance ni en la volonté des hommes. La vocation ordinaire a trois « portes » : l'*examen* de la doctrine et des mœurs, l'*élection* par l'église, l'*ordination* par l'imposition des mains. Avec le don d'une « spéciale mesure du Saint Esprit », les cérémonies inscrites dans la loi justifient l'installation de la personne en cette charge. Des Hébreux aux chrétiens, de Bèze fait l'histoire de cette vocation ou de cet appel au sacerdoce dont les clauses ont été réglées par les canons et que l'Église de Rome a subverties en chasse aux bénéfices (p. 33 et *sq.*). Ce n'est que « le masque d'une fausse doctrine » (p. 34).

Pas plus qu'il ne s'autorise de lui-même, un ministre ne peut se trouver légitimé par une instance que l'on penserait sur un modèle politique. L'universalité ne peut être celle de la domination d'une seigneurie, elle ne peut être que celle d'un « temple spirituel ». En invalidant la domination de l'Église romaine, de Bèze veut montrer que « la vraye définition de le vraye Église est la marque essentielle, nécessaire et perpétuelle d'icelle » (p. 35). Il faudra donc définir l'Église, soit en général, soit en particulier (ce qui suppose la possibilité de plusieurs Églises), comme « une assemblée de ceux qui reconnaissent le vrai Jésus Christ pour leur seul sauveur, d'autant que Jésus Christ est le seul fondement de ce bastiment spirituel de la maison de Dieu, c'est comme la seule âme vivifiante ce corps mystique, c'est en somme la seule règle selon laquelle cet édifice se bastit » (p. 35). De Bèze ne cesse de répéter que Jésus-Christ en sa doctrine est « la seule perpétuelle et nécessaire marque de l'Église » (p. 47).

Tout en affirmant qu'il « reçoit » tous les symboles approuvés au consentement perpétuel de toute l'Église et qu'il « déteste » toutes les hérésies réfutées dans les saints conciles, de Bèze invoque saint Augustin : « qui voudra cognoistre la vraye Église de Christ, qu'il ne la cognoisse que par les Écritures[1] ». L'autorité d'interpréter les Écritures ne peut être assignée à une autre personne que l'Esprit Saint.

Or, « les orthodoxes [car les Romains se supposent tels] vont se forger un saint esprit à leur appétit » pour autoriser leur interprétation de l'Écriture. En réalité, la succession des évêques est bien un bouclier contre la doctrine (p. 10) : Tertullien disait justement de ne pas faire jugement de la foi par les personnes mais des personnes par la foi (p. 11). « Le nœud c'est de savoir si les Apôtres ont dit tout ce qui est nécessaire pour le salut »,

---

1. Cité p. 44, *in* Chrysostome, *Homélie 49 sur saint Mathieu*.

auquel cas l'Écriture se suffit à elle-même. Car s'il y a universalité dans l'Église, il faut que ce soit celle de l'accès direct de tous à la parole divine.

Après avoir établi ces deux marques de la succession et de l'ordination, de Bèze en vient aux articles fondamentaux de la foi : ce sont l'union personnelle des deux natures en Jésus-Christ, l'unité de la vraie Église en lui et ses Apôtres, la croyance en la résurrection des morts. La résistance des Apôtres et des premiers chrétiens à croire en ces articles montre bien qu'une erreur peut se glisser en une Église sans que cela l'empêche de retenir le nom de vraie Église. Mais en revanche, de Bèze critique des pratiques et des coutumes comme les exorcismes, les onctions du baptême, les invocations des saints en leur sépulcre, les reliques, et autres faux service de Dieu et « vraie gangrène ».

Contre cette idolâtrie, la métaphore persistante est celle des semailles : « À quoi sert la semence si elle n'est semée ? Notre Seigneur donc a prescrit tant au Vieil qu'au Nouveau Testament la manière de la semer et a montré en outre que les hommes en sont les semeurs qui nécessairement doivent continuer cette semaille jusqu'à la fin du monde, étant autrement bien prochaine la ruine de l'Église » (p. 64). La question est donc de savoir s'il y a eu un ordre prescrit des personnes appelées pour semer. Le Seigneur a d'abord institué cette charge aux personnes bien nées, puis a établi la sacrificature lévitique avec une infinité de cérémonies, mais la destruction du temple, puis la réduction de la Judée en province ont interrompu cette sacrificature. Cette interruption n'abolit pas l'appartenance de cette Église particulière à l'Église. Et la double marque ordinaire et visible de l'Église demeure : la semence et les semeurs. Cela demeure, quelle que soit la vie des pasteurs, et même si les Pharisiens d'hier et d'aujourd'hui attachent le salut aux œuvres, et même si les Saducéens d'hier et d'aujourd'hui nient la résurrection des morts (p. 74). Mais « le principal de la dispute [sur la marque vraye et essencielle de la vraye Église] nous reste à vider, à savoir si ces marques se trouvent en l'Église romaine ou en la nostre, question vrayment de très grande conséquence » (p. 76).

L'Église de Rome est une Église particulière en la ville de Rome (p. 79), mais même si on met le romanisme au même rang que le paganisme, le judaïsme, le mahométanisme, le nom d'Église chrétienne ne peut lui être retiré ; et de Bèze énumère tous les éléments de la pure doctrine qu'elle a toujours avoués. Il y a bien un pluriel d'Églises dans une unité spirituelle, l'Église de l'Ancien Testament, l'Église d'Orient, l'Église romaine. L'argument du pluriel appelle, comme l'annonçait la préface, la convocation d'une assemblée qui recense les articles fondamentaux sur lesquels les Églises s'accordent.

Lorsque de Bèze s'attache, pour finir, à la critique de « choses non moins contradictoires en théologie qu'en philosophie naturelle », concernant la transsubstantiation, la Sainte Cène dont « ils retranchent la moitié, le breuvage » (p. 89), concernant le baptême, le corps mystique du Christ, il ne fait qu'insister sur son argument qui est que l'Église romaine s'est séparée de la véritable Église en Jésus-Christ. « Il nous reste à montrer que ces trois vrayes marques à savoir la vraie doctrine Prophétique et Apostolique, avec la légitime vocation, vraye succession que nous avons montré n'appartenir à leur Église, se trouve évidemment de nostre costé » (p. 93). Il s'attache alors à se distinguer des hérétiques modernes, des spéculations des scolastiques, des inventeurs de nouveaux sacrements, des procureurs et avocats de cour d'Église. Et il insiste sur la nécessité d'un langage intelligible à tous car c'est la marque d'une véritable universalité. Il ne reste qu'à espérer que « le Seigneur jettera son œil de compassion sur la pauvre et désolée France réunissant à soi par son esprit, ceux qui se sont séparés de lui » (p. 107).

À la fin de sa dédicace au roi, de Bèze citait « les fideles pasteurs de notre confession [qui se sont esmus] à descouvrir et réfuter ceste sophisti-querie [...] dispute du tout nécessaire et qui doit servir de préparatif asseuré pour la décision de nos principales controverses » (Au Roy, f. 22v)[1].

***

Résumons : dans le *Traité de l'Église*, les trois marques de la vraie religion sont : le baptême et la Cène, l'obéissance à la parole du Christ et enfin une marque extérieure qui est la légitime vocation des Pasteurs et des Ministres. Dans la *Response pour le traicté de l'Église*, le pasteur anonyme récuse les huit marques des papistes : l'antiquité, la multitude, la durée, le nom de Catholique, l'unité et union, les ambiguïtés de la sainteté, la succession double de personnes et de doctrine. Dans la *Vérité de la reli-gion chrétienne*, Duplessis-Mornay choisit de déterminer différemment les marques : la première est l'existence de Dieu, la seconde la parole de Dieu pour règle de son service, la troisième le médiateur pour le salut du genre humain. De Bèze distingue la succession, l'ordination et la semence divine.

Théodore de Bèze cherchait les points d'un accord minimal, Duplessis-Mornay plaide pour la vérité. Malgré les différences, on constate que chez ces auteurs, la marque est toujours liée à l'essence même de la religion, et si on développe ce thème, à la présence de Jésus-Christ et au mode de conscience que l'on a de cette présence, médiée par des institutions.

La position de Charron est entièrement différente. Commençons donc par reprendre les thèses des *Trois veritez* dans lesquelles il fait une critique décisive du concept de marque :

---

1. Après Antoine de Chandieu qui venait de mourir et dont il évoque l'érudition, la piété, la dextérité, il cite Duplessis-Mornay « gentilhomme très rare en toutes qualitez, et très digne du reng qu'il tient au service de V.M. ayant aussi acquis une très-grande loüange en cet endroict, et près et loin ».

La marque pour cognoistre une chose et la discerner ne doit pas être interne, secrette et difficile : mais externe, visible et toute évidente : ne doit pas estre essentielle, c'est-à-dire l'ame et la substance de la chose, mais une qualité adjacente et annexée à la chose. Il y a bien plus grande différence entre la chose mesme et la marque de la chose. Or Jesus-Christ vray Jesus-Christ, annoncé par les Prophètes et Apostres est secret, invisible, et l'interne de l'Église. Comment donc pourra-t-il estre la marque et la marque visible (comme parle Beze) de l'Église : item le mesme Jesus-Christ est l'essence (et comme dit Beze) le fondement et l'ame vivifiante de l'Église, comment donc estant l'ame et l'essence, sera il marque et qualité adjacente de l'Église ? Il y aurait plus d'apparence de dire que l'Église soit marque de Jesus-Christ (toutefois nous ne parlons pas ainsi) car l'Église est visible, évidente : et c'est aux choses visibles à estre marques et signes visibles des invisibles et secrettes, comme nous voyons aux sacrements[1].

Et non seulement Charron fait ici une théorie du signe, en se fondant sur l'opposition de l'interne et de l'externe, de l'essence et de la qualité, du secret et de l'évidence, mais il articule la théorie des marques à la reconnaissance d'une institution, l'Église, aux médiations (les Prophètes, les Apostres, les Pasteurs, les Docteurs) par lesquelles la reconnaissance s'opère. Il critique l'immédiateté que supposent les de Bèze et les Duplessis-Mornay dans la donation du sens de l'Écriture, dans la dépendance de l'Église envers l'Écriture. Pour montrer « l'impertinence » de leurs marques, il commence par faire un tableau général des religions qu'il reprendra dans *La Sagesse* sous la forme d'une généalogie.

Cette théorie de la visibilité et évidence des *marques* est bien une théorie du signe mise en œuvre à propos du bon aloi de la monnaie (*Les trois veritez*, p. 319-320), reprise à propos des sceaux et pierres précieuses (*De la sagesse*, p. 139-140) ; il caractérise de même les *marques* de la souveraineté : juger en dernier ressort, décider de la paix et de la guerre, créer et destituer les magistrats, (*ibid.*, p. 322), les *marques* de leurs honneurs et de leurs misères (p. 321 et *sq.*, p. 711), les *marques* des traîtres et conspirateurs qui se voulant couvrir, se découvrent (p. 612), les *marques* des factions et séditions (p. 615).

La « grande différence entre la chose même et la marque de la chose » est bien décisive dans le jeu social : elle permet de reconnaître une nature ou une fonction sans que la connaissance effective en soit exigée. Or cette différence opère également à l'intérieur de la subjectivité pour en défaire l'unité et pour y faire opérer des effets de reconnaissance de ce qu'elle n'est pas. Ainsi, la marque de Dieu en nous :

Par la cognoissance de soy l'homme monte et arrive plustost et mieux à la cognoissance de Dieu, que par toute autre chose, tant pour ce qu'il trouve en soy plus de quoy le cognoistre, plus de *marques* [je souligne] et traicts de la

---

1. *Les trois veritez*, éd. cit., t. II, p. 309 *sq.*

divinité, qu'en tout le reste qu'il peut cognoistre ; que pource qu'il peut mieux sentir, et sçavoir ce qui est et se remue en soy, qu'en toute autre chose (p. 45).

Ce « cognoistre » n'est évidemment pas la connaissance accomplie de la nature de la divinité mais plutôt un effet de reconnaissance de son absolue altérité. Dans le quatorzième chapitre du premier livre (Chapitre seizième de la première édition), traitant de *l'esprit humain, ses parties, fonctions, qualités, raison, invention, vérité*, il écrit que l'esprit, « pour ces trois conditions d'agent perpétuel sans repos, universel, si prompt et soudain, a esté estimé immortel, et avoir en soy quelque *marque* et estincelle de divinité » (p. 135).

Dans *Les trois veritez*[1], Charron détermine une méthode qu'il nomme un syllogisme. Ni Jésus-Christ « essence, fondement, âme vivifiante », ni l'Esprit Saint, ni l'Écriture ne peuvent être pris pour des marques. C'est l'Église qui va jouer ce rôle parce qu'elle est une institution visible, parce qu'elle s'inscrit dans l'espace public de la reconnaissance. Contre une approche subjectiviste, c'est à partir d'une prise en compte anthropologique que l'argumentaire va s'organiser.

C'est de quoy nous sommes en queste en ce livret, duquel la substance et méthode sera telle, réduite en ce syllogisme : la vraye, certaine et souveraine reigle de nos consciences et juge de la doctrine Chrestienne c'est, non l'inspiration privée du sainct Esprit, ny l'Escriture seule, mais l'Église, à qui appartient, pour nostre regard, emologuer, interpréter et décider des autres deux, inspiration et Escriture. Laquelle Église ne peut errer en la doctrine et substance de la foy. C'est la proposition traittée aux cinq premiers chapitres : s'ensuit l'assomption prouvée au reste du livre. Or cette Église est la Catholique Romaine, et non autre. Par quoy l'Église Catholique Romaine est la vraye, certaine, souveraine reigle, et juge de la doctrine et créance Chrestienne, la maison de vérité, en laquelle il faut vivre et mourir, pour avoir part au salut éternel, et de laquelle il n'est jamais permis de sortir et se séparer... (p. 140)[2].

Ainsi, *Les trois veritez* effectuent un travail de définition pour répondre aux arguments de Bèze et de Duplessis : qu'est-ce qu'une marque, qu'est-ce qu'un juge, qu'est-ce qu'une règle, qu'est-ce qu'un canon, qu'est-ce qu'une autorité, qu'est-ce qu'une succession de personnes... L'auteur subordonne les références au contexte des citations pour justifier les règles de l'interprétation qui ne peut être laissée à l'arbitraire privé, à la manière dont les « schismatiques » ont faussé la doctrine et le sens des termes en supposant que le Saint Esprit pouvait être déterminé sans l'institution de l'Église. Dans cette polémique, Charron questionne les lieux cités et la différence des lectures. Ce sera la voie de l'exégèse biblique : recherche et critique des sources, analyse de leur rhétorique (sens propre et sens figuré),

---

1. *Les trois veritez*, La vérité troisième. De toutes les parts qui sont en la Chrestienté, la Catholique Romaine est la meilleure, contre tous Heretiques et Schismatiques.
2. Charron annonce qu'il répondra en son dernier chapitre aux accusations sur les abus et corruptions de l'Église invoqués par Duplessis-Mornay en son *Traité de l'Église*.

interprétation de leurs équivoques, paradoxes ou contradictions. Les stratégies de l'Esprit Saint sont insondables : Henri Basnage[1] dira plus tard que
protestants et catholiques sont entrés dans une émulation d'esprit et d'érudition et que cette émulation pour la vérité, laissant incertaine la question
de savoir quelle église en occupait la place, entrait peut-être dans les vues
du Seigneur.

Dans le premier livre des *Trois veritez*, Charron établit la religion
contre tous athées et irréligieux, montrant que les législateurs qui ont de
tout temps institué la religion l'ont fait par des considérations d'*utilité* et
non de *vérité*. Argument qui rejoint sans le dire l'analyse de Machiavel
dans les *Discours sur la première décade de Tite-Live* (Livre premier). Car
il faut qu'il y ait dans l'âme une crainte plus profonde que la crainte des
magistrats et des lois (p. 9-10). Il y a une vérité universelle qui est l'état
de débiteur de l'homme envers autre chose que lui, il y a une diversité de
cultes et de croyances qui en témoignent, et un sentiment universel de Déité
(p. 30). La résistance des Sextus Empiricus et des épicuriens aux preuves de
l'existence de Dieu (p. 11-21) vient d'ailleurs d'arguments « qui mesurent
Dieu au pied de l'homme » (p. 15 et 45) et méconnaissent la disproportion.
Or « La vraye cognoissance de Dieu est une parfaite ignorance de luy :
s'approcher de Dieu est le cognoistre lumière inaccessible, et d'icelle estre
absorbé » (p. 19).

Il étudie dans le second livre les cinq principales religions du monde
pour établir l'excellence de la religion chrétienne.

> Il y a cinq religions, qui ont eu grand crédit et réputation au monde, comme
> capitales et maistresses, introduictes l'une après l'autre, selon l'ordre qui s'en-
> suit, et qui est bien remarquable, presque en mesme endroict et petit circuit de la
> terre. La naturelle, commençant avec le genre humain en la Palestine :
> La Gentile inventée apres le déluge, et tost apres que la troupe téméraire,
> qui bastissoit la tour de Babel, fut par la confusion des langues desbandee,
> et par ainsi plus jeune que la naturelle et que le monde, pres de deux mille
> ans, et mise en practique premièrement en Chaldee :
> La Judaïque conceue du temps d'Abraham et avec luy, environ cent ans
> apres la Gentile, en la Palestine, mesme endroict que la naturelle : puis
> esclose et publiée par Moyse en l'Arabie déserte :
> La Chrestienne par Jesus-Christ, environ quatre mille ans apres la naissance
> du monde, au pais de la Palestine :
> La Mahométane en Arabie, six cens ans apres la Chrestienne : et la Chaldee,
> l'Arabie, la Palestine sont fort voisines (p. 67-68).

---

1. Henri Basnage de Beauval (1657-1710), *La Tolérance des religions* (À Rotterdam, chez
Henry de Graef, 1684, publié anonymement). Il est auteur de l'*Histoire des ouvrages des
savants*, (1687-1709). Son frère, Jacques Basnage de Beauval (1653-1723) est l'auteur
de l'*Histoire de la religion des églises réformées... pour servir de réponse à l'histoire
des variations des églises protestantes, par M. Bossuet*, nouvelle édition, Acker, 1721
(1re édition, Rotterdam, 1690). Voir Francine Markovits, « Entre croire et savoir », *in*
Claude Sahel (dir.), *Pour un humanisme hérétique*, Paris, Éditions Autrement, 1991.

Elles « débattent entre elles » et leurs différences sont « essentielles ». Charron se livre à une comparaison de leurs caractères. Chacune a « ses » saints et « ses » miracles, chacune se vante de son origine et de son antiquité, chacune veut prévaloir sur les autres (p. 69). La Gentile privilégie les sciences, les beaux discours, les règlements moraux et politiques, par lesquels la république est conduite ; la Judaïque et la Mahométane allèguent la simplicité d'un Dieu. Les prérogatives de la Chrétienne auront pour preuves : 1. Les prédictions prophétiques, 2. La double nature de Jésus-Christ, 3. L'excellence de la doctrine en théorique et pratique, 4. La victoire sur les idoles, diables et oracles du monde, 5. Les moyens et circonstances de sa publication et réception, 6. L'entière satisfaction et perfection de l'homme.

Telle est la réponse de Charron aux objections et doutes émis par les païens et les juifs contre la personne de Jésus, auteur de la religion chrétienne, et contre sa doctrine.

La périodicité qu'il introduit, à l'échelle de cette analyse des positions singulières des peuples, diffère de celle de Duplessis-Mornay qui distingue des églises dans une histoire commune. Charron examine les positions des adversaires, seul moyen de répondre aux objections : il dit par exemple : « Entendons maintenant parler les Athées » (p. 41). En montrant comment l'adversaire raisonne, la dispute sur les définitions débusque l'autre de la position qu'il voulait occuper, découvre sa stratégie, sa logique, en même temps que ses méconnaissances. Il fournit donc, pédagogiquement si l'on peut dire, un argumentaire au lecteur en repérant les lieux de la controverse.

La comparaison tourne à l'avantage de la Chrétienne qui reste seule en lice, car la Mahométane n'est faite que de « pièces empruntées des autres religions », et la Judaïque n'entend pas le spirituel qui lui a été révélé. Charron identifie à partir des concepts chrétiens *ce qui manque* aux autres religions. Il s'agit des *marques du manque*, de ce qui manque à sa place dans une systématicité inaccomplie.

Dans la *Troisième vérité*, Charron, tout en citant les raisons de Duplessis-Mornay et de Théodore de Bèze, annonce qu'il laissera de côté certains points de doctrine qui sont hors du sujet des « marques » et qui demanderaient des volumes.

Le premier chapitre recense les accusations de l'adversaire : les marques de l'Église romaine seraient païennes et fausses (culte des saints et des reliques…), leur prétendue universalité ne vaudrait pas plus que celle que pourraient alléguer des païens, l'auteur des *Trois Veritez* confondrait l'Église romaine et la cour de Rome, et celle-ci ne combattrait pas les hérétiques modernes et ne contrarierait pas les juifs et les musulmans. Charron réplique qu'ils ne réfutent pas ses arguments, retourne contre les réformés leurs accusations, répond sur des points de fait, en particulier sur le rôle des conciles, des croisades, il dénonce un usage de la religion fait pour

servir les ambitions : car ils présupposent que la vraie Église est la leur
(p. 141-149).

En toute dispute, il faut une règle et autorité certaine et inflexible qui ne
doit pas pouvoir être corrompue, et qui doit en même temps être publique.
Elle doit donc être de Dieu[1]. Dieu se déclare par l'inspiration secrète du
Saint Esprit, par l'Écriture ou par l'Église : de ces trois instances, quelle
sera la règle dernière et souveraine ? Le Saint Esprit ne peut être à cette
place qui est celle d'une extériorité ; l'Écriture non plus car ses mots et
son « escorce » sont bien partout mais sa vie et son sens ne sont qu'en
l'Église. Il ne reste donc que l'Église qui interprète et applique l'Écriture
(p. 159 et p. 164-174). L'Église est le Juge requis pour trancher tout débat,
la conscience inspirée ne suffit pas. Il ne faut d'ailleurs pas confondre l'office du juge avec la souveraineté, ou la seigneurie. Cette réflexion sur les
pouvoirs permet de définir l'instance institutionnelle de l'Église.

Le troisième chapitre de Charron reprend l'accusation portant sur
la nature du juge : ils veulent être juges, nous voulons, nous, l'Écriture
et l'Église comme le juge et la loi (p. 193-205). La foi et le salut sont
sans l'Écriture mais non pas sans l'Église. Car c'est l'Église qui a fait le
canon : Duplessis-Mornay et son répondant font une confusion sur le terme
« canon » qui ne signifie pas loi et règle mais registre et catalogue (p. 200).

Le quatrième chapitre travaille sur les contradictions des adversaires :
ils font voir « malgré eux » que la tradition a été plus forte que l'Écriture
(p. 236). Ils font ce dont ils accusent l'auteur, dire que ce qui est écrit
est suffisant pour croire. La question est bien de savoir si l'Écriture est
suffisante et s'explique soi-même (p. 256). Sans une instance institutionnelle qui termine les débats, l'interprétation ne peut être fixée car on sera
toujours dans le risque d'imposture de faire passer l'esprit privé pour le
Saint Esprit : la différence du privé et du public est méconnue par l'adversaire : c'est la différence entre « foi des particuliers, simplement croyante
et non par nécessité sçavante, et la foi publique de l'Église croyante ».
Charron ne cesse de revenir sur l'opposition du registre privé et du registre
public parce qu'elle permet de déterminer des marques visibles, de manifester la fonction d'une institution. Il résume dans la table des chapitres :

> L'Église est juge souverain des différents de la religion, non l'Escriture.
> L'Église est notoire, patente et accessible à tous et l'Escriture ne l'est pas.
> L'Église est claire et intelligible et non l'Escriture [...] L'Église et la Tradition
> sont plus anciennes que l'Escriture, et ont suffi sans Escriture : et sans elle
> l'Escriture n'est point. L'Escriture ne peut être authorizée et canonisée sans
> l'Église. Nous ne faisons l'Église supérieure à l'Escriture, l'interprétation de
> laquelle lui appartient : enfin les moyens que les schismatiques donnent pour
> entendre l'Escriture sont rejettés (chap. 4).

---

1. Dans *La Sagesse*, Charron reprend le modèle hérité d'Aristote de la flexibilité de la règle de
plomb pour définir l'esprit humain (p. 136), la raison (p. 400) et la justice (p. 626).

Lorsque Charron aborde la différence des Églises, il déclare qu'il n'y a qu'une Église qui a commencé en Adam ou en Abel (p. 294). L'Écriture est l'instrument dont Dieu s'est servi pour faire des chrétiens, que ceux-ci aient ou non reconnu le Christ.

Contre les arguments donnés par Théodore de Bèze, on ne peut admettre que l'Église soit vraie malgré les erreurs relatives à la doctrine et aux sacrements. Contre les arguments de Duplessis, il ne peut y avoir plusieurs Églises de Jésus-Christ (p. 334 et *sq.*).

La recherche des marques de la vraie Église doit être distinguée des justifications que se donnent les schismatiques pour sortir de l'Église romaine. Ce sera la conclusion de Charron et le fond de son exhortation à rentrer dans le sein de l'Église.

En répondant au Défenseur du *Traicté de l'Église*, Charron revient sur la différence entre la marque et la chose dont elle est la marque. Le pasteur de La Rochelle est incapable d'en donner une détermination cohérente.

Ayant dit, Marque n'est pas telle et telle chose, il devoit dire mais ce devoit estre telle chose [...]. Il semble quasi qu'il vueille dire que la marque soit la forme essentielle de la chose, toutesfois il ne le dit pas tout clairement. Car il void qu'il se rendroit ridicule, d'autant qu'il n'y a rien plus caché en la chose que sa forme essentielle : et la marque doit estre notoire (p. 349).

La question des vraies marques (Charron en énumère sept) est donc celle d'une attestation visible d'universalité. Cette universalité se décline : 1. En une antiquité et priorité car il n'y a qu'une Église. 2. En une diffusion universelle (universalité de temps et de lieux). 3. En une durée perpétuelle sans interruption. 4. La quatrième marque est l'explication du terme catholique, universalité du nom de l'Église romaine qui est le patron et la règle de toute l'Église chrétienne. 5. Une cinquième marque, sur la nécessité de laquelle il insiste, est l'unité et union, cohésion qui exclut le pluriel d'églises invoqué justement par ceux qui viennent de s'exclure de cette unité. 6. La conséquence en est, dans la sixième marque, la fin misérable de tous les chefs hérétiques et schismatiques, qui se sont écartés du droit chemin et en ont reçu la sanction, tandis que « la Saincteté de Doctrine et de vie, et fermeté inviolable est donnée pour marque de la vraye Église » : ce critère est donc celui d'une reconnaissance morale. 7. Enfin l'inséparabilité des personnes (des Apostres aux Evesques), de la doctrine et de l'institution est « vraye marque de l'Église ». Car les deux successions de doctrine et de pasteurs doivent être jointes pour être marques de l'Église : « Point de foy sans pasteurs et succession personnelle. »

L'image que Charron veut donner des « schismatiques » est celle du refus de l'institution et de sa pérennité, celle du recours à un arbitraire de l'esprit privé. La situation de l'Église romaine serait encadrée par ceux qui ne reconnaissent pas le Christ et méconnaissent le spirituel (les juifs), par ceux qui ne reconnaissent pas le pape et méconnaissent l'institution (les huguenots), par ceux qui ignorent l'Église et l'Écriture (les païens et les idolâtres). L'Église catholique se trouve ainsi au centre d'un dispositif logique qui est aussi un centre de perspective historique à partir duquel s'ordonnent les autres religions. L'affirmation réitérée de l'unité de l'Église, de son universalité peut sans doute passer pour un coup de force, et l'est sans doute, mais ce qui n'est pas moins intéressant, elle est aussi l'affirmation d'une unité de l'humanité, d'une universalité de la doctrine chrétienne : l'Église romaine joue ce rôle de la marque visible, de la sanction historique, de l'attestation d'un universel. Charron compose anthropologie et universalisme. Bien qu'il soit toujours attentif à l'analyse des singuliers, l'anthropologie n'est pas entre ses mains un argument contre l'universalisme.

Pour lutter contre la prétention à l'universalisme de l'Église romaine, les protestants invoquent le sentiment intérieur et c'est ce qui donne beau jeu à leur adversaire de répondre par l'institution et la prudence politique qu'elle représente contre les dérives de la conscience particulière. Charron invoque ainsi l'institution, l'autorité et la succession, contre l'intériorité ; l'évidence des marques contre la conviction de la conscience personnelle.

Cinq passages de *La Sagesse* renvoient explicitement aux *Trois veritez*, soit dans le texte, soit en note marginale.

Charron avertit d'abord qu'il ne veut pas parler de la sagesse divine : « elle est en certain sens et mesure traittée en ma premiere verité, et en mes discours de la divinité » (p. 28). C'est aussi ici d'ailleurs, semble-t-il, la seule référence au *Discours Chretien*. Il établit une complémentarité entre *instruire à croire* et *instruire à vivre* : « Voyla pourquoy cest oeuvre, qui instruit la vie et les moeurs à bien vivre et bien mourir, est intitulé Sagesse, comme le nostre precedent, qui instruisait à bien croire, à esté appellé verité, ou bien les trois Veritez, y ayant trois livres en cestuy-cy, comme en celuy-là » (p. 33).

Il annonce qu'après avoir traité de « la diversité des religions », il « remet le surplus » à ce qu'il en a dit dans les *Trois veritez* (p. 445). Une référence à la *Seconde vérité* reprend la généalogie des religions, la manière dont elles naissent l'une après l'autre, ce qui marque aussi « les advantages et les privilèges si hauts et si authentiques de la Chrétienne » (p. 448). Il conclut, dans la première édition, sur la vraie piété et la différence avec la superstition :

> Pour les particularitez, tant de la créance qu'observance, il faut d'une douce submission, et obeyssance, s'en remettre et arrester entièrement à ce que l'Église en a de tout temps et universellement tenu et tient [...] pour les raisons desduictes és premier et dernier chapitre de nostre troisiesme Verité, qui suffiront à celuy qui ne pourra ou ne voudra lire tout le livre (p. 461).

Sur ce point, la seconde édition est conforme à la première, puis, en marge de la page 463, la première édition cite la *Seconde vérité* [c. 1. art. 2.] sur la pluralité des religions.

Enfin, Charron cite (p. 740 en marge) la *Première vérité* (chap. 11) pour répondre aux objections contre la Providence divine.

On voit bien que le texte des *Trois veritez* prépare celui de *La Sagesse*. En effet, à l'intérieur du champ polémique et de l'argumentation qu'il développe, le travail sur le concept de marque opère un déplacement dans la problématique du pluriel des religions. La visibilité et la reconnaissance des marques désignent les conditions d'une approche de type anthropologique qui substitue à une théologie de la conscience et du salut le recours à l'Église comme institution, structure, établie dans un espace public et dans la périodisation d'une histoire.

Cette approche s'accomplit pleinement dans le cinquième chapitre du second livre de *La Sagesse*.

En dépassant apparemment l'opposition entre la pluralité des fausses religions et l'unicité de la vraie religion, Charron utilise à trois reprises une expression qui fait problème : il met au pluriel l'adjectif vrai et parle de vraies religions.

C'est le cas d'abord au moment où il établit que « toutes [les religions] conviennent en plusieurs principes », en évoquant leur formation et les similitudes dans les points essentiels de leur « créance » et de leur culte : « Pour se faire valoir et recevoir, elles alleguent et fournissent, soit de fait et en verité, comme les *vrayes*, ou par imposture et beau semblant des Revelations, Apparitions, Propheties, Miracles, Prodiges, sacrés Mystères, Saints » (p. 446).

La seconde occurrence intervient quelques lignes plus bas, lorsqu'il est question des divers ordres, compagnies, hermitages et confréries qui inventent et s'infligent divers exercices pénibles, mutilations, tourments, dans l'intention de plaire à Dieu, de l'apaiser, de pratiquer sa bonne grâce et de mériter plus que les autres : « tesmoin par tout le monde et en toutes les religions, et encore plus aux fausses qu'aux *vrayes*, au Mahumetisme qu'au Christianisme [...] » (p. 447).

La troisième occurrence concerne la réception des religions :

Elles sont, quoy qu'on dise, tenues par mains et moyens humains, ce qui est vray en tous sens des faulses religions, n'estans que pures inventions humaines ou diaboliques ; les *vrayes*[1], comme elles ont un autre ressort, aussi sont-elles et receües et tenües d'une autre main (p. 450-451).

---

1. Nous avons souligné *vrayes* dans les trois citations.

Dans l'opposition violente entre catholiques et réformés, entre les fausses religions et la vraie religion, se glisse en quelque sorte subrepticement le pluriel des vraies religions, pluriel énigmatique. On hésitera à y trouver l'expression d'une sorte d'accommodement entre les adversaires. On ne peut que formuler des hypothèses. Ce pluriel ouvre-t-il la voie à un relativisme culturel lié à une analyse fonctionnelle et politique de la religion[1] ? Ne fait-il pas au contraire de la pluralité des institutions ecclésiales les variations vraies d'une unique religion naturelle dont elles seraient des expressions multiples ?

Quoi qu'il en soit, Charron se soustrait à l'intention normative pour analyser le fait religieux en lui-même. Les arguments du cinquième chapitre du second livre de la *Sagesse* portent d'abord sur la diversité des religions : diversité des objets du culte (il n'y a rien, homme, animal, ou chose, qui n'ait été « déifié ») et diversité des conduites et des cérémonies (des prières aux mortifications, voire aux sacrifices humains). Pour « étudier a la vraye pieté », Charron commence donc par écrire une histoire des religions, nous dirions aujourd'hui une anthropologie : les Gètes, les Perses, les Gaulois, les Carthaginois sont les figures d'une variation des pratiques et des croyances. Et dans une sorte d'analogie avec la description du tempérament des hommes, il reprend l'idée que la plupart sont nées sous le même « air et climat » en Palestine (p. 446). Elles se sont autorisées par un processus insensible, alléguant toute sorte de prodiges (p. 447). Leur formation s'est faite « peu à peu par une suitte et acclamation contagieuse des peuples ». Ces commencements insensibles les ont « authorizées ». Toutes tiennent et enseignent que Dieu est un être qu'on peut fléchir par des prières, des sacrifices, d'autant plus efficaces qu'ils sont plus pénibles et douloureux. Les peuples ont donc inventé des tourments et des supplices pour satisfaire la cruauté supposée de la divinité (p. 448). Cet argument sera retravaillé à la fin du chapitre car il implique une contradiction dans le concept même de Dieu : comment Dieu pourrait-il demander une justice assoiffée de sang humain, comment pourrait-il prendre plaisir à défaire son œuvre ?

Ces principes communs sont la source d'un conflit et d'une concurrence entre les religions : « elles s'entrecondamnent et se rejettent » entre elles. Charron décrit une succession, car « chacune ruine la précédente et s'enrichit de ses dépouilles », les plus jeunes ne peuvent décrier les anciennes sans se fragiliser et les anciennes ne peuvent que tenir les plus jeunes « pour ennemies capitales » (p. 449). La rivalité est interminable.

Le seul critère qui permet à la religion chrétienne d'affirmer sa différence est que ces diverses religions sont toutes « estranges et horribles au sens commun », à la nature. Cette crédulité des hommes est l'effet de l'esprit humain, faible et médiocre, jugeant de Dieu selon sa mesure.

---

1. Il existe de « vrays et bons professeurs » de toutes ces religions (p. 452).

Et en effet, Charron compose des considérations sur notre finitude qui nous empêche d'être immédiatement accessibles au divin et des considérations sur la crédulité qui fait que les peuples sont plus frappés des prodiges que de l'ordre. L'origine surnaturelle de la religion commande notre respect, en articulant finitude et crédulité. La structure de l'esprit humain ne lui permet pas de recevoir la religion du premier coup. « Si elle estoit du goust humain et naturel sans estrangeté, elle seroit bien plus facilement mais moins reveremment prinse » (p. 450). Or il faut être propre à recevoir un don qui vient de Dieu.

> Il faut estre simple, obeyssant et débonnaire pour estre propre à recevoir religion, croire et se maintenir sous les loix, par révérence et obeyssance, assujettir son jugement et se laisser mener et conduire à l'authorité publicque (p. 450).

Les religions ne peuvent « loger chez nous, par moyens naturels et humains (autrement tant de grandes ames, rares et excellentes qu'il y a eu, y fussent arrivées) » mais il faut qu'elles soient apportées par révélation divine. Être logé, occuper sa juste place : voilà ce qui définit l'ordre comme un système de places, dans une remarquable symétrie des expressions, entre la religion en nous et nous dans l'Église. Ici, les religions se logent chez nous ; on remarquera que dans la *Troisieme vérité*, Charron affirmait que l'Église catholique romaine est « [...] la maison de vérité, en laquelle il faut vivre et mourir pour avoir part au salut eternel et de laquelle il n'est jamais permis de sortir et se separer » (p. 141).

Il poursuit son propos sur les moyens humains par lesquels, à notre insu, nous « recevons » la religion, qui est celle du pays où nous sommes nés : « l'homme sans son sceu est fait Juif ou Chrestien à cause qu'il est né dedans la Juiverie ou Chrestienté, que s'il fust né ailleurs dedans la Gentilité ou le Mahumetisme, il fust este de mesme, Gentil ou Mahumetan » (p. 451-452). Si, au contraire, « la religion estoit plantée par attache divine », elle ne sauroit être fausse, elle serait inébranlable.

Sans faire intervenir le caractère transcendant de la grâce divine, et sans que l'homme se prétende non plus la mesure de tout, il faudrait au moins mettre Dieu au premier rang des affections humaines. Or Charron montre que la plupart des chrétiens craignent moins d'agir contre Dieu que contre un parent ou ami.

> Certes si nous nous tenions à Dieu et à notre religion, je ne dy pas par une grâce et une estreinte divine comme il fait, mais seulement d'une commune et simple, comme nous croyons une histoire, et nous tenons à nos amis et compagnons, nous les mettrions de beaucoup au dessus de toute autre chose pour l'infinie bonté qui reluit en eux ; pour le moins seraient-ils en même rang que l'honneur, les richesses, les amys (p. 453).

Mais d'ailleurs, qu'est-ce que croire ? On peut croire croire. Concernant l'immortalité de l'âme, il écrit : « Ils disent qu'ils le croient ; ils se le font à croire qu'ils le croient, et puis ils le veulent faire à croire aux autres, mais il n'en est rien, et ne sçavent que c'est que croire. C'est un croire, mais tel que l'Escripture appelle historique, diabolique, mort, informe, inutile, et qui fait plus de mal que de bien » (p. 453). La vraie religion, on vient de le voir, ne se loge pas en toute âme. Elle « loge en une âme franche, libre et généreuse », et c'est aussi ce qui définit la prud'hommie. Car il ne suffit pas de distinguer la vraie et la fausse religion par la mine, comme entre chien et loup, ami et flatteur, épouse et amante adultère, vraie et fausse monnaie. La vraie notable différence est dans l'image de Dieu, « la religion ayme et honore Dieu, met l'homme en paix et en repos... ». La description de la superstition au contraire montre à la fois les effets de la peur dans l'image d'un Dieu chagrin, vindicatif, et dans la relation de l'homme à Dieu, dans l'image d'un échange mécanique et sordide. Notre superstition vient de ce que « l'on estime pas assez Dieu, nous le ravalons à nous » (p. 455). « Ce vice et maladie nous est quasi comme naturelle » (p. 454).

Cette détermination de la superstition populaire qui touche d'abord, mais pas uniquement, les enfants, les femmes, les vieillards, les malades, introduit l'argument politique de la religion comme moyen de gouverne-ment. Et en ce sens, les grands lui tiennent la main, « encores qu'ils sçachent ce qui en est [...], sçachant que c'est un outil très-propre pour mener un peuple ; d'où il advient que non seulement, ils fomentent et réchauffent celle qui est desja en nature, mais encore quand il est besoin, ils en forgent et inventent des nouvelles... » (p. 455). On sait que l'instrumentalisation de la religion à des fins politiques est l'argument des sceptiques et des athées. Pour Charron, seule la superstition peut être instrumentalisée.

Avant de traiter de la vraie religion, Charron veut dire « en général et comme par préface » que de tant de religions et manières de servir Dieu qui peuvent être au monde,

> celles semblent estre plus nobles et avoir plus d'apparence de verité, lesquelles sans grande opération externe et corporelle, retirent l'âme au dedans et l'es-levent par pure contemplation, à admirer et adorer la grandeur et majesté immense de la première cause de toutes choses, et l'estre des estres, sans grande déclaration ou détermination d'icelle, ou prescription de son service ; ains la recognoissent indefiniment estre la bonté, perfection, et infinité du tout incom-préhensible, et incognoissable, comme enseignent les Pythagoriciens et plus insignes Philosophes : c'est s'approcher de la religion des Anges, et bien prati-quer le mot du fils de Dieu, adorer en esprit et vérité, et que Dieu demande tels adorateurs comme les meilleurs... (p. 456-457).

Les philosophes anciens préfigurent les thèses essentielles de la doctrine chrétienne en s'opposant à ceux qui veulent une divinité visible, sensible.

Charron ne se contente pas d'une simple opposition, il établit des degrés dans l'adoration : des « degrés d'ame, de suffisance et capacité, de grâce divine, aussi y a il de manières de servir Dieu ». En substituant à l'opposition vrai/faux une variation de degrés dans l'honneur fait à Dieu, il peut établir la position médiane de la religion de l'incarnation et du médiateur. « La Chrestienté comme au milieu a bien le tout tempéré, le sensible et externe avec l'insensible et interne, servant Dieu d'esprit et de corps, et s'accommodant aux grands et aux petits, dont est mieux establie et plus durable » (p. 457).

En réalité, Charron distingue la fonction de la religion, son office, et sa fin ou ses effets. Sa fonction est en général de nous lier à l'auteur de la création, au principe du bien, à la première cause. Sa fin est de rendre l'honneur et la gloire à Dieu, et le profit à l'homme. Car il y a une « action relative » entre la connaissance de Dieu et la connaissance de soi. En ce sens, tandis que la religion élève Dieu, elle abaisse l'homme, « pour luy fournir des moyens de se relever, lui faire sentir sa misère et son rien, afin qu'en Dieu seul, il mette sa confiance et son tout » (*ibid.*). La question est celle d'une évaluation et d'une estime relatives. « Dieu est le dernier effort de notre imagination vers la perfection, chacun en amplifiant l'idée suyvant sa capacité... » (p. 459). Le terme important est celui d'une relation, ou d'une corrélation entre deux termes, Dieu et l'homme, qui se définissent par leur estime mutuelle. C'est dans cette reconnaissance que se joue la vraie religion, et cette reconnaissance a deux dimensions, transcendance et immanence. Aussi ne faut-il pas mépriser le service extérieur et public qui est « pour l'unité et édification humaine ». L'édification des autres est ainsi le renversement de l'argument de l'instrumentalisation politique de la religion.

Les conséquences sont une théorie du don et une théorie de la piété liée à la prud'hommie. Dieu demande que nous soyons en position de demande bien que nous n'ayons rien à demander à sa Providence ; il veut seulement que nous nous rendions dignes de ses dons (p. 459-460).

Charron avertissait de ne pas séparer prud'hommie et piété et examinait, à l'appui de cette thèse, les effets d'une dévotion sans prud'hommie qui nous fait agir par crainte et non par justice, d'une prud'hommie sans religion qui renverse l'ordre de la loi naturelle dont Dieu est l'auteur (p. 464). Il souligne une différence : « ce sont deux choses bien distinctes et qui ont leurs ressors divers, que la piété et probité, la religion et la preud'hommie, la dévotion et la conscience ; je les veux toutes deux joinctes en celuy que j'instruis icy [*i. e.* le sage], comme aussi l'une sans l'autre ne peut être entière et parfaite... » (p. 461). Pour cela, il faudra éviter deux écueils, ceux qui ont la piété sans probité, Juifs scribes et Pharisiens ; ceux qui ont la probité sans piété, certains philosophes et les Athéistes (p. 462). Les premiers ne reconnaissent d'autre vertu que celle qui est mue par la religion : ils pervertissent tout ordre et sont prompts à censurer et condamner les autres. Quant aux seconds, Charron s'est acquitté de la critique de l'athéisme dans les *Trois veritez*. En revanche, il stigmatisera le « zèle de religion » et ses « exécrables meschancetez » (p. 465) qui font écho aux cruautés des fausses religions. Il va alors jusqu'à utiliser le terme d'*opinion* pour signifier les divergences de doctrine religieuse.

La thèse de Charron est que la religion est « postérieure à la preud'hommie [...]. Ce serait plutost la preud'hommie qui devrait causer et engendrer la religion, car elle est première, plus ancienne et naturelle » (p. 467) : qui a religion sans preud'hommie est plus « dangereux que celui qui n'a ni l'un ni l'autre » parce que cela autorise toutes les trahisons, séditions, et persécutions. La première édition disait : « Dieu est par dessus tous, l'autheur et le maistre universel » (*ibid.*). Si l'on veut rétablir un ordre qui a été renversé, « je veux que tu sois homme de bien, quand bien tu ne devrais jamais aller en Paradis, mais pource que nature, la raison, c'est à dire Dieu le veut, pource que la loy et la police générale du monde, d'où tu es une pièce, le requiert ; ainsi et tu ne peux consentir d'estre autre que tu n'ailles contre toi-mesme, ton estre, ta fin » (p. 464). La première édition disait même : « et puis en advienne ce qu'il pourra ».

Ce rapport à Dieu est en même temps rapport à la Nature. La première édition de *La Sagesse* dit :

> Or le ressort de ceste preud'hommie, c'est la loy de nature, c'est-à-dire l'équité et raison universelle, qui luit et esclaire en un chacun de nous. Qui agit par ce ressort, agit selon Dieu. Car ceste lumière naturelle est un esclair et rayon de la divinité, une defluxion et dependance de la loy éternelle et divine. Il agit aussi selon soy, car il agit selon ce qu'il y a de plus noble et de plus riche en soy. Il est homme de bien (p. 420)[1].

Être homme de bien, c'est l'être essentiellement, partout et toujours. Ce n'est pas un accident. La loi de Nature est essentielle et naturelle en nous (p. 422). « Dieu et Nature sont au monde, comme en un Estat, le Roy son autheur et fondateur, et la loy fondamentale qu'il a bastie pour la conservation et règle dudit estat » (*ibid.*). Qui agit selon cette loi de Nature agit selon Dieu. Toutes les lois positives sont faites sur ce patron.

> La loy de Moyse en son décalogue en est une copie externe et publique, la loy des douze tables, et le droit Romain, les enseignemens moraux des Theologiens et Philosophes, les advis et conseils des Jurisconsultes, les édits et ordonnances des souverains ne sont que petites et particulières expressions d'icelle : que s'il

---

1. Voir, à propos de la prud'hommie, le texte de la seconde édition de *La Sagesse*. Elle insiste sur la « generale et universelle altération et corruption, [où] il est advenu qu'il ne se conoist plus rien de nature en nous : s'il faut dire quelles sont ses loix et combien il y en a, nous voilà bien empeches : l'enseigne et la marque d'une loy naturelle est l'université d'approbation : car ce que nature nous auroit véritablement ordonné, nous l'ensuyvrons sans doute d'un commun consentement, et non seulement toute nation, mais tout homme particulier » (p. 426-428). Voir aussi *Les trois veritez* (p. 370-385).

y a une seule loy qui s'écarte le moins du monde de cette première et originelle matrice, c'est un monstre, une fausseté, une erreur (p. 423).

Cette loi naturelle, *matrice* de toutes les lois humaines, parce que Dieu en est l'auteur, est dans le sein même de l'homme. Et ainsi, cette loi est comme une boussole pour sa conduite. Mais les esprits sont inégaux et il est plus aisé aux uns qu'aux autres de la pratiquer (p. 429).

À la différence des *Trois veritez*, *La Sagesse* conclut moins sur les marques de la vraie religion que sur la dépendance de la religion envers la loi naturelle. Charron montre ainsi une tension entre les différences de tempérament des hommes et la vraie prud'hommie faite de franchise, de liberté, de générosité. La question est déplacée des marques de la vérité à l'histoire de la diversité mais en même temps à l'universel d'une loi naturelle qui se découvre de manière différente dans la fonction de toutes les religions et à des degrés divers dans les modes de croyance des individus.

***

Dans cette caractérisation de la nature humaine, il y a une double articulation entre la religion et les tempéraments. Si les religions varient selon les climats, la liberté de jugement est le caractère et la vertu de la sagesse chrétienne. *La Sagesse* analyse les différences de tempérament des hommes en les associant à des passions fondamentales qui dépendent aussi des états ou des diverses conditions dans la société. Ainsi Charron ne fait-il pas la théorie d'un homme abstrait, ni d'un sujet universel qui sera celui de la *bona mens* cartésienne. Il fait au contraire varier les déterminations de l'humain. En effet, il parle moins de l'homme, ou de l'âme, que du sage. Dans ces différences où se découvre l'humain, le portrait du sage ou de l'homme prudent est un portrait singulier, c'est une position et non la définition de l'humain. Et à ce propos, il fait la théorie d'une « seigneuriale liberté d'esprit qui est double, sçavoir, du jugement et de la volonté ». La liberté de jugement est d'examiner toutes choses sans s'obliger à aucune, « peser et balancer les raisons et contreraisons de toutes parts » quoiqu'on adhère pour le juger secret et interne à l'avis qui semble plus vraisemblable (p. 386-389). Du reste, il adviendra que le sage pense autrement qu'il n'agit, et que la main et l'esprit en lui se contredisent, si bien qu'il sera autre au-dedans et au-dehors, « pour la révérence publique » (p. 393). Après « ces deux juger de tout, vient en tiers lieu l'universalité d'esprit par laquelle le sage jette sa vue et considération par tout l'univers » (p. 406). Voilà donc « cette parfaite liberté de jugement établie de ces trois pièces, juger de tout, ne juger rien, être universel » (p. 410). L'autre liberté qui est de volonté n'est pas, dit Charron, le libéral arbitre à la façon des Théologiens. À l'écart de leurs thèses sur la division des facultés, il y a un savoir que chacun se doit : « Et pour ce faire, le souverain remède est de se prester à autruy, et de ne se donner qu'à soy... » (p. 414). Or qui est ce *soi*, si chacun de nous joue deux rôles et deux personnages, l'un étranger et apparent, l'autre propre et essentiel ? « Il faut discerner la peau de la chemise » (p. 415).

Cette philosophie du jugement et de la liberté est le point d'appui pour récuser les accusations des huguenots contre la domination de l'Église romaine et la soumission des consciences. Mais c'est aussi, d'une manière qui dépasse le débat « militant » entre les églises, un examen de la revendication de vérité et des cruautés qu'elle peut autoriser sous le couvert du « zèle de religion » (p. 465). On y lira la formule du passage d'une anthropologie à un universalisme. Cette équité et raison universelle qui luit en chacun de nous, qui est au-dedans de nous est « le patron et la reigle pour l'estre [...] Que vas tu chercher ailleurs ? » (p. 423).

Ce dépassement du débat militant désolidarise la question de la vraie religion de la question de la vraie Église. Et c'est un « *Discours chrestien* » qui en donne la clef : « Il semble que Dieu [...] prenne plaisir de nous tenir à la question, d'allumer en nous un feu, une faim et soif d'ardent désir et que nous ne puissions jamais estancher ou assouvir[1]. » Face à cet inconnaissable, ineffable, innommable, c'est une « silencieuse admiration, estimation et adoration » qui est « consciencieuse ignorance », une « ignorance très docte qui surpasse toute science » et laisse notre esprit comme en extase, tout étonné, tout transi.

Ce n'est ni l'efficace de la grâce ni la lecture de l'Écriture qui constituent le sujet chrétien, mais après un long détour sur la pluralité historique et géographique des religions, on retrouve un universel que l'on peut définir en termes de désir insatisfait. C'est en ce sens que la « vraie religion » est le dernier mot du premier des *Discours chrestiens* :

> J'en donne icy advertissement, et fermant ce premier discours, je convie à rentrer en soy-mesme et adorer Dieu en esprit et vérité par toutes les plus sainctes et hautes conceptions et imaginations de perfection que l'on pourra, avec résolution que tout cela et encore plus si l'on peut, demeure infiniement au dessous de celuy qui est du tout incognoissable à la créature, et ne peut estre cognu que de luy-mesme, et se faisant s'offrir et résigner simplement à luy, désirer de tout son cœur, et lui demander d'estre en sa grâce, car c'est le souverain bien : et cecy est la vraye religion[2].

---

1. *Discours chrestiens, De la Cognoissance de Dieu*, Genève, Slatkine, t. II, p. 2-5 et p. 11.
2. *Ibid.*, p. 16.

EN GUISE DE CONCLUSION

Georges Canguilhem écrivit en 1967 un article intitulé « Mort de l'homme ou épuisement du cogito ». Ce fut à l'occasion de la parution de l'ouvrage de Michel Foucault, *Les Mots et les Choses*[1]. Le débat était très vif à l'époque, entre une tradition de l'histoire de la philosophie qui procédait par l'investigation d'une galerie de grands hommes, donnait le nom de *minores* aux autres en les pensant comme hors normes, et des recherches qui bouleversaient la hiérarchie des savoirs et surtout la hiérarchie entre sujet et savoir. Logés dans des syntagmes figés, les sceptiques n'étaient perçus que comme un risque ou un danger. La politique d'une telle exclusion était que les autorités académiques confisquaient la problématique du *cogito*, fonction ou substance, comme la seule et véritable voie d'accès à la pensée philosophique, elle-même sévèrement séparée des recherches de la linguistique, des sciences humaines et de l'économie. Remettre en circulation dans des écrits comme les thèses par exemple ce réseau de relations entre des savoirs, dont la proximité ainsi redécouverte donnait lieu à des échanges de modèles, à un renversement épistémologique, était un geste iconoclaste.

Les adversaires du déplacement des méthodologies, de l'importation des concepts opératoires de l'anthropologie, de la linguistique, de la psychanalyse, de l'économie, dans le champ désigné de la philosophie, les partisans *a contrario* d'une logique des influences et de l'aveu de ces influences dans les écrits biographiques, ont reproché à ces nouvelles recherches d'introduire des grilles de lecture. Georges Canguilhem souligne l'usage du terme de grille, qui appartient au préjugé de la possibilité ou de la normativité d'une lecture directe et transparente : et pourtant même nos théologiens en avaient fait la théorie qui leur fut du reste imputée comme sceptique. Spinoza, Richard Simon et d'autres ont reconstruit la question du sujet de l'énonciation pour analyser les versions et les commentaires des textes où nos cultures ont pris leurs canons. L'histoire des lectures et des leçons passe par cette dialectique.

---

1. Dans la Revue *Critique*, Éditions de Minuit, n° 242, juillet 1967. Michel Foucault, *Les Mots et les Choses*, Paris, Gallimard, 1966.

Gaston Bachelard, Georges Canguilhem le rappelle, avait entrepris de dégager des nouvelles théories physiques les normes d'une épistémologie non cartésienne, s'était posé la question de savoir ce que devient le sujet du savoir quand on met le *cogito* au passif (*cogitatur ergo est*) et avait esquissé, à propos des nouvelles théories chimiques, les tâches d'une analytique non kantienne. Michel Foucault étend l'obligation de non-cartésianisme et de non-kantisme : « Toute la pensée moderne est traversée par la loi de penser l'impensé. »

Repérer ce souci de l'impensé dans des écrits qui ne connaissent pas la psychanalyse n'est pas anticiper de manière finaliste sur le devenir d'un argument. Des petites perceptions à l'insu, du presque rien au je-ne-sais-quoi, de l'inconscience à l'inconscient, se trame une causalité structurelle : si l'enjeu a pu être de préserver l'humanisme et une philosophie des valeurs, comment traduisons-nous aujourd'hui cette résistance à l'effacement de la figure du sujet humain, comme s'il était la seule manière de penser l'homme, les hommes ? Que veut-on sauver ? Quel homicide serait en cause ?

Réfléchir sur cette insistance n'est pourtant pas promouvoir la recherche de lignées de précurseurs. Sans identifier des débats entre anciens et modernes dont les styles peuvent se répondre sans être équivalents, nous ne pouvons éviter de remarquer la persistance d'une opposition entre philosophie du sujet et philosophie du concept : elle structure notre histoire et en démantelant les prétentions de la morale, elle nous éclaire sur un engagement incontournable. Ce qui prouve sa prégnance, c'est qu'il peut être périodiquement récusé et c'est le cas aujourd'hui, par exemple, chez les partisans de Martin Heidegger. Car ce n'est pas la morale mais l'argumentation sur ce qui prétend être science et métaphysique qui peut instruire le débat. Nous reprenons ici le fil de notre propos théologico-politique.

La grande figure de Jean Cavaillès nous a inspiré ce travail sur le cheminement des arguments par lequel nous avons voulu à notre tour repenser l'histoire de la philosophie. Ce n'était pas redonner droit de cité à des exclus, à des condamnés. Ce n'était pas rétablir la justice ou la vérité, puisqu'on s'employait à en repérer la place manquante. C'était redécouvrir tout un jeu d'épistémologies refoulées non seulement à leur époque mais dans les lectures ultérieures.

Georges Canguilhem écrit : « Il y a vingt ans, les dernières pages et surtout les dernières lignes de l'ouvrage posthume de Jean Cavaillès, *Sur la logique et la théorie de la science*, posaient la nécessité, pour une théorie de la science, de substituer le concept à la conscience. Le philosophe mathématicien qui, dans une lettre à son maître Léon Brunschvicg, avait reproché à Edmond Husserl une utilisation exorbitante du *cogito*, prenait aussi congé, philosophiquement parlant, de son maître, en écrivant : "ce n'est pas une philosophie de la conscience, mais une philosophie du concept qui peut donner une doctrine de la science. La nécessité géné-ratrice n'est pas celle d'une activité, mais d'une dialectique". L'énigme, [dit Georges Canguilhem] valait pour annonciation : substituer au primat de la conscience vécue ou réfléchie le primat du concept, du système ou de la structure. Il y a plus. Fusillé par les Allemands pour faits de résis-tance, Cavaillès qui se disait spinoziste et ne croyait pas à l'histoire au sens existentiel a réfuté d'avance, par l'action qu'il a conduite en se sentant mené, par sa participation à l'histoire tragiquement vécue jusqu'à la mort, l'argument de ceux qui cherchent à discréditer ce qu'ils appellent le struc-turalisme en le condamnant à engendrer, entre autres méfaits, la passivité devant l'accompli[1]. »

---

1. *Ibid.*, p. 616-617.

Nous reprenons ici cinq études publiées entre 1999 et 2008. Toutes ces publications ont fait l'objet d'une réécriture et d'une mise à jour bibliographique. Nous indiquons ci-dessous les livres et les revues dans lesquelles ces études parurent à l'origine. Nous avons ajouté une étude inédite sur un correspondant de Descartes, jusqu'ici non identifié : Hyperaspistes. Et nous avons rédigé une introduction pour ce recueil en présentant les études antérieures sous un nouveau jour.

1. « La théologie, une théorie du témoignage et de la singularité chez Montaigne », *in* Philippe Desan (dir.), *Dieu à notre commerce et société, Montaigne et la Théologie*, Genève, Droz, 2008, p. 287-304.

2. « *L'Essay sceptique* de Jean-Pierre Camus », *in* Frédéric Gabriel (dir.), *Le Scepticisme chrétien (xvie-xvii siècle), Les Études philosophiques*, fasc. 2, Paris, PUF, 2008, p. 163-194.

3. « De Montaigne à La Mothe Le Vayer, le déplacement du scepticisme », *Montaigne Studies*, vol. XIX, 2007, p. 67-82.

4. « Le sujet dans son histoire », *in* R. Damien et Y.-C. Zarka (dir.), *Gabriel Naudé : la politique et les mythes de l'histoire de France, Corpus, revue de philosophie*, n° 35, 1999, p. 25-50.

5. « Charron face à Duplessis-Mornay et à de Bèze : les marques de la vraie religion », *in* Philippe Desan (dir.), *Pierre Charron, Corpus, revue de philosophie*, n° 55, 2008, p. 109-156.

TABLE DES MATIÈRES

Cet ouvrage,
le vingt-deuxième
de la collection « Critique de la politique »,
publié aux Éditions Klincksieck,
a été achevé d'imprimer
en février 2020
par La Manufacture Imprimeur
52200 Langres

N° d'éditeur : 00358
N° d'imprimeur : 200165
Dépôt légal : mars 2020
Imprimé en France